广西因地制宜
发展新质生产力研究

邵雷鹏◎著

RESEARCH ON THE DEVELOPMENT OF
NEW QUALITY PRODUCTIVE FORCES TAILORED TO
LOCAL CONDITIONS IN GUANGXI

经济管理出版社
ECONOMY & MANAGEMENT PUBLISHING HOUSE

图书在版编目（CIP）数据

广西因地制宜发展新质生产力研究 / 邵雷鹏著.
北京：经济管理出版社，2025. 7. -- ISBN 978-7-5243-
0390-9

Ⅰ. F120. 2

中国国家版本馆 CIP 数据核字第 2025SV3794 号

组稿编辑：曹　靖
责任编辑：郭　飞
责任印制：许　艳
责任校对：王淑卿

出版发行：经济管理出版社
　　　　　（北京市海淀区北蜂窝 8 号中雅大厦 A 座 11 层　100038）
网　　址：www. E-mp. com. cn
电　　话：（010）51915602
印　　刷：北京飞帆印刷有限公司
经　　销：新华书店
开　　本：720mm×1000mm/16
印　　张：17.75
字　　数：273 千字
版　　次：2025 年 7 月第 1 版　　2025 年 7 月第 1 次印刷
书　　号：ISBN 978-7-5243-0390-9
定　　价：88.00 元

目 录

第一章　绪论

高质量发展是新时代的硬道理，需要新的生产力理论来指导。当前，全球经济格局正经历深刻变革，新一轮科技革命和产业变革的迅猛推进促使各国加速迈向高质量发展之路。在此背景下，习近平总书记创造性提出"新质生产力"的概念，并对关于"什么是新质生产力、为什么要发展新质生产力、怎样发展新质生产力"的重大理论和实践问题作出了明确的回答，为新时代推动高质量发展提供了科学指引，为我国经济高质量发展注入了新动力。

发展新质生产力是推动高质量发展的内在要求和重要着力点。广西作为我国经济发展的重要一极，凭借其独特的资源禀赋和区位优势，展现出巨大的发展潜力。2023年12月，习近平总书记在广西视察时强调，要立足资源禀赋和产业基础，聚焦优势产业，集中优势资源，打造若干体现广西特色和优势、具有较大规模和较强带动力的支柱产业①。党的二十届三中全会提出，要健全因地制宜发展新质生产力体制机制。2024年3月，习近平总书记在参加十四届全国人大二次会议江苏代表团审议时指出，"要牢牢把握高质量发展这个首要任务，因地制宜发展新质生产力"②。因

①　习近平在广西考察时强调 解放思想创新求变向海图强开放发展 奋力谱写中国式现代化广西篇章 [EB/OL]. 人民网, http：//jhsjk. people. cn/article/40140175.

②　习近平在参加江苏代表团审议时强调：因地制宜发展新质生产力 [EB/OL]. 人民网, http：//jhsjk. people. cn/article/40189889.

此，广西需明确发展方向，集中优势力量，结合本地的资源禀赋、产业基础、科研条件等实际，因地制宜大力培育发展新质生产力。

迈向新的发展征程，把握阶段性新特征新要求，广西正积极践行创新驱动发展战略，着重于数字经济、绿色转型及科技创新领域，力求借助新质生产力的培育，促进区域经济迈向高质量发展新阶段，并引导产业发展遵循高质量发展的"最优轨迹"与"最佳策略"稳步前行。这不仅是落实国家创新驱动发展战略重要举措，也是广西更好推动高质量发展、提升在全国经济格局中地位的关键路径。

第一节　国内外有关新质生产力的研究阐释综述

2023 年 9 月，习近平总书记在黑龙江考察期间首次提出"新质生产力"一词。2024 年 1 月 31 日，中央政治局就扎实推进高质量发展进行第十一次集体学习，习近平总书记首次系统阐释了新质生产力的内涵和特征："概括地说，新质生产力是创新起主导作用，摆脱传统经济增长方式、生产力发展路径，具有高科技、高效能、高质量特征，符合新发展理念的先进生产力质态。它由技术革命性突破、生产要素创新性配置、产业深度转型升级而催生，以劳动者、劳动资料、劳动对象及其优化组合的跃升为基本内涵，以全要素生产率大幅提升为核心标志，特点是创新，关键在质优，本质是先进生产力。"① 新质生产力的概念提出后，国内外的专家学者从新质生产力的内涵及形成机制、新质生产力对经济增长的影响、新质生产力在产业领域的应用等角度进行了研究阐释。

---

① 习近平在中共中央政治局第十一次集体学习时强调：加快发展新质生产力 扎实推进高质量发展［EB/OL］. 人民网，http：//jhsjk. people. cn/article/40171526.

一、新质生产力的内涵及形成机制研究综述

国内外关于新质生产力研究主要集中在其概念内涵及其形成机制方面。随着全球新一轮科技革命的加速，传统生产力理论逐渐无法解释复杂的经济变化和技术革新所带来的新需求。新质生产力概念由此诞生，强调创新驱动、绿色低碳、开放融合和以人为本的特点。这一概念由习近平总书记在2023年9月首次提出，旨在通过技术革命性突破、生产要素创新性配置、产业深度转型升级，催生当代先进生产力。新质生产力不仅涉及领域新、技术含量高，而且代表一种生产力的跃迁，是科技创新在其中发挥主导作用的生产力。柏林自由大学教授、欧委会经济高级顾问康保锐认为新质生产力符合中国新发展理念，美国库恩基金会主席罗伯特·库恩认为新质生产力是摆脱了传统增长路径的生产力，意大利洛伦佐·梅迪奇国际关系研究所专家法比奥·马西莫·帕兰迪认为新质生产力理念代表着中国新的经济发展模式[①]。黄群慧等以"要素—结构—功能"为框架阐述了新质生产力的内涵和路径[②]。蔡万焕和张晓芬（2024）认为新一轮科技革命和产业变革使生产力内涵和本质发生了深远变化，形成新质生产力。黄群慧和盛方富（2024）指出，新质生产力是一个由多维要素构成的复杂系统，具有不同于传统生产力的显著特征。任保平（2024）进一步强调，技术与制度创新是培育发展新质生产力的两大核心动力，而科技创新的成效离不开人才资源的充分开发和合理配置。刘伟（2024）认为，科技创新必须与地区发展规律相适应，通过科学的空间布局加以实施，确保新质生产力在不同区域的有效形成。

在理论延伸方面，学者们深入剖析了新质生产力的"新""质""力"三个维度。张辉和唐琦（2024）认为新质生产力的"新"体现在

① 国际学者看新质生产力：革新、创新、更新 [EB/OL]. http://www.chinanews.com.cn/gj/2024/03-23/10185679.shtml.

② 中国社会科学院经济研究所课题组，黄群慧，杨耀武，杨虎涛，楠玉. 结构变迁、效率变革与发展新质生产力 [J]. 经济研究，2024，59（04）：4-23.

新的生产要素和要素结合方式，"质"表现为高质量的产业基础和发展的新动能。蒋永穆和乔张媛（2024）进一步指出，新质生产力的"新"涵盖新要素、新技术、新产业，"质"体现在高质量、多质性、双质效，而"力"表现为数字、协作、绿色等多方面的生产力。关于新质生产力的特征，学者们通过与传统生产力的对比，揭示出其创新性、渗透性、提质性、动态性和融合性等显著特点（李晓华，2023；胡莹，2024；盛朝迅，2024）。从新质生产力的形成逻辑来看，一部分学者从马克思主义生产力理论的视角来看，认为新质生产力的形成是对马克思主义生产力理论的继承和发展（张林和蒲清平，2023）；另一部分学者基于经济学角度探讨了其形成逻辑，强调了科技创新和新产业、新业态、新模式对其发展的推动作用（高帆，2023）。对于新质生产力的实践意义，学者们普遍认为它是推进高质量发展的重要动力（柳学信等，2024；杜传忠，2023；蔡万焕和张晓芬，2024；刘文祥和赵庆寺，2024）。新质生产力的发展不仅可以提升科技水平，促进产业转型升级，还可以为经济高质量发展提供新的生产力基础要素，推动中国式现代化的进程（石建勋和徐玲，2024；任保平和王子月，2023；周文和何雨晴，2024）。

聚焦生产力提升的核心驱动因素也是一个重点研究方向。欧美学者，特别是以美国哈佛大学教授迈克尔·波特为代表的竞争力理论学派，指出技术创新与制度支持是推动新质生产力形成的重要条件，并认为其本质是科技、市场与政策三者共同作用的结果。这类研究强调了新质生产力的系统性特质，认为它依赖科技突破与政策环境的相互促进。英国演化经济学家卡萝塔·佩蕾丝曾对推动社会发展的"技术—经济范式"进行了系统阐述。洪银兴（2024）、高培勇（2024）从新动能、新模式、新产业、新科技等方面研究新质生产力。黄奇帆（2024）建议围绕新制造、新服务、新业态推动新质生产力发展。于凤霞（2023）、盖凯程和唐湘（2024）指出，新质生产力是一种具有广泛渗透性和高度融合性的新型生产力形态。

二、新质生产力对经济增长的影响研究综述

关于新质生产力如何促进经济增长的研究，国内学者已经取得较为深入的成果。张林（2024）提出，新质生产力适应了新时代、新经济的发展需求，能够通过科技创新引领高质量发展。高培勇（2023）、郑世林等（2024）指出，新质生产力不仅是技术变革的体现，更是推动经济加速增长和提高质量的根本动力。沈坤荣等（2024）通过分析，提出新质生产力可以通过技术革新、生产方式优化等手段提升全要素生产率，进而提升经济的整体竞争力。石建勋（2024）、张志鑫等（2024）以"四链"融合赋能新质生产力。张占斌（2024）加快形成新质生产力具有增强高质量发展新动能，夯实现代化产业体系根基等重要战略意义。

在国际层面，科技进步与经济增长的关系已被经典的经济理论广泛验证。美国经济学家罗伯特·默顿·索洛的内生增长模型早已指出，技术创新是经济持续增长的关键因素，而新质生产力的提出，进一步强调了技术进步对现代经济增长的决定性作用。

在区域层面，研究也同样受到广泛关注。贾若祥等（2024）提出，利用区域优势，有针对性地发展新质生产力，能够重塑地方经济比较优势，推动区域经济高质量发展。而韩文龙和张瑞生（2024）、韩文龙等（2024）的研究从实证分析出发，构建了新质生产力的评价体系，并通过测度省级发展水平，进一步验证了新质生产力对经济增长的正向作用及其溢出效应。

对于广西如何培育发展新质生产力，陈斌（2024）认为应聚力发展具有"广西特质"的新质生产力。李世泽（2024）认为科技创新引领新质生产力发展。孟祥宁（2024）以新质生产力赋能广西工业振兴。杨鹏（2024）认为，近年来广西推动高质量发展取得新的成效，但仍亟须补齐产业结构、动能接续、创新能力、企业主体等方面的短板弱项，加快形成

彰显广西特色优势的新质生产力①。

三、新质生产力在产业领域的应用研究综述

新质生产力在产业领域的应用研究是学术界关注的一个重点。陈梦根和张可（2024）认为，现代化产业体系作为新质生产力的重要基石，融合了新兴产业、科技创新以及人力资本等核心要素，共同构成了推动产业迈向现代化的强劲驱动力。湛泳和李胜楠（2024）揭示了新质生产力在提升产业链现代化水平方面的作用，指出新质生产力不仅推动了产业链的智能化升级，也加速了产业链的数字化转型。特别是在制造业领域，新质生产力的应用显得尤为显著。徐政和张姣玉（2024）的研究表明，新质生产力能够通过智能制造等新技术手段，推动传统制造业的转型升级，为工业体系的现代化注入新动能。刘志彪等（2024）进一步提出，制造业在新质生产力形成过程中的双向作用，既推动了新质生产力的形成，同时通过制造业政策的调整和适应性发展反作用于生产力的提升。

国外研究强调了技术创新与产业升级的协同作用。美国经济学家米尔顿·弗里德曼指出，现代制造业的转型升级必须依托技术革新，而新质生产力的应用不仅有助于优化产业结构，还能进一步推动国家创新体系的构建。此外，农业领域的相关研究也逐步兴起。常璇（2024）、王可山和刘华（2024）在研究中将新质生产力与农业现代化结合，探索如何通过新质生产力促进农业生产方式的转型与升级，这为其他产业领域的研究提供了新的理论视角。

四、现有研究的局限性总结及未来研究展望

新质生产力相关研究已取得不少进展，但仍面临一些研究局限领域。首要局限在于研究多聚焦于其与产业的互动，而针对新质生产力与制造业

---

① 广西要因地制宜发展新质生产力［EB/OL］. 当代广西网, https://www.ddgx.cn/show/80647.html.

间更为系统的分析尚显不足。周文和许凌云指出,传统产业仍占据制造业的重要地位,超过80%的制造业活动集中于传统领域①。因此,必须进一步深化对制造业与新质生产力相互作用的研究。第四次科技革命背景下新质生产力范式的形成尚未得到充分讨论。这一范式的形成不仅涉及技术创新,还包括经济、政策和制度创新等多个维度。对新质生产力的研究多偏向科技创新驱动发展,对于绿色高质量发展提及篇幅较少,对于新质生产力与工业现代化产业体系建设及新质生产力与新型工业化间联系的研究较少。现有文献大多停留在理论层面,缺乏从产业层面进行深入实证分析的系统研究,尤其是在与制造业相关的定量分析方面仍有较大欠缺。因此,未来关于新质生产力研究仍需从系统化、跨学科的视角加以深化,特别是要深入探索新质生产力在制造业中的应用场景及未来发展路径,此举不仅将有力地推动我国经济迈向高质量发展阶段,同时也为全球产业体系的优化与升级提供了宝贵的经验与启示。

第二节　国家、广西对发展新质
生产力的政策梳理

本节主要梳理国家层面和广西层面对因地制宜发展新质生产力的政策导向与工作要求、新质生产力未来协同发展方向以及广西培育发展新质生产力的重要意义。

一、国家层面:政策导向与工作要求

国家高度重视新质生产力的发展,将其视为推动经济高质量增长、科技创新、绿色转型的核心路径。2024年1月,习近平总书记在主持二十

---

① 周文,许凌云. 新质生产力的政治经济学核心要义 [J]. 经济学动态,2024 (06):3-12.

届中央政治局第十一次集体学习时发表重要讲话，系统阐述了新质生产力的深刻内涵和主要特征，指明了新质生产力的发展方向和实践路径，作出了重点部署，提出了明确要求。2024 年 3 月，十四届全国人大二次会议《政府工作报告》提出，大力推进现代化产业体系建设，加快发展新质生产力。各类国家级政策和会议精神从科技创新、绿色发展、数字经济等角度，明确了新质生产力的发展方向。

（一）强化科技创新驱动，突破关键核心技术

国家层面的战略性政策文件如《国家创新驱动发展战略纲要》和《中华人民共和国国民经济和社会发展第十四个五年规划和 2035 年远景目标纲要》均强调要提升自主创新能力，加大对基础研究、颠覆性技术创新及前沿科技领域的资金投入，以加速科技成果从实验室研发向产业链应用的转化进程。科技自立自强已成为政策导向的核心，特别是在人工智能、量子信息、新材料及 5G 等关键技术领域，需确保自主可控，降低外部依赖。技术创新之路不仅强化了国家竞争力，更为新质生产力的持续壮大注入了强劲动力。

（二）推动绿色低碳转型，构建可持续发展体系

在国家层面，发展绿色经济和实现碳达峰碳中和目标是推进新质生产力的关键任务。根据《国务院关于印发 2030 年前碳达峰行动方案的通知》和国务院办公厅关于印发《加快构建碳排放双控制度体系工作方案》的通知要求，推动绿色低碳技术的应用不仅是新质生产力的核心组成部分，也是实现碳达峰碳中和目标的关键措施。例如，通过建立完善的碳排放监测和数据核算体系，及时掌握和分析企业的碳排放情况，制定相应的减排措施，以及通过与企业共同探索降低碳排放的技术和管理手段，提供专业的指导和支持。通过清洁能源的广泛应用、节能环保技术的普及，以及产业链的绿色化、低碳化转型，国家要求各领域大力减少碳排放、提升能源使用效率，逐步构建绿色经济体系。新质生产力在绿色技术创新和生态文明建设中的作用已成为国家政策的核心主题之一。

（三）深化数字经济与实体经济融合

数字经济已成为国家推动新质生产力的重要战略。2021 年发布的《"十四五"数字经济发展规划》和 2023 年中央经济工作会议精神明确指出，必须加快推动新一代信息技术与传统产业的深度融合，尤其是在制造业、农业、物流等实体经济中的广泛应用。根据《中国供应链发展报告（2022）》及《2024 中国数字供应链发展报告》，我国正通过人工智能、物联网、大数据等新一代信息技术的广泛应用，加速产业链和供应链的数字化转型。例如，2022 年重点平台工业设备连接数超过 8000 万台（套），工业 App 数量近 30 万个，制造业企业数字化研发设计工具普及率达76.0%，关键工序数控化率达 57.2%。这些举措和数据表明，国家正致力于通过技术落地实现全产业链的智能化、数字化转型，以提升生产效率、优化资源配置，推动新质生产力的全面提升。

（四）构建全国统一大市场，推动创新资源高效配置

国家发布的《关于加快建设全国统一大市场的意见》也强调，通过消除市场壁垒、促进科技和资源要素的自由流动，实现创新成果的市场化与规模化应用。例如，江苏太仓港和上海洋山港之间的联动接卸模式，有效降低了物流成本，激发市场活力，成为全国统一大市场建设的一个生动缩影。通过统一市场能够加速新质生产力的形成，使创新科技更迅速地与产业链融合，推动产业集群发展，并增强国家整体竞争力。

二、广西层面：区域发展战略与任务部署

作为推动国家新质生产力发展的重要区域，广西充分发挥其独特的区位优势和经济特征，制定了一系列契合区域实际的战略任务和政策举措。这些政策旨在加速区域经济高质量发展，促进新质生产力形成与壮大，使广西在全国战略布局中发挥更为重要的作用。这一过程不仅回应国家对区域协调发展的总体要求，也为新质生产力在多领域创新与应用奠定了坚实基础。

（一）依托区位优势，构建面向东盟的开放合作体系

广西位于中国—东盟自由贸易区的交汇处，是"一带一路"① 倡议的重要节点，有着沿海沿江沿边和联接大湾区、联接西南中南、联接东盟的"三沿三联"区位优势。中央赋予广西"三大定位"新使命，即要求广西构建面向东盟的国际大通道、打造西南中南地区开放发展新的战略支点、形成"一带一路"有机衔接的重要门户。基于此，广西提出要加强与东盟国家的科技合作，促进跨境创新要素流动，推动区域间产业链、供应链、创新链联动发展。广西期望通过国际合作，在绿色经济、数字经济及智能制造领域吸纳先进技术和管理经验，以增强区域产业的创新力和竞争力。

（二）发展特色优势产业，推动产业结构优化升级

广西明确了重点发展战略性新兴产业和传统产业的现代化转型。根据《广西科技创新发展"十四五"规划》和《广西工业高质量发展行动方案（2023-2025）》，广西依托现有的再生资源、不锈钢、食品加工等传统优势产业，推广智能制造和绿色制造，促使这些产业向高附加值、高技术含量的方向转型升级。同时，广西提出要培育新材料、电子信息、智能装备等新兴产业，构建现代化产业体系，并将新质生产力嵌入到产业发展各环节。

（三）推进数字经济发展，促进传统产业智能化转型

广西将数字经济作为推动新质生产力的重要引擎。《广西数字经济发展规划（2018-2025）》（2021 修订版）提出，要全面推动数字技术在农业、制造业、物流等传统领域的应用，力争到 2025 年，广西数字经济增加值占 GDP 的比重达到 35.5%，并实现数字经济规模超万亿元，以确保广西数字经济的发展在全国保持领先水平。广西加速传统产业升级转型，通过建设智能工厂和发展智慧农业，推动数字化、智能化进程，实现技术创新与产业发展的良性互动，进而提升区域竞争力。

---

① "一带一路"是"丝绸之路经济带"和"21 世纪海上丝绸之路"的简称。

（四）推动绿色转型，打造低碳发展经济体系

在推动新质生产力发展的同时，广西也高度重视绿色生产力的培育壮大，将绿色转型确立为经济发展的核心战略。《广西绿色经济发展行动方案》明确提出，要加快推动清洁能源的开发与利用，特别是在水电、风电和太阳能等领域，通过技术创新与产业协同，构建全产业链的绿色化发展路径。这一战略不仅促进了传统产业的绿色升级，更在能源结构调整中强化了可再生能源的引领地位。广西通过推广绿色技术，逐步构建起资源节约型和环境友好型的经济结构。绿色生产力的深度培育，不仅推动经济可持续增长，还为实现"双碳"目标提供强有力技术和政策支持。这一低碳发展经济体系的构建，将使广西在国家绿色发展战略中发挥更为重要的示范引领作用，进一步增强其在全球绿色经济格局中的竞争力。

（五）构建创新生态体系，深化产学研融合

广西立足区域高质量发展的长远战略，着力构建以企业为核心、市场为导向、产学研深度融合的创新生态体系。这一战略方向在《广西科技创新发展"十四五"规划》中得到了系统化布局，着重通过培育创新主体和优化配置创新资源，来打造区域内卓越的科技创新能力。广西将高校、科研院所与企业视为创新体系的核心支柱，推动多方协同创新，借助创新平台、孵化器等多元化创新载体，构建涵盖基础研究至应用转化的全方位支持体系。这一举措不仅强化了中小企业的创新活力，推动了关键技术的研发和产业化进程，也加速了科技成果转化与推广，使广西在新质生产力发展过程中具备前瞻性科技竞争力。通过汇聚创新要素并深化产学研合作，广西正稳步构建一个高效协同、可持续发展的创新生态体系，为区域经济高质量发展及新质生产力的培育崛起注入强大动力。

三、新质生产力未来协同发展方向

通过梳理国家与广西在发展新质生产力方面的工作要求和主要任务，本书总结出以下几项战略重点，这些核心内容不仅体现了国家总体战略的

高度一致性，也展现了广西在区域协调发展中的独特作用和潜力：

（一）自主创新与绿色低碳技术是新质生产力发展的双重驱动引擎

国家政策与广西的区域规划均明确了科技创新和绿色转型作为新质生产力发展的核心支柱。国家和广西正凭借科技自主创新，力图突破技术瓶颈，特别是在清洁能源、环保技术及数字技术等领域实现关键性进展。绿色低碳技术的广泛应用则确保经济增长与环境保护齐头并进，构建可持续的生态经济体系。这一战略不仅促进了经济高质量发展，还为全球气候治理贡献了中国智慧与广西经验。

（二）数字经济是推动新质生产力的强大赋能工具

在国家和广西的高度重视下，数字经济作为新质生产力的重要推动力，正通过广泛应用于制造业、农业和服务业，推动广西产业链的全面智能化升级。这不仅提升了全要素生产率，还增强了产业竞争力。例如，广西在农业数字化方面与发达省份相比存在差距，但通过加快培养农业数字化人才和升级数字化农业劳动资料，正逐步缩小这一差距。同时，制造业数字化转型显著成效，例如，广西制造业数字化转型指数的显著提升，以及数字化转型对提升生产率和产业竞争力的贡献，都体现了数字经济在广西的快速发展。数字经济的应用不仅优化了传统产业结构，还加快了新兴产业的培育与壮大，确保了广西在新质生产力发展的过程中能够提供技术支撑和创新动能。

（三）区域开放与国际合作是广西推动新质生产力的战略路径

广西区位优势使其成为中国面向东盟和共建"一带一路"国家的重要"桥梁"。在推动新质生产力的过程中，广西将继续深化区域开放合作，积极融入全球经济体系，发挥"一带一路"倡议与中国—东盟自由贸易区的重要节点作用。通过促进跨境科技合作、产业链联动和创新资源的共享，广西紧密融合新质生产力提升与全球产业链、供应链协同发展，为区域经济繁荣注入强大动能。

未来，依托国家战略引领和独特优势，广西将借助自主创新、绿色转型、数字赋能三大机制，持续提升新质生产力水平。作为区域经济腾飞的关键力量，广西将为推动中国的高质量发展和建设现代化经济体系提供有力支撑与实践范本。这一进程不仅彰显了其在国家发展战略中的重要地位，也为全球新质生产力的发展贡献了中国经验和区域智慧。

四、广西培育发展新质生产力的重要意义

经过七十余年的艰苦创业，广西工业经济实现了显著的发展。特别是自改革开放以来，广西兴建了大量技术先进、生产规模较大的现代工业企业，形成了较为完整的工业体系。战略性新兴产业如新能源汽车、新材料等领域的快速发展，成为推动广西经济增长的新动力。广西工业产业布局框架明晰，2019 年基本建成以"两区一带"① 工业为主、中心城区工业和各区县特色工业相互补充共同发展的产业空间发展格局②。《广西工业和信息化高质量发展"十四五"规划》提出，广西要加快形成"两带两区"③ 工业发展新格局。为了顺应中国工业化进程，广西也应进一步发展新型工业化，满足创新驱动、包容和可持续的工业化要求，因地制宜发展新质生产力，加快建设工业产业现代化建设。

根据我国当前工业发展需求，结合党中央对中国式现代化高质量发展的内在要求与关键着力点，广西壮族自治区第十二届委员会第八次全体会议提出，需加速构建现代化产业体系，完善因地制宜发展新质生产力的机制，深化数字经济与实体经济的融合，以推动边疆民族地区实现高质量发展。当前，广西经济社会正处于快速发展的历史机遇期，要深入学习贯彻新质生产力理论，深刻领会和落实"越是欠发达地区，越需要实施创新驱动发展战略"的要求，以发展新质生产力为关键着力点，坚持创新在社会主义现代化建设全局中的核心地位，在优势特色领域为国家科技自立自强作出广西贡献，为广西高质量发展提供强有力支撑。

---

① "两区一带"，即广西北部湾经济区、桂西资源富集区、西江经济带。

② 波澜壮阔七十载 八桂大地展新颜——新中国成立 70 周年广西经济社会发展成就综述 [EB/OL]. 广西壮族自治区统计局网站，http://tjj.gxzf.gov.cn/tjsj/yjbg/qq_267/t2373311.shtml.

③ "两带两区"，即西部陆海新通道（广西）产业带、西江沿线产业带、北钦防临港工业集聚区、桂东南工业东融先导区。

因地制宜发展新质生产力是深入贯彻落实习近平总书记关于广西工作论述的重要要求的具体行动，对广西持续推动和实现高质量发展具有重要意义。广西应综合考虑全国及本地工业化进程，着重增强新动能与新优势，依据实际情况发展新质生产力，加速现代化产业体系建设，在质的有效提升和量的合理增长上有明显进展，不断提升质量与效益。

（一）积蓄动能，扭转经济下行态势

根据国家统计局公布的数据，2023年广西生产总值增速低于全国水平1.1个百分点，而2024年广西生产总值增速初步核算为4.2%，较全国增速低0.8个百分点（见图1-1）。近年来，广西生产总值增速处在低位，且落后于全国水平，其关键在于旧动能升级缓慢、新动能孕育不足，已经到了必须转、加快转的关键时刻，发展新质生产力就是为广西经济增长注入新动能。

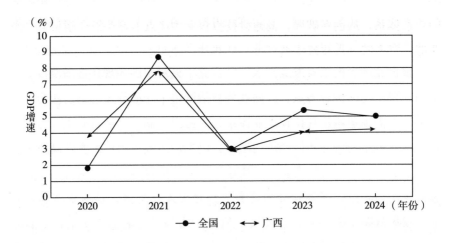

图1-1 近五年广西与全国GDP增速对比情况

资料来源：国家统计局。

（二）聚核产业，加快边疆民族地区高质量发展

2023年12月，习近平总书记在广西视察时指出，推动广西高质量发

展，必须做好强产业的文章，加快构建现代化产业体系①。这为广西明确了以产业为核心、实体经济为支撑的现代化产业体系建设方向，厘清了发展路径。广西的糖、铝、机械、冶金等产业在全国具有较强竞争力，但支柱产业数量不多、体量不大、链条不长，亟需推动全产业链优化升级，推动传统产业高端化、智能化、绿色化。因地制宜发展新质生产力就是充分发挥"三沿三联"之利、特色资源优势，做精"原字号"、升级"老字号"、壮大"新字号"、拓展"外字号"，推动传统产业逐新而行、巩固存量，新兴产业向高攀登、拓展增量，未来产业加速布局、谋划未来量，加快细分领域、精细赛道聚能发力，不断增强高质量发展内生发展动力。

（三）强基赋能，夯实新质生产力要素支撑

新质生产力以科技创新为引领，是具有高科技、高效能、高质量特征的先进生产力质态，必须着力构建与新质生产力相适应、相协调、相匹配的要素体系，从创新破局，畅通科技教育人才堵点卡点，推动创新链、产业链、资金链、人才链深度融合，打造"三支队伍"（高素质干部队伍、高水平创新型人才和企业家队伍、高素养劳动者队伍），形成新动能新业态新模式，实现细分领域、精细赛道聚能发力、扛旗突围、迎头赶上，为中国式现代化广西篇章构筑强大物质技术基础。

（四）锻塑环境，营造新质生产力良好生态

发展新质生产力，需要构建适配、协调、匹配的新型生产关系，以加速经济社会发展进程。新质生产力既是发展也是改革，要以改革为突破点，破除阻碍新质生产力发展的制度藩篱，打通束缚新质生产力发展的堵点卡点，畅通制约新质生产力发展的要素流动，加快营造良好的创新、开

---

① 习近平在广西考察时强调 解放思想创新求变向海图强开放发展 奋力谱写中国式现代化广西篇章［EB/OL］. 人民网，http：//jhsjk. people. cn/article/40140175.

放、营商环境，优化产业发展生态，助力"一区两地一园一通道"①
建设。

第三节 研究内容和研究意义

本书紧扣"广西因地制宜发展新质生产力"这一重大理论命题，围绕广西壮族自治区产业转型升级和高质量发展的战略需求，重点研究了广西因地制宜发展新质生产力的现状与潜在优势、其他地区因地制宜发展新质生产力的经验借鉴启示、广西因地制宜发展新质生产力的路径探索与对策建议等内容。

一、研究内容

本书坚持以习近平经济思想为指导，采取"文献调查+现状分析+面临形势+政策借鉴+路径探索+对策建议"的技术路线，根据广西的资源禀赋、产业基础、科研条件等，以及国家赋予广西的使命任务，深入剖析广西在因地制宜培育发展新质生产力方面的基础条件、独特优势及面临的主要障碍，总结并提炼区外在因地制宜发展新质生产力方面的先进经验和成功做法，针对存在的问题和短板，按照先立后破、因地制宜、分类指导的原则，提出符合广西实际情况、因地制宜发展新质生产力培育发展路径，

---

① "一区两地一园一通道"具体为："一区"是建设铸牢中华民族共同体意识示范区。广西要继续努力在民族团结进步上走在前列、发挥示范带动作用。"两地"之一，就是打造国内国际双循环市场经营便利地。发挥"一湾相挽十一国，良性互动东中西"的独特区位优势，在投资、贸易等各方面不断提升便利化水平。"两地"之二，就是打造粤港澳大湾区重要战略腹地。全面融入大湾区的创新链、产业链、供应链、资金链、人才链。"一园"，就是建设沿边临港产业园区。有序承接产业转移，加快构建安全稳定的跨境跨区域产业链、供应链。"一通道"，就是高水平共建西部陆海新通道。高标准高质量建设平陆运河，加快建设黄桶至百色铁路，打造北部湾国际门户港，加快建设连接东盟时间最短、服务最好、价格最优的陆海新通道。

提出广西因地制宜发展新质生产力的对策建议。研究从多个维度展开，主要涵盖以下核心内容：

（一）新质生产力的理论基础与形成路径

从理论层面对"新质生产力"进行系统化的梳理与阐释，深入解析其创新驱动、绿色低碳、数字赋能等特征，明确其区别于传统生产力的质变特性。通过对国内外相关理论、文献综述的回顾与分析，本书形成了一个系统的理论框架，为后续的实证研究提供理论支撑。

（二）广西因地制宜发展新质生产力的现状与潜在优势

基于广西的区位优势、产业特征和资源禀赋，深入剖析新质生产力培育的现状，包括基础条件、已取得的成效、存在的短板弱项，以及面临的重大发展机遇和挑战。借助量化研究和实地调研数据，全面审视广西新质生产力的发展现状，明确存在的短板弱项，并深入分析其发展面临的形势、机遇与挑战。

（三）其他地区因地制宜发展新质生产力的经验借鉴与启示

通过对其他省份在培育发展新质生产力中的实践经验进行梳理与总结，尤其是针对在科技创新、绿色经济和数字化转型领域的成功案例，提炼出适合广西因地制宜发展新质生产力的创新路径，为政策制定提供可操作的借鉴。

（四）广西因地制宜发展新质生产力的路径探索与对策建议

结合理论与实证的双重分析，本书构建了一套涵盖科技创新、绿色转型、数字化赋能的区域性因地制宜发展新质生产力的战略框架。通过结合广西产业结构特点，制定出具体的发展路径，力图为广西实现新质生产力提升提供科学的政策建议与实施方案。

二、研究思路框架

本书遵循系统性和战略性的逻辑架构，整体研究框架如图1-2所示。

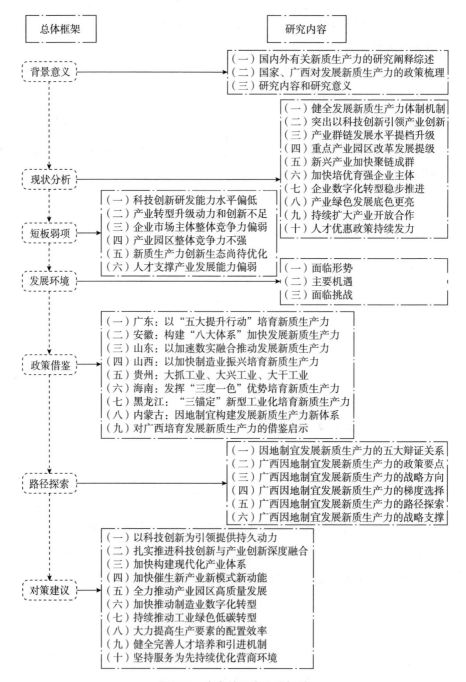

图1-2 本书的研究思路框架

资料来源：根据全书框架整理所得。

第一章 绪论。旨在全面综述国内外关于新质生产力的研究成果，系统梳理国家及广西层面对发展新质生产力的政策导向、核心任务，并明确本书的内容框架、独特之处及研究意义。

第二章 广西因地制宜发展新质生产力的主要成效。主要从健全发展新质生产力体制机制、突出以科技创新引领产业创新、产业群链发展水平提档升级、重点产业园区改革发展提级、新兴产业加快聚链成群、加快培优育强企业主体、企业数字化转型稳步推进、产业绿色发展底色更亮、持续扩大产业开放合作和人才优惠政策持续发力十个方面论述广西培育发展新质生产力取得的主要成绩。

第三章 广西因地制宜发展新质生产力存在的主要短板。主要从科技创新研发能力水平偏低、产业转型升级动力和创新不足、企业市场主体整体竞争力偏弱、产业园区整体竞争力不强、新质生产力创新生态尚待优化和科技人才政策支撑作用偏弱六个方面论述广西培育发展新质生产力存在的主要问题。

第四章 广西因地制宜发展新质生产力面临的机遇与挑战。广西培育发展新质生产力面临的形势：广西工业化仍处于中期阶段、科技创新生态体系尚未形成、发展面临激烈外部竞合形势、绿色发展与可持续发展压力大、高质量发展尚需体制机制创新等。面临的机遇：战略擘画指引，即习近平总书记关于广西工作论述的重要要求；国家战略赋能，即"一区两地一园一通道"建设政策红利；新质生产力赋能，即经济发展新起点新赛道新动能；外部合作的深化，即区域一体化与国际合作的广阔空间等。面临的挑战：国际市场变化的影响显著与沿海发达地区的产业竞争加剧、与周边省份的竞争态势趋于激烈、创新生态薄弱难以支撑产业发展等。

第五章 各地因地制宜发展新质生产力的政策借鉴。主要介绍了广东以"五大提升行动"培育新质生产力，安徽构建"八大体系"加快发展新质生产力，山东以加速数实融合推动发展新质生产力，山西以加快制造业振兴培育新质生产力，贵州大抓工业、大兴工业、大干工业，海南发挥"三度一色"优势培育新质生产力，黑龙江"三锚定"新型工业化培育新质生产力，内蒙古因地制宜构建发展新质生产力新体系等省份发展新质生产力的创新举措、最新成效和成功经验，以及对广西发展的启示借鉴。主要启示为推进优势产业加快发展、提升产业创新发展能力、加快提升园区发展水平、实施优质企业梯队培育、大力推动数实深度融合、积极推进绿色低碳转型、完善产业人才战略布局和构筑良好产业发展生态等。

第六章 广西因地制宜发展新质生产力的路径探索。辩证关系：处理好立与破、取与舍、稳与进、共性与个性、快与慢等。政策要点：着眼于创新要素、产业基础、区位条件和资源禀赋。战略方向：基于产业禀赋基础，推动传统优势产业高端化智能化绿色化。基于产业动能培育，谋划布局战略性新兴产业。基于产业长远全局，前瞻谋划未来产业。梯度选择：第一梯度，传统特色优势产业"老树发新芽"；第二梯度，战略性新兴产业"小苗变大树"；第三梯度，前瞻谋划未来产业"种子快开花"。路径探索：搭建产业平台，突出合作赋能、树品牌强质量，盯链主抓龙头，制造跃升智造等。战略支撑：深化教育科技人才综合改革，推动产业数字化转型，培优育强经营主体，提升企业质量塑品牌，推动产业融合化发展，加快产业体系绿色转型，持续优化营商环境，高质高效建设产业园区，推进产业高水平开放合作。

第七章 广西因地制宜发展新质生产力的对策建议。主要从以科技创新为引领提供持久动力、扎实推进科技创新与产业创新深度融合、加快构建现代化产业体系、加快催生新产业新模式新动能、全力推动产业园区高质量发展、加快推动制造业数字化转型、持续推动工业绿色低碳转型、大力提高生产要素的配置效率、健全完善人才培养和引进机制以及坚持服务为先持续优化营商环境十个方面提出广西因地制宜发展新质生产力的创新举措。

三、研究特色和创新

（一）前沿理论与区域实践的有机结合

本书从新质生产力这一前沿理论出发，结合广西的实际情况，系统探讨了如何通过因地制宜发展新质生产力实现区域经济的高质量发展，为该领域的研究提供了新的视角和方法。坚持以问题为导向，基于当前广西发展实际，精准找到束缚广西新质生产力发展的堵点卡点，精准选择广西因地制宜发展新质生产力的战略支撑，并给出相关针对性的政策建议。

（二）多维度的分析视角与跨学科的综合性

本书将文献资料分析法、田野调查法、专家访谈法等研究方法有机交叉融合，并与相关政府部门、高校、企业和科研院所联合开展调查研究。研究突破了单一学科的局限，涵盖了科技创新、绿色发展、数字经济等多维度分析，构建了一个综合性的研究框架，确保研究结论具备理论深度与实践指导意义。

（三）实证与政策并重，形成系统性战略路径

本书不仅通过实证数据和案例分析为广西新质生产力的发展提供支持，还在此基础上提出了一套系统性、可操作的政策建议。这种理论与实证并重的方式确保了研究成果的可操作性和实践价值。通过扎实调研，科学分析、全面摸清广西培育新质生产力的现有"家底"，以及当前发展面临的机遇挑战，聚焦"新"与"质"，用好新质生产力之"矢"射广西现代产业之"的"。

四、理论意义与实践价值

（一）丰富新质生产力的理论内涵

新质生产力的提出继承和发展了马克思主义生产力理论，进一步丰富了习近平经济思想的理论体系。通过对新质生产力概念的深入剖析与区域应用，本书为广西开辟发展新领域新赛道、塑造发展新动能新优势提供了科学指引。

（二）深化区域经济学的创新应用

新质生产力不仅是高质量发展的核心动力，也是实现国家现代化产业体系与经济可持续增长的重要支柱。广西作为西部欠发达地区，其发展路径不同于东部沿海省份。研究通过分析广西的"后发优势"与"资源约

束"并存的特征，验证了区域经济学中"因地制宜""非均衡发展"等理论的适用性，尤其为多民族地区、边疆地区如何突破传统路径依赖提供了新视角。

（三）为区域经济发展提供资政支持

因地制宜发展新质生产力是深入贯彻落实习近平总书记关于广西工作论述的重要要求的具体行动，本书提供了广西因地制宜发展新质生产力的针对性政策建议，助力广西发掘自身优势，探索高效发展路径，为区域经济的高质量发展提供资政支持。

（四）助力广西高质量发展实践

广西正处于转型升级、爬坡过坎的关键阶段，加快培育新质生产力，是推动广西生产力迭代升级、加快构建现代化产业体系、实现现代化的必然选择。通过提出具有前瞻性和操作性的政策建议，本书有助于广西在全国范围内率先实现新质生产力的全面提升，并为其他区域的发展提供可借鉴的"广西经验"，从而在更大范围内推动中国经济的转型升级。

本书是广西区域经济实践中的一次重要探索，为区域经济高质量发展提供了坚实的理论支撑和政策导向，具有一定的学术价值和现实意义。

第二章 广西因地制宜发展新质生产力的主要成效

近年来，广西以科技创新为引领，因地制宜发展新质生产力，推进科技创新与产业创新深度融合，提升产业链供应链韧性和安全水平，持续优化产业发展环境，先进制造业和战略性新兴产业稳步发展，创新型产业集群加速涌现，高活力创新企业群体快速成长，新质生产力重大项目陆续布局建设，加快工业提质扩量、建设制造强区，为新时代壮美广西建设奠定强大物质技术基础。2024年，广西规模以上工业增加值同比增长7.9%，新产业新产品对工业产值增长贡献率超50%，实现量的较快增长和质的有效提升，工业对全区GDP增长贡献近五成，成为全区经济增长的"压舱石""主引擎""顶梁柱"，积蓄了加快发展的强大后劲。

第一节　健全发展新质生产力体制机制

近年来，广西集中力量、集聚资源、集成政策，以"强龙头、补链条、聚集群"思路，坚定不移实施工业强桂战略，深化实体经济调研服务，推动传统产业加快提质升级、新兴产业加快聚链成群、未来产业加快培育壮大，大力推进工业振兴推动高质量发展，以新质生产力培育赋能高质量发展成效显著。

一、健全完善抓工业工作机制

广西"一盘棋"狠抓工业高质量发展。构建自治区、市、县"一把手"亲自抓工业的工作机制，自治区党政主要领导部署推动，各级党委和政府压实责任，各部门主动跨前一步、行动一致，企业发挥主体作用，社会力量广泛参与，坚定"鲤鱼跃工门"的信心决心，全力推动工业高质量发展。坚持精准施策稳增长，建立扩大生产、扭负为正、新建上规达产、拟投产上规四张"重点企业清单"，落实落细月监测、季调度等经济运行调度工作机制，落实落细自治区与各市"双向清单""五张清单"，逐月逐季巩固提升工业、农业、外贸等优势领域，逐月逐季加快补齐投资、消费、房地产、服务业等短板弱项，实施厅领导联系服务各市稳增长机制，逐季出台稳增长政策，打好政策"组合拳"。

创新招商引资机制，精准开展产业链招商。赋予驻外办事机构招商引资、服务企业等职能任务，设立运营广西（上海、深圳）产业合作中心。建立自治区领导带队招商机制，出台《广西重点产业链招商工作方案》，聚焦汽车、高端金属新材料等15大重点产业①，成立15个重点产业链招商工作组，以招大引强、招优引新为着力点，精准开展产业链招商。

深入开展实体经济调研服务。自2023年6月以来，广西深入开展壮大实体经济推动高质量发展服务，建立"党委统筹、班子带动、部门协同、市县主动、政企互动"五级联动工作体系，推动资源向工业集聚、政策向工业倾斜、力量向工业加强。创新开展实体经济调研服务，成立自治区、市、县三级工作专班，创新建立工业振兴特派员（实体经济服务员）制度，选派600多名专职实体经济服务员，服务重点企业、重点项目和重点园区，深入一线协调解决企业在要素保障、审查审批、政策兑现

---

① 聚焦机械装备制造、高端金属新材料、电子信息、汽车、生物医药、绿色化工新材料、数字经济、轻工纺织、精品碳酸钙、绿色环保、林业和高端绿色家居、现代农业、食品加工、现代商贸物流、大健康和文旅体育15个重点产业，实施重点产业链精准招商。

等方面问题，加强政企沟通、推动政策落地、解决企业难题。2024年，实现县级以上99.76%政务服务事项"最多跑一次"。在国家21个事项基础上创新推出26个广西特色"高效办成一件事"清单①，水电气网联合报装"一件事"经验做法被国务院作为典型经验向全国推广。

成立教育科技人才综合改革专项小组。教育科技人才"三位一体"总体战略部署和体制机制创新走在全国前列，自治区党委深改委成立了教育科技人才综合改革专项小组，这既是深入贯彻落实党的二十大精神的重要行动，也是"三位一体"推进实施科教兴桂、人才强桂、创新驱动发展三大战略的重要举措，有利于推动形成"教育—科技—人才"循环互促、融合发展的格局。出台《广西教育科技人才支撑现代化产业发展三年行动方案（2024—2026年）》。"全链条"技能人才体系打造工匠人才高地案例入选"中国改革2024年度特别案例"，贵港市港南区创新构建特色产业发展链案例入选"中国改革2024年度市域改革案例"。

二、加快构建现代化产业体系

以产业"串珠成链、织链成网、集群发展"为牵引，提升产业"含技量""含新量"，改造升级传统产业、发展壮大新兴产业、前瞻布局未来产业，推动工业提质扩量。近年来，广西聚焦高质量发展的目标，瞄准科技创新，把"关键变量"转化为"最大增量"，拥抱新产业、新产品、

①　26个广西特色"高效办成一件事"清单，即开办药店"一件事"、开办健身房"一件事"、开办超市/便利店"一件事"、开办书店"一件事"、开办互联网医院"一件事"、开办宾馆"一件事"、开办游泳场（馆）"一件事"、开办无人药品超市"一件事"、开办校外体育培训机构"一件事"、开办民办幼儿园"一件事"、开办饮料生产企业"一件事"、内资企业特种设备使用登记"一件事"、充电桩建设"一件事"、农村户籍申请建房"一件事"、开办眼镜店"一件事"、开办宠物医院"一件事"、开办经营性人力资源服务机构"一件事"、开办烟花爆竹店"一件事"、开办农作物种子经营"一件事"、开办电影院"一件事"、开办机动车维修企业"一件事"、开办公章刻制公司"一件事"、开办建筑业企业"一件事"、非公共租赁住房公积金提取"一件事"、社会团体变更"一件事"、民办非企业单位变更"一件事"。

新生态，打造体现广西特色的"19+6+N"现代化产业体系①。2024 年 2 月，召开广西构建现代化产业体系加快推进新型工业化大会，出台《关于加快构建广西现代化产业体系的意见》以及工业振兴等若干三年行动计划，形成"1+N"政策顶层设计。其中在工业领域，部署实施新一轮工业振兴三年行动，保持每年统筹 400 亿元资金支持工业发展力度不减，做好提档升级"原字号"、转型突破"老字号"、科技赋能"新字号"、培育壮大"外字号"四篇强产业文章，发展新质生产力，建设制造强区。

推动传统制造业向高端化、智能化、绿色化、融合化发展，是传统产业转型升级的主要方向。广西为加快传统产业转型升级，专门出台了《广西传统产业转型升级高质量发展总体方案》，制定了机械、汽车、石化化工、冶金、有色金属、建材、纺织服装、造纸八大传统产业的转型升级行动。按照国家推动落后产能退出相关政策以及《产业结构调整目录》等要求，加快新产品产业化和迭代升级，延伸发展中下游产业链价值链，进一步丰富产品种类、改善产品质量、提高产品档次，推动产业由价值链中低端向高端迈进。推动生产型制造向服务型制造转变，实现产业结构高级化。

自"十二五"规划以来，广西重视战略性新兴产业的培育与发展，从顶层设计到行动方案，从对标先进到及时监测，全力支持战略性新兴产业的发展，取得了明显的效果，推动战略性新兴产业对工业的支撑逐步增强。新材料产业中化工新材料、金属新材料、稀土及稀贵金属新材料、新能源材料等形成大规模量产，有望成长为万亿元产业。光伏产业重点推进沐邦高科、一道新能源高效组件、东方希望光伏材料等龙头项目，光伏玻

---

① "19+6+N"现代化产业体系，即 19 个千亿级支柱产业，六大产业集群，N 个特色和重要产业。19 个千亿级支柱产业为食品、汽车、冶金、机械装备、制糖、铝、电力、建材、石化、医药制造、电子信息、纺织服装与鞋业、生物医药、林业、文旅、养老、大健康、海洋、数字经济和建筑业。六大产业集群为打造制糖、铝、机械装备、汽车等特色优势产业集群、石化化工和金属新材料等国家级产业集群。N 个特色和重要产业为加快发展林业、文旅、养老、大健康、海洋等特色产业及数字经济、建筑业等重要产业。

璃从无到有，建成产能 5650 吨/天，跃居全国第三，有望实现从"一粒砂"发展成为千亿元产业。新一代信息技术产业投产新型显示、声学光学等一批项目，补强新型显示、声学光学等高端电子元器件、可穿戴设备等关键环节。

广西未来产业正在谋划布局中，部分领域已初具规模。自 2021 年以来，广西聚焦现代海洋产业、生物工程、第三代半导体、人工智能、元宇宙等前沿科技和产业变革领域，着力引进行业领军企业，超前布局未来产业。2023 年，"广西壮族自治区元宇宙应用场景创新工程研究中心"正式设立，成为全国首个获批的以应用场景创新为目标的省级科研创新平台。人工智能产业初具规模，2023 年，广西支持人工智能相关项目 46 项，截至 2024 年 5 月底，广西现有存续人工智能相关企业 2447 家。本地的领军企业，如上汽通用五菱汽车、广西电网等，已积极投身于未来产业的布局，并成功取得了一系列专利成果。

三、完善项目协调推进机制

项目建设在广西的发展中占据着举足轻重的地位。为促进签约项目落地快、建设快、竣工投产早，广西采取以下政策措施：一是建立项目分类管理制度。根据项目的投资规模、所属行业、区域分布等进行分类管理，建立重大标志性工程、"双百双新"①、"千企技改"、"智改数转网联"、绿色低碳转型和开放合作"六个一批"重点项目库，将签约项目按项目成熟程度纳入"新开工、在建、竣工、谋划及储备四张清单"，实施清单式管理，并配置相应的要素资源。二是加快项目前期工作。组织各相关设区市密切关注项目进展情况，并提供优质的跟踪服务。例如，对于特别重大项目，自治区层面设立了 20 亿元以上工业项目前期工作周转资金，用于开展重大工业项目征地拆迁、基础设施建设、场地平整等前期工作。三

---

① "双百双新"："双百"项目是指投资超过百亿或产值超过百亿的重大产业项目。"双新"项目是指新产业、新技术项目，其中，新产业项目包括战略性新兴产业、新业态、新模式等重点项目；新技术项目是指采用新技术改造提升传统产业的重点项目。

是强化要素保障。自治区在实施新一轮工业振兴三年行动中，已制定了十条含金量很足的政策措施，统筹全区能耗指标支持重大产业项目建设。支持项目融资，定期向金融机构推荐需求名单。自治区本级财政将对满足条件的项目提供融资扶持，并对项目建设贷款实施贴息政策，单个项目的融资补助上限高达1亿元。自治区还在用工、用气、用电等方面予以保障支持。四是加强项目服务保障。自治区已建立并实施全区工业经济运行片区调度会议制度，定期召开会议，旨在协调并解决项目建设中遇到的各种难题与挑战。

聚力创新投资管理和项目建设，发展后劲不断增强。一是项目投融资成效明显。2024年，广西争取到中央预算内投资、国债、政府专项债券等中央资金超1200亿元。举办15场政金企融资对接活动，促成1927个重点投资项目授信超2500亿元。二是"三个一万亿"工程扎实推进。持续完善谋划库、储备库、建设库建设。自治区层面统筹推进重大项目2505项、完成投资5035.77亿元，实现新开工337项、竣工296项。持续开展"审批直通车问题攻坚联合作战行动"。三是重大交通水利设施建设开创新局面。平陆运河进入全线建设高峰期，入选为交通强国试点。南湛高速广西段等10多条高速公路建成通车，新增通车里程约993公里，成为全国第4个高速公路里程突破1万公里的省份。南珠高铁南玉段已顺利建成通车，标志着广西全面实现了市市通高铁的目标，高铁运营总里程超过2400公里，稳居西部地区首位。环北部湾广西水资源配置工程全线建设。建成百色水库灌区。四是能源基础设施建设投资高速增长。新增统调煤电装机198万千瓦。防城港白龙核电项目一期工程建设全面启动，"华龙一号"示范工程——防城港红沙核电二期建成投产。

四、工业"压舱石"和"主引擎"作用彰显

广西以企业、项目、链条、集群为发力点，持续开展补链强链延链行动，精准招引项目、配置资源、培优企业，每年安排100亿元财政资金、

300 亿元专项债资金支持工业发展，推动工业经济呈现稳有基础、进有动能、优有韧性的良好发展态势，传统产业加快转型升级，新兴产业壮大形成新支撑。

建立重大产业标志性工程、"双百双新"、"千企技改"三大项目推进平台。深入开展增品种、提品质、创品牌"三品"工程。对重大产业标志性工程，自治区、市、企业三方协同，以产业链龙头企业为牵引，全链条推进补链延链强链，力争实现建成一个工程、形成一条产业链、带动一个产业发展。截至 2024 年 9 月底，已累计实施 22 项工程，包括上汽通用五菱"一二五"工程①、比亚迪动力电池项目及铝全产业链价值提升等，均取得阶段性成果。自治区各部门对"双百双新"项目在财政资金、融资担保、金融信贷、用能、用地、创新及人才等方面给予全面优先支持，有效汇聚力量，加速项目推进。自 2021 年以来，已累计推进 846 个项目，包括北海惠科电子、玉林华友锂电等，其中 332 个项目开工、257 个项目竣工，已投产项目年均新增工业产值超 780 亿元。每年实施"千企技改"项目 1000 个以上，支持企业补链强链、扩大产能、设备更新、智能化绿色化改造。

产业规模保持增长，工业"压舱石"和"主引擎"作用彰显。2023 年，广西规模以上工业总产值达 2.32 万亿元，工业增加值近 7000 亿元，同比增长 6.6%（见图 2-1），比全国、西部地区增速分别高 2.0 个、0.5 个百分点，排名全国第十位。工业增加值占 GDP 比重达 25.4%，工业税收完成 919.4 亿元、同比增长 23%，占广西税收比重的 39.8%，比上年提高 1.6 个百分点，工业对广西经济增长的贡献率达 33.4%。

---

① "一二五"工程全称为"一个实验室，两个百万，五个百亿"新能源汽车发展工程，即参照国家级实验室标准建设一家广西新能源汽车实验室，打造纯电、混动两个百万元级产品群，以及能源系统、电子电控、智慧电驱、智能移动机器人、商业创新五个百亿元级自主产业集群，发展成为全球新能源汽车标准引领者，实现由汽车制造商向出行综合服务提供商转型。

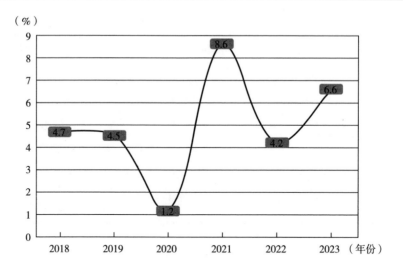

图 2-1　2018~2023 年广西规模以上工业增加值增速情况

资料来源：广西壮族自治区统计局。

重大项目加快推进，有力支撑产业增长。2023 年，广西实施"双百双新"产业项目 578 个，推进"千企技改"工程项目 1228 个，新增钢铁、有色金属、食品加工 3 个 3000 亿元级产业，石化化工、造纸与木材加工、电力 3 个 2000 亿元级产业[①]。钢铁、有色金属、食品加工等 10 个工业产值超千亿元的产业总产值占广西工业总产值的 94.8%（见表 2-1）。

表 2-1　2023 年广西产值超千亿元产业情况　单位：亿元，%

序号	产业名称	规模以上工业总产值	同比增长	占广西规模以上工业总产值比重
1	钢铁	3440.9	7.6	14.8
2	有色金属	3066.3	19.3	13.2
3	食品加工	3028.7	3.0	13.1
4	石化化工	2332.7	3.3	10.1

① 资料来源：广西壮族自治区工业和信息化厅。

续表

序号	产业名称	规模以上 工业总产值	同比增长	占广西规模以上 工业总产值比重
5	电力	2143.1	10.6	9.2
6	造纸与木材加工	2031.9	−10.7	8.8
7	机械	1720.9	14.6	7.4
8	建材	1497.1	−12.4	6.5
9	汽车	1422.9	0.3	6.1
10	电子信息	1295.5	−14.8	5.6

资料来源：广西壮族自治区工业和信息化厅。

第二节　突出以科技创新引领产业创新

广西是富有创新传统的热土。广西聚焦企业需求配置资源和政策，树立产业科技成果见产值、见增量的鲜明导向，强化企业科技创新主体地位，推动创新链产业链资金链人才链深度融合，创新驱动引领取得明显进步。广西成立自治区党委科技委员会，一体推进工业强桂战略、创新驱动发展战略和人才强桂战略，统筹推进教育科技人才综合改革，加快建设高水平创新型广西，广西创新能力首次进入全国综合科技创新水平第二梯队。

一、优化组织科研管理体制机制改革

持续深化科技体制改革，为产业科技创新增添新动能。制定实施《广西壮族自治区科技创新条例》《广西科技体制改革三年攻坚方案》等系列制度文件，持续深化科技体制改革。深化科技项目管理改革，优化科研项目立项和组织管理方式。广西自然科学基金项目实行经费包干制，试点扩大到全部类别。围绕打好自治区重要产业关键核心技术"攻坚战"，建立完善"产业出题、科技答题"项目形成机制，探索科技项目"揭榜挂帅""赛马"等组织新方式。赋予重大专项科研人员更大的技术路线决策权，允许科研人员自主选择和调整技术路线，推行项目首席研究员负责制。

科研机构体制改革持续释放创新势能。科研事业单位章程是科研事业单位管理运行、开展科研活动的基本准则，是科研事业单位举办单位或主管部门、科技行政管理部门、登记管理机关以及社会各界开展科研事业单位监督评估的重要依据。广西以章程管理试点为契机，科研院所内部治理结构不断完善。制定并印发《广西壮族自治区科研事业单位章程制定工作实施意见》，选取两批共18家自治区本级科研机构开展章程管理试点。以科技创新需求为导向，新型研发机构成为广西重要的科研力量。陆续推出促进新型研发机构发展的多项措施及奖励性财政补助实施办法等，为新型研发机构营造了良好的发展环境，有力地推动了其规模扩大和效益提升。以深化改革为驱动力，面向东盟及国内，地方科研院所的建设取得了显著进展。制定《关于加快推进自治区农科院建设全国一流省级强院的意见》，旨在加快推进自治区农科院成为全国一流的省级强院，推动广西科学院的改革发展，并深化广西林科院的发展，以此带动广西科技整体水平的提升，助力实现高质量发展。

推进科技成果转化改革，科技成果转化工作迈上新台阶。出台完善广西科技成果评价机制的实施意见，推进科技成果评价试点工作，落实高校院所职务科技成果权属改革和收益奖励政策，发挥24家自治区级中试基地"成果放大器""企业孵化器""产业集聚器""行业促进器"的作用，发布运行广西科技成果转移转化综合服务平台。桂林理工大学"三种稀土改性高性能铝合金材料制备方法与工艺技术"转让合同金额2500万元，成为近年来广西成果转化价值最高的成功案例。

改革外国专家项目管理，海外引才引智渠道得到新拓宽。找准引才引智在科技工作全局中的职能定位，改革外国专家项目管理，破解外国专家项目管理工作中的堵点、难点问题。保留自治区外国专家项目特色，并在全国率先将本级项目纳入广西科技计划体系，统筹管理项目申报、评审、签约、验收及监督等环节，构建集项目、平台、人才、政策于一体的创新引才机制，促进人才项目链、创新链与产业链的深度融合发展。

持续破除"四唯"束缚，基础研究工作取得新进展。积极开展清理"唯论文、唯职称、唯学历、唯奖项"专项行动，落实《广西加强"从0到1"基础研究的实施意见》等文件，强化国家自然科学基金区域创新发展联合基金（广西）支撑，强化重点实验室的引领作用，发挥科研机构建制化组织优势，以及高等学校的主体作用，为潜心投入基础科研的科技人员提供坚实保障，有效推动广西基础研究工作。

二、科技创新成为产业发展最大增量

近年来，广西围绕产业链部署创新链，围绕创新链布局产业链，在加快科技创新成果转化应用过程中注重解决本地经济社会发展实际问题，加快转化为现实生产力，增强广西发展内生动力。研发投入逐年增高，创新平台、创新投入、创新成果等方面均取得显著成效。制定产业"五基"①攻关项目清单，每年组织100多项关键核心技术攻关，开展"科技尖峰"行动，累计实施新能源与智能网联汽车等科技重大专项120个，创新策源能力稳步提升。支持企业在新能源汽车"三电"系统②、航天航空板材、第三代半导体氮化镓激光器芯片等领域取得重大技术突破。从科技创新领域来看，研发投入总量和强度均保持增长。2022年，广西全社会研究与试验发展（R&D）经费投入首次突破200亿元，2023年达到228.1亿元（见图2-2）。

---

① "五基"，即基础零部件、基础元器件、基础材料、基础工艺、基础软件。
② 新能源汽车"三电"系统，即电动机、动力电池、电控系统。

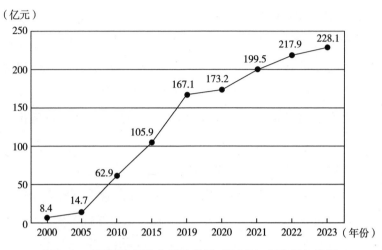

图 2-2　广西历年研究与试验发展（R&D）经费投入情况

资料来源：《广西统计年鉴 2024》。

　　高能级创新平台建设加快，区域科技力量体系不断完善。制订出台《广西壮族自治区实验室总体建设方案》，加快构建"全国重点实验室—自治区实验室—自治区重点实验室"三级实验室体系，截至 2024 年 10 月，广西共有 5 家国家重点实验室，首次进入国家重点实验室总量的第二梯队①。还建成 3 家自治区重点实验室、152 家自治区重点实验室。高新技术产业开发区（高新区）实现广西 14 个设区市全覆盖，其中南宁高新区入选国家知识产权服务业高质量集聚发展试验区。广西主动对接国家战略科技力量，积极争取创建国家级科技创新平台，并主动加强与科教发达地区的合作交流。例如，通过系统融合、重塑、改造和提升，成功组建了广西首家自治区实验室——广西新能源汽车实验室。广西新能源汽车实验室面向经济主战场，建立了全球首个岛式精益制造工厂，这一创新模式颠覆了汽车工业传统的总装流水线生产模式，使工厂效率提升了 40%，制造周期缩短了 30%。广西有一批国家级科技创新平台获批，其中：广西获批合浦县、桂平市、富川瑶族自治县 3 个国家创新型县（市），南宁市获批创新驱动示范市（区），玉柴集团、广西农业科学院、南宁师范大学获批分别成

————————

① 资料来源：广西壮族自治区科学技术厅。

立了国家引才引智示范基地。

企业作为科技创新的主体地位持续得到巩固。企业研究与试验发展（R&D）经费支出在广西总量中的占比已连续五年呈现上升趋势，至2022年已高达78.8%，这一比例较全国平均水平高出1.2个百分点。特别是广西百强高新技术企业在2022年的研发费用投入上表现突出，总量高达161.88亿元，这一数字不仅占广西高校企业研发费用总量的45.10%，更占了广西整体研发费用的73.9%。

实施科技成果大规模工业化项目。累计推出超纯不锈钢、铝箔、铜箔、动力电池及材料、新能源轻卡、电动遥控破拆机器人等500余项新技术新产品，这些新产业新产品对工业增长的贡献率已超50%。

通过科技计划项目，赋能广西高新技术企业研发能力提升。2023年，广西在《"十四五"广西科技计划项目申报指南》（以下简称《指南》）中首次设立"高新技术企业培育"联动专项，支持区内高新技术企业包括瞪羚企业，在国家重点支持的电子信息等八大高新技术领域开展技术研发和科技成果转化与应用示范。自《指南》设立以来，已收到600余项申报项目，立项234项，资助经费总额近1.6亿元。其中，高校院所参与的项目达200项，占比超过85%，显著提升了高新技术企业的研发实力，促进了企业主导的产学研深度融合与创新发展。

广西设区市规模以上工业企业有研发活动的企业整体呈现增长趋势，其中南宁市、柳州市以及桂林市规模以上工业企业有研发活动企业占比始终领先于其他地市。规模以上工业企业研发活动的增多，为新型生产力的发展提供了有力支撑，进而推动了广西各地市科技创新水平的整体提升（见表2-2）。

表2-2 广西各城市历年规模以上工业企业有研发活动企业占比情况

单位：%

年份 地区	2010	2012	2020	2021	2022
南宁	12.8	17.1	18.4	27.3	29.2

续表

年份 地区	2010	2012	2020	2021	2022
柳州	8.7	11.4	16.6	21.3	23.1
桂林	8.7	10.2	15.0	18.9	22.1
梧州	3.8	7.0	17.0	16.3	19.1
北海	7.8	19.3	14.9	15.4	22.1
防城港	3.1	6.9	5.3	8.6	11.1
钦州	2.5	4.1	11.3	13.9	11.7
贵港	1.7	2.5	6.8	10.0	10.4
玉林	3.1	5.7	5.4	12.7	19.4
百色	3.1	6.1	10.1	14.7	15.8
贺州	4.7	3.2	6.0	7.3	10.7
河池	4.4	6.7	8.4	12.2	21.1
来宾	3.5	3.3	9.4	18.6	17.4
崇左	3.6	3.2	4.5	18.1	12.2

资料来源：根据历年《广西统计年鉴》整理所得。

贯彻落实《广西壮族自治区认定企业技术中心管理办法》，引导并支持企业强化技术创新，完善市场导向的创新机制，成功建设24家成果转化中试基地，新增自治区级企业技术中心139家，并认定40家企业为自治区企业技术中心。

建立首席技术官（Chief Technology Officer，CTO）信息库，助力企业创新人才发展。广西在全国率先启动科技型企业CTO备案工作，构建CTO信息库，并定期开展CTO培训，旨在培育企业中的顶尖科技创新人才。截至2024年底，广西已有2992名CTO完成备案，主要来自先进制造、新材料、电子信息等产业。

科技金融持续发力，激活创新发展新动能。近年来，广西政府积极支持"桂惠贷"①贴息政策，以此引导金融机构进一步加大对科技创新企业

①"桂惠贷"是广西创新推出的一种准政策性信贷产品，旨在通过间接贴息的方式支持实体经济发展。

的"桂惠贷"投放力度。2024 年，自治区财政厅统筹创新驱动发展专项资金 1.5 亿元，支持投放"桂惠贷—科创贷"。联合广西融资担保集团设立创新驱动发展融资担保基金，发挥政府性融资担保体系作用；继续统筹创新驱动发展专项资金 5000 万元，支持实施广西融资担保基金政策，持续发挥担保放大机制和金融乘数效应，提升金融对科创企业的供给数量和质量。

三、推动各类创新要素向企业集聚

近年来，广西把增强企业科技创新能力作为科技体制改革的重中之重，集中力量攻克企业科技创新面临的瓶颈、挑战及关键问题，有效引导各类创新要素向企业集聚，企业作为科技创新主体的地位不断得到巩固和提升。广西科技厅印发了《服务科技赋能推进实体经济高质量发展工作方案》，持续巩固和加强科技赋能实体经济服务成果。2024 年，广西全部企业研发经费投入占全社会研发经费投入的比重接近 80%，企业发明专利拥有量占广西发明专利拥有总量的 54%。在 2022 年的 131 项广西技术发明奖和科技进步奖成果中，企业参与完成的成果占比为 80.9%，比上一年提高 4.7 个百分点①。

（一）聚焦"为谁创新"，持续优化企业创新生态环境

对政策、资金、项目、平台、人才等关键创新资源系统布局，推动各类创新资源加速向企业汇聚。例如，在支持企业建设创新平台方面，出台《广西科技创新平台优化整合方案》，明确提出引导和支持高新技术企业建立技术创新中心、重点实验室、工程研究中心、企业技术中心等科技创新平台，有力地促进了广西高能级创新平台不断实现新的跨越。2022 年，玉柴高效节能环保内燃机工程研究中心成为首批 38 家纳入新序列管理的国家工程研究中心之一。2023 年 3 月，依托广西农垦明阳生化有限公司

---

① 广西壮族自治区人民政府关于印发广西壮族自治区国民经济和社会发展第十四个五年规划和 2035 年远景目标纲要的通知 ［J］. 广西壮族自治区人民政府公报，2021（09）：2-88.

建设的"非粮生物质能技术全国重点实验室"获科技部批准重组建设。

（二）紧扣"创新什么"，加快企业高水平创新成果产出

着重发挥企业，尤其是创新领军企业的核心支撑与稳定作用，同步推动科技创新、产业革新及体制机制创新，积极引领并激励企业在攻克关键核心技术及实现重大原创技术突破方面做出更大贡献。柳钢直径 0.15 毫米帘线钢丝跻身国内一线水平，北投集团承建的平南三桥荣获中国钢结构金奖，汽车集团区块链汽车创新项目入选全国十大优秀案例。

（三）锚定"谁来创新"，发挥国有企业创新引领带动作用

支持组建以企业为盟主的创新联盟，加强院校所企战略对接，推进成果转化中试基地建设。广西工业企业相继突破了新能源汽车"三电"系统、智能网联汽车、航天航空板材等一大批重大技术。2022 年，广西入选国家科改示范企业数量居全国第三位，自治区国资委监管的 17 家企业研发经费投入占广西一半以上，重大科技成果占广西的 1/3，各类创新平台占广西的 1/4，高层次科技人才数量占广西的 1/4。区直国企研发投入强度达 1.67%，创历史新高，超过了全国省级监管企业 1.49% 的平均水平。在广西已组建的 9 家创新联合体中，国有及国有控股企业占比近 70%。

四、支持企业"走出去"链接科创资源

科创飞地是各级政府、园区、企事业单位等（以下简称飞出地）结合自身需求，打破行政区划界限，到自治区外创新资源丰富地区（以下简称飞入地）设立的跨区域创新合作平台，实现飞出地资源、政策与飞入地技术、人才有机融合。2024 年 9 月，自治区科技厅、工业和信息化厅、人力资源社会保障厅、自治区党委金融办、自治区市场监管局联合发布《促进广西科创飞地高质量发展的指导意见》，提出到 2026 年，在粤港澳、长三角、京津冀等创新资源丰富的地区布局建成各类科创飞地 30 个以上。提出了以下六项重点任务：一是科学规划空间布局，将科创飞地重点设于北京、上海、粤港澳大湾区国际科技创新中心，以及成渝、武

汉、西安等创新资源密集区。二是拓展提升技术研发效能。探索多地协同开发、创新科研代工、委托研发等合作模式，打造协同创新共同体。三是培育提升成果孵化质效。鼓励各市充分发挥产业园区作用，拓展建设集科技咨询、财税金融、科创基金、营销推广等功能为一体的公共服务平台，提升飞地成果孵化能力。四是大力加强创新人才服务保障。科创飞地内符合广西重点产业链的高层次人才创业项目，不受注册、参保地限制，鼓励申报广西科技人才项目。五是构建完善科技招商服务体系。积极开展科技招商推介和产学研活动，推介投资环境、科技人才政策，吸引飞入地优秀科技型企业、科技成果、人才资源落户广西。六是加快打造科技成果转化接续地。以"加速器、孵化器"等为重点，加快建设飞出地科创载体，承接飞入地离岸项目以及孵化的科技型中小企业，推动项目在广西落地。

通过设立飞地研发机构、开展技术联合攻关、引进科技成果等，在智能网联汽车、机械装备、智能终端等领域取得一大批重大突破。例如，上汽通用五菱在上海设立前瞻设计中心、在武汉设立上汽通用五菱武汉研究院，打通异地聚才引才用才的新路径；玉柴、柳工、美斯达在德国与博世、采埃孚和罗罗动力等企业合作，引进一批欧洲技术在广西产业化。2024 年 7 月，广西（上海）产业合作中心、广西（深圳）产业合作中心正式启动运营，主动对接长三角地区、粤港澳大湾区先进生产力，开展招商引资、产业投资、技术创新、聚才引智，推动形成加快构建现代化产业体系新增量，助力创新链、产业链、资金链、人才链深度融合。

当前，我国大力推进中国—东盟科技创新提升计划，在多个领域开展务实合作，共同应对区域性和全球性挑战。广西充分发挥区位优势，加快建设面向东盟的科技创新合作区，助推中国—东盟创新共同体建设不断走深走实。广西依托面向东盟国际技术转移与创新合作大会等平台，积极融入全球创新网络，汇聚创新资源，全方位服务中国与东盟的科技合作，强化科技合作机制，深化技术转移工作。共建联合创新载体，提升区域创新能力水平。共同培育科技创新人才，促进民心相通与交流互鉴。

第三节　产业群链发展水平提档升级

近年来，广西以全产业链思维统筹推进传统产业改造提升、新兴产业培育壮大、未来产业前瞻布局，推动工业实现质的有效提升和量的合理增长，加快构建以先进制造业为骨干、具有自身优势特色的现代化产业体系。2024年，广西机械行业产值突破2000亿元，全区2000亿元产业达到4个、3000亿元产业达到3个。新增2个国家级中小企业特色产业集群、9个自治区级中小企业特色产业集群。

一、实施补链强链延链行动

近年来，广西编制和应用产业布局全景图，明确了重点产业链在补链、强链、延链方面的关键节点，指导各地各部门精准施策、推进项目落地和资源高效配置，形成合力推进强企补链扩群，培育形成了加工贸易型、产业外溢型、资源保障型、出口导向型、面向东盟跨境等产业链（见表2-3）。

表2-3　广西产业链类型和内容

序号	产业链类型	产业链内容
1	加工贸易型	打造形成了链条完整、聚集度高、竞争力强的中药材、特色食品、造纸与木材加工产业集群
2	产业外溢型	打造形成了自主研发能力较强，龙头企业带动作用明显的汽车、机械装备产业集群
3	资源保障型	打造形成了以龙头企业为中心、中小企业协同发展，外向型资源保障体系较为完备的高端金属新材料、绿色化工、绿色建材产业集群
4	出口导向型	打造形成了"大湾区+广西+东盟国家"由研发设计到加工制造、组装生产和电商销售等环节分工明确、高效合作的电子信息、纺织服装产业集群

续表

序号	产业链类型	产业链内容
5	面向东盟跨境	投资领域形成了从农业、轻工、化工等行业逐步拓展到电力、有色金属、钢铁、汽车、工程机械、电子等现代制造业，上汽通用五菱、盛隆冶金、恒逸、柳工、玉柴等一批重点龙头企业正加快布局建设跨境产业跑道

资料来源：根据公开资料整理所得。

实施传统产业转型升级专项行动，实施了超过3700项亿元以上的补链、强链、延链项目，加速了铝产业等资源优势产业向中高端链条的转型升级，促进了机械产业等传统优势产业的产品创新和迭代升级，同时着力培育并壮大了包括钢铁、有色金属、食品加工在内的十大千亿元级产业。钢铁、石化等产业延伸下游精深加工环节，汽车、机械等产业补齐本地关键零部件配套。例如，铝产业建立起"铝土矿—氧化铝—电解铝—铝精深加工—再生铝"全产业链，延伸航空航天用铝、铝箔等高端产品。

传统产业优化升级，新技术、新业态、新要素加快赋能补链强链延链升级。制糖产业持续推动蔗糖精深加工和副产品综合利用，促进食糖向特色糖、功能糖、营养糖等产业链延伸，打造深加工产品超20个，开发综合利用产品超30个，形成了糖业全产业链发展格局，成品糖产量620万吨，在全国排名第一位。钢铁产业积极拓展不锈钢、汽车板材、家电用钢及型材等高端钢铁新材料领域，2023年粗钢产量高达3816.6万吨，全国排名第七位；钢材产量达5200.5万吨，全国排名第八位。有色金属产业在航空航天用铝、铝箔、汽车铝轮毂、电子3C①用铝以及铜杆、铜箔等新材料领域持续深耕，2023年十种有色金属总产量突破509.1万吨，全国排名第五位。石化化工产业延伸现代煤化工、轻烃裂解、盐化工、石油化工下游四大产业链，加快推进恒逸高端绿色化工化纤一体化项目、桐昆钦州绿色化工化纤新材料基地一期等重大项目。造纸与木材加工产业实现从林木资源优势向产业优势跃升，产品高端化、生产绿色化数字化明显提

---

① "3C"为计算机、通信、消费电子。

升，新增 127 万吨纸浆产能、121 万吨高端纸和纸制品产能，木衣架、异性胶合板产量连续多年稳居全国第一位。机械装备产业加速产品迭代升级，第二代电动装载机、国内首台商用车燃氢发动机、船电发动机及移动破碎机等创新产品引领行业发展潮流。其中，柳工装载机国内销量高达 1.35 万台，稳居行业榜首；玉柴多缸内燃机销量达 42.5 万台，市场占有率稳居全国第二位。智能家电产业形成空调、冰箱、洗衣机、智能小家电等一套完整的智能家电产业链体系①。

新兴产业蓬勃发展。广西新增新材料、新能源汽车、新能源电池及新能源四大 500 亿级新产业，跃升为全国动力电池正负极材料的核心生产基地，以及全球锰基新材料的领航者，并成功构建了国内领先的新能源汽车制造基地。新材料产业中化工新材料、金属新材料、稀土及稀贵金属新材料、新能源材料等形成大规模量产，有望成长为万亿级产业。新能源汽车形成"整车—'三电'—关键零部件—品牌"全产业链，本地配套率超 60%，车型涵盖轿车、运动型多用途汽车（SUV）、多用途汽车（MPV）等全品类。新能源电池产业已构建起从上游正负极材料，经中游电芯，至下游电池及储能的全产业链体系，产能实现从 2020 年的 0 吉瓦时②到 2023 年超 135 吉瓦时的飞跃，全面达产后年产值预计将突破 1000 亿元大关。新一代信息技术产业投产新型显示、声学光学等一批项目，补强新型显示、声学光学等高端电子元器件、可穿戴设备等关键环节。光伏产业推进沐邦高科、一道新能源高效组件、东方希望光伏材料等龙头项目，光伏玻璃从无到有，建成产能 5650 吨/天，跃居全国第三位，有望实现从"一粒砂"发展成为千亿元产业③。

二、打造先进制造业集群

遵循产业定位明确、基础稳固、创新引领、资源汇聚、开放合作深

---

① ③　资料来源：广西壮族自治区工业和信息化厅。

②　吉瓦时（GWh）是能量或电量的度量单位，1GWh 相当于 1000000 度电。

入、治理高效等高标准，广西精心培育出首批 12 个专业化强、特色鲜明的先进制造业集群，这些集群在全国范围内已颇具影响力（见表 2-4）。

表 2-4　2024 年广西先进制造业集群

序号	广西先进制造业集群名单
1	崇左市、来宾市、南宁市、柳州市、贵港市蔗糖产业集群
2	北部湾经济区化工新材料集群
3	柳州市、南宁市智能网联新能源汽车集群
4	河池市、南宁市、百色市、崇左市稀有金属集群
5	防城港市、北海市先进材料（金属新材料）集群
6	梧州市、贺州市先进材料（无机非金属新材料）集群
7	百色市、来宾市、南宁市生态铝集群
8	柳州市、玉林市、南宁市、桂林市先进装备制造集群
9	玉林市、河池市纺织服装集群
10	桂林市新一代信息技术集群
11	贵港市高端绿色家居集群
12	贵港市电动自行车集群

资料来源：《自治区工业和信息化厅关于公布 2024 年度广西先进制造业集群名单的函》。

中小企业特色产业集群发展势头较好。广西出台了《广西壮族自治区促进中小企业特色产业集群发展暂行办法》，成为国内重要的成品糖、工程机械、发动机、汽车、金属新材料、新能源电池及材料、碳酸钙、家居等生产基地以及全球最大的锰基新材料基地，以钢铁、有色、石化、建材为主的材料工业产值突破 1 万亿元。2023 年创建 15 个、2024 年创建 9 个自治区级中小企业特色产业集群（见表 2-5）。

表 2-5　2024 年自治区级中小企业特色产业集群

序号	所在地	集群名称
1	桂林市	桂林市临桂区植物提取产业集群
2	柳州市	柳州市柳南区土方工程机械零部件产业集群

续表

序号	所在地	集群名称
3	北海市	北海市合浦县光伏压延玻璃产业集群
4	崇左市	崇左市江州区稀土合金新材料产业集群
5	玉林市	玉林市北流市日用陶瓷产业集群
6	桂林市	桂林市七星区高端医疗药械产业集群
7	南宁市	南宁横州市茉莉花精深加工产业集群
8	崇左市	崇左市江州区糖基生物综合利用产业集群
9	玉林市	玉林市容县弯曲胶合板产业集群

资料来源：广西壮族自治区工业和信息化厅网站。

表2-6 2023年自治区级中小企业特色产业集群

序号	所在地	集群名称
1	百色市	百色市平果市生态铝产业集群
2	北海市	北海市海城区新型显示产业集群
3	北海市	北海市合浦县特色海产品产业集群
4	贵港市	贵港市覃塘区绿色家居产业集群
5	贵港市	贵港市港北区电动两轮车产业集群
6	桂林市	桂林市七星区特高压电力智能处理产业集群
7	桂林市	桂林市荔浦市衣架家居产业
8	贺州市	贺州市平桂区高端碳酸钙新材料产业集群
9	来宾市	来宾市兴宾区制糖及综合利用产业集群
10	柳州市	柳州市鱼峰区小型新能源汽车零部件产业集群
11	柳州市	柳州市鱼峰区柳州螺蛳粉产业集群
12	南宁市	南宁市邕宁区铝精深加工产业集群
13	梧州市	梧州市藤县建筑陶瓷产业集群
14	玉林市	玉林市玉州区内燃机零部件产业集群
15	玉林市	玉林市福绵区纺织服装产业集群

资料来源：广西壮族自治区工业和信息化厅网站。

三、加快推进智改数转网联

近年来，广西制定并实施重点行业数字化转型路线图，加速推进"星火·链网"超级节点等新型数字基础设施建设与运营，同时加快南宁国际通信业务出入口局的建设步伐。"点、线、面、体"四维一体加快推进企业、产业链、产业集群、产业园区整体数字化转型，逐步形成"数字化车间—智能工厂—智能制造标杆企业"三级新智造梯队培育体系。实现规模以上工业企业全面上云，推动汽车、有色等重点行业的数字化水平达到国内领先地位。

智能制造引领产业提质升级。2023 年，广西成功培育智能制造标杆企业 8 家，累计达 16 家。智能工厂示范企业 61 家，累计达 215 家。数字化车间 60 家，累计达 197 家。玉柴、华晟新材料、华润水泥（平南）、康明斯工业动力、燕京啤酒（桂林漓泉）5 家企业入选 2023 年度国家智能制造示范工厂揭榜单位。2024 年，智改数转赋能行动提效，认定广西智能制造标杆企业 21 家，智能工厂示范企业 35 家，数字化车间 80 家。培育国家重点软件企业 2 家、全国软件百强企业 1 家。

制造业数字化水平不断提升。根据工业和信息化部高质量发展评估报告，2023 年，广西制造业高质量发展数字转型指数提升至 91.3，是全国进步最快的 5 个省份之一，全国排名第 14 位，实现规模以上工业企业上云全覆盖。截至 2023 年底，广西已有超过 3000 家规模以上企业成功实施了包括"智改数转"、机器换人、生产换线、设备换芯在内的多项技术改造，共打造出 77 个国家级数字化转型标杆示范项目，使钢铁、有色、汽车、机械等重点行业的数字化水平跃升至国内先进行列。重点企业生产效率平均提升 32%，运营成本平均下降 19%，产品不良率平均下降 24%①。华润建材科技（田阳水泥生产基地）被评为全球建材行业首座"灯塔工

---

① "转"出发展新活力 [EB/OL]. （2024 - 03 - 27），http：//www.gxzf.gov.cn/gxyw/t18187161.shtml.

厂"。上汽通用五菱全球首创精益智造岛式工厂，截至 2024 年 11 月，累计 10 万台整车下线①。

工业互联网创新发展成效显著。截至 2024 年 4 月，广西建成国家级工业互联网平台 7 个、自治区级 10 个，行业级 42 个和一批企业级平台，工业互联网平台已覆盖广西 39 个工业大类，打造自治区级工业互联网示范应用场景 288 个，建设工业互联网标识解析二级节点 13 个，涉及制糖、螺蛳粉、农产品、车联网、智慧城市、汽车零部件等行业。泛糖科技广西制糖工业互联网平台已覆盖广西 74 家糖厂，服务 65 万户蔗农，入驻采购商 157 家、供应商 395 家，累计签约 19.8 万份电子合同，年交易额 200 多亿元。

四、做好"四篇强产业文章"

（一）提档升级"原字号"

聚焦糖、铝、稀土等优势产业，加速产品结构升级，由原材料生产向中高端产品转型。在铝产业领域，自治区财政厅每年安排专项资金支持南宁高端铝产业基地建设，如 2019~2024 年每年安排 0.6 亿元。借助广西广投工业高质量发展基金及新材料产业发展子基金，为广西南南铝加工有限公司等企业重大项目提供有力支撑。设立奖励机制，鼓励电解铝企业提升产能利用率及产值增长，如 2022 年发放 600 万元奖励资金。下达"千企技改"工程项目补助资金，支持企业技术改造项目，降低生产成本。自 2023 年起，自治区本级设立 1 亿元铝产业高质量发展专项资金，专项用于支持铝精深加工及高附加值项目。2024 年，广西发布了第一批"千企技改"工程项目计划，其中铝相关项目达 30 个，涵盖了铝箔、铝板带、铝型材等多个领域，旨在提升铝加工产品的质量和附加值。2024 年 1~10 月，广西氧化铝产量达 124.73 万吨，同比增长 9.1%，铝材达

---

① 上汽通用五菱全球首创精益智造岛式工厂第 10 万辆新能源汽车下线［EB/OL］.（2024-11-05），https://a.lzgd.com.cn/news/share_news.aspx?id=129195.

38.87 万吨，同比增长 9.7%，稳步推进建设具有国际影响力的生态铝产业基地和高端铝制造基地。在稀土产业领域，广西高度重视稀土产业链延伸与升级，已构建起涵盖稀土矿山开采、冶炼分离、稀土金属制备，直至稀土磁材及应用器件的完整产业链，显著提升产品附加值。近年来，广西稀土产业规模持续扩大，稀土年度开采、冶炼分离能力不断提升，2024 年年产值超 50 亿元。广西稀土的年度开采量达 2500 吨，冶炼分离量达 4300 吨，稀土分离能力高达 1.4 万吨。稀土产业的快速发展还带动了相关产业的发展，如稀土新材料、稀土应用器件等产业的兴起，充分展现了广西"原字号"产业不断提档升级。

（二）转型发展"老字号"

推动机械、建材、石化化工等传统优势产业提层次，强实力。广西传统产业在经济发展中占据重要地位，其中"老字号"企业的改造提升尤为关键。近年来，广西通过实施"千企技改"工程，鼓励工业企业采纳新设备、新工艺、新材料、新产品及新模式，加速传统产业向高端化、智能化、绿色化转型步伐，成效显著。金属加工、糖业、纺织业等传统产业实现改造升级。2023 年，广西营业收入排名前十的优势产业分别为黑色金属冶炼和压延加工业，其中，黑色金属冶炼和压延加工业的营业收入占比最高，达 14.2%；紧随其后的是有色金属冶炼和压延加工业，占比为12.8%；农副食品加工业以 10.2% 的占比位列第三。从营业收入的增长趋势来看，上述十个行业中，黑色金属冶炼和压延加工业，有色金属冶炼和压延加工业，农副食品加工业，电力、热力生产和供应业，木材加工和木、竹、藤、棕、草制品业，化学原料和化学制品制造业这几大产业的增长势头保持强劲。特别是有色金属冶炼和压延加工业、电力及热力生产和供应业、化学原料和化学制品制造业，自 2022 年以来均实现了显著提升。其中，有色金属冶炼和压延加工业的年均增长速度达 19.80%。从工业增加值来看，2023 年广西规模以上工业增加值排名前十的行业中，黑色金属冶炼和压延加工业以 17.9% 的占比居首位。其后为有色金属冶炼和压延加工业，占比达 16.1%。农副食品加工业占比为 12.8%，电力、热力生产和供应业占比为11.9%，排第四位。第五位至第十位分别为汽车制造业、木材加工和木、竹、藤、棕、草制品业，非金属矿物制品业，计算机、通信和其他电子设备制造业，石油、煤炭及其他燃料加工业，以及化学原料和化学制品制造业，占比分别为8.3%、7.6%、7.0%、6.5%、6.5%和5.4%（见图2-3和表2-7）。从具体产业发展举措来看，在机械制造领域，广西发布《广西机械和高端装备制造产业集群发展"十四五"规划》，打造"一轴一带两组团四城"的空间布局[1]，优化产业分布和未来发展空间。通过实施创新能力提升、质量品牌优化等重点工程项目，广西正着力增强产业的核心竞争力。例如，柳工轮式装载机、柳工欧维姆系统总体研究成果达到国际领先水平。

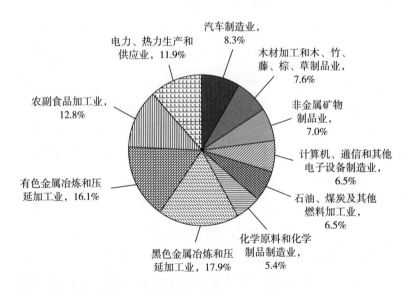

图2-3 2023年广西规模以上工业营业收入前十行业占比情况

资料来源：《广西统计年鉴2024》。

---

[1] "一轴一带两组团四城"的空间布局，即"一轴"指西部陆海新通道高端装备发展主轴，"一带"指西江沿线装备产业带，"两组团"指北钦防向海装备组团、东融先进装备组团，"四城"指南宁高端装备制造城、广西智能制造城（柳州）、广西先进装备制造城（玉林）、桂林智能装备制造城。

表 2-7　广西工业发展规模前十行业变化趋势　单位：亿元，%

行业分类	2019年营业收入	2023年营业收入	年均增长率	近四年变化趋势
黑色金属冶炼和压延加工业	2168.6	3308.4	11.14	稳定增长，排名稳居第一
有色金属冶炼和压延加工业	1446.7	2980.2	19.80	上升，排名由第四名上升到第二名
农副食品加工业	1711.4	2362.9	8.40	上升，排名不变，位居第三名
电力、热力生产和供应业	1370.2	2201.7	12.59	大幅度上升，排名上升，排名由第五名上升到第四名
汽车制造业	1872.1	1541.4	-4.74	有所波动，排名下降，排名由第二名下降到第五名
木材加工和木、竹、藤、棕、草制品业	1084.9	1408.5	6.74	有所上升，由第七名上升至第六名
非金属矿物制品业	1340.0	1298.1	-0.79	有所波动，排名下降，排名由第六名下降到第七名
计算机、通信和其他电子设备制造业	1282.8	1209.9	-1.45	有所波动，排名不变，仍位居第八名
石油、煤炭及其他燃料加工业	918.2	1196.4	6.84	有所上升，排名由第十名上升到第九名
化学原料和化学制品制造业	518.9	1000.3	17.83	大幅度上升，排名第十二名上升到第十名

注：统计范围为年主营业务收入2000万元及以上工业法人企业。

资料来源：《广西统计年鉴2024》。

（三）科技赋能"新字号"

推动新一代信息技术、生物医药、新能源、新材料、高端装备制造等新兴产业快成长，上规模。近年来，广西在推动现代化产业体系构建过程中，积极培育壮大"新字号"，取得了显著成效。在工业分布格局中，广西在先进制造业，尤其是汽车制造、机械制造及电子信息产业方面，展现出了较强的综合实力。营业收入排名前十的行业中，涵盖了高端金属新材料、电子信息、汽车产业、绿色化工新材料以及数字经济等多个自治区重点聚焦的产业领域。从战略性新兴产业的发展来看，2022年工业战略性新兴产业共有 1291 个企业法人单位，创造了 4534.9 亿元的工业总产值，实现了 1079.1 亿元的工业增加值；新材料产业和新一代信息技术产业的工业产值分别为 1478.2 亿元和 1142.3 亿元，占工业战略性新兴产业的 57.8%（见表 2-8）。

表 2-8　2022 年广西战略性新兴产业发展情况　单位：个，亿元

项目 指标	企业法人单位数	工业总产值	工业增加值
工业战略性新兴产业	1291	4534.9	1079.1
新一代信息技术产业	203	1142.3	203.9
高端装备制造业	91	221.0	48.3
新材料产业	277	1478.2	363.8
生物产业	249	398.0	112.5
新能源汽车产业	46	376.9	67.5
新能源产业	181	302.5	108.5
节能环保产业	241	542.1	156.9
数字创意产业	3	73.8	17.7

资料来源：《广西统计年鉴 2023》。

（四）培育壮大"外字号"

推动外贸产业稳规模、优结构，促进外资稳存量、扩增量、提质量。广西在推动对外贸易和拓展国际市场方面，通过持续深化"外字号"战略，取得了显著成绩。近三年来，广西外贸进出口年均增长 12.5%，增速连续三年高于全国平均水平，与东盟的进出口年均增长 9.8%。2023年，广西外贸规模全国排名第 14 位，互市落地加工规模和质量居全国首位。自治区政府提出了多项措施，进一步优化外商投资环境，更大力度吸引和利用外资，包括支持外商在广西投资设立研发中心，加大重点行业引进外资力度，有序推动服务业扩大开放，大力拓宽吸引外资渠道等。

第四节　重点产业园区改革发展提级

产业园区作为区域经济增长的重要"引擎"，通过聚集创新要素、整合市场资源、培育新兴产业，不断推动产业实现迭代升级，日益成为各地推动经济高质量发展的重要载体。近年来，广西高度重视产业园区改革发展，在全国首创组建自治区产业园区改革发展办公室，扎实推进产业园区改革发展专项行动，加速构建"4+3+7"矩阵式园区①布局，将园区作为"一区两地一园一通道"建设的硬支撑，推动园区高质量发展。充分发挥园区在汇聚资源、促进产业集群、提升效率方面的作用，围绕重点产业延链强链补链，推进建设一批产业承载平台，持续优化整合园区布局，深化园区体制机制改革，强化园区招商引资，广西园区规模持续扩大，质量效益稳步提升，工业经济向园区集聚态势更加凸显，形成了南宁东部新城新能源、柳东新区新能源汽车、钦州自贸区化工新材料等重大产业集群。2024 年，沿边临港产业园和中国—东盟产业合作区在建项目投资超万亿元。

一、园区改革创新步伐不断加快

2024 年 7 月 30 日，中国共产党广西壮族自治区第十二届委员会第八次全体会议《关于贯彻落实党的二十届三中全会精神进一步全面深化改革奋力谱写中国式现代化广西篇章的决定》强调，产业园区是助力发展新质生产力、构建现代化产业体系、推动经济高质量发展的主要阵地，沿边临港产业园区是国家重点支持广西建设的创新高地、产业高地、开放高

---

① "4+3+7"矩阵式园区布局，即整合沿边临港产业园所在的北海、防城港、钦州、崇左 4 市和南宁、玉林、百色 3 市产业园区构建中国—东盟产业合作区，整合柳州、桂林、梧州、贵港、贺州、河池、来宾 7 市重点产业园区构建中国—东盟产业合作区协同发展区。

地。必须贯彻落实党的二十届三中全会关于推动产业深度转型升级、完善推动战略性产业发展政策和治理体系、开展各类产业园区用地专项治理等重大部署，以沿边临港产业园区为统领，按照"设施一流、管理一流、服务一流、政策一流"的目标要求，整合力量资源，完善空间布局，优化开发建设，创新管理运营，推动园区高质量发展，为提升我国产业链供应链韧性和安全水平作出广西贡献。

2024 年 5 月，十二届自治区党委全面深化改革委员会第十次会议审议通过了《广西沿边临港产业园区管理体制机制和机构编制创新实施方案》及东兴、凭祥、钦州、北海产业园区管理体制机制改革方案，强调高水平高质量推动沿边临港产业园区管理体制机制创新，对广西服务和融入新发展格局、推动高质量发展具有重要意义。要加强园区党的建设，积极推进整合管理机构、优化职能定位、产业转移衔接、灵活选人用人、要素服务保障等体制机制创新，优化机构编制资源配置，实现优化协同、简约高效、富有活力、保障到位，努力将沿边临港产业园区打造成承接国内国际产业转移的新高地。

系统推进园区改革，基本建立改革发展系列体系。自治区整合原北部湾办和自治区投资促进局，创造性组建自治区产业园区改革发展办公室，统筹广西产业园区改革发展和招商引资工作。"党委领导、政府推动、区市县联动、专业化管理、市场化运作"的工作运行机制持续健全，园区改革发展取得阶段性成效。按照"战略要优、目标要清、风险要低、制度要顺、信息要畅、场景要好、产业要多、效益要高"的标准，建设"设施一流、管理一流、服务一流、政策一流"产业园区，系统性构建沿边临港产业园区"1+4"和广西产业园区"1+14"改革体系，初步构建沿边临港产业园区和广西产业园区营商环境指标体系以及构筑广西"一盘棋"的"4+3+7"矩阵式园区布局。

全面实施园区整合，基本理顺园区管理运营体制。成立产业园区改革发展领导小组，形成长效机制。按照区位相邻、产业相近、集约高效、集聚发展的原则，集成性整合优化各类产业园区，初步将广西 188 个产业园区整合为 119 个，管理机构整合为 106 个，"一个管理机构、一套班子、多块牌子（多个片区）"的园区管理模式全面推行，政企分开、管运分离的园区管理运营机制基本理顺。实施园区提质升级行动，按照"一园一清单"管理，加快"十有"园区①建设（见表 2-9）。与东部省份建立并完善对接机制，高质量举办 2023 年和 2024 年中国产业转移发展对接活动（广西站），积极吸引国内外产业转移。积极探索构建多级联动的产业共享共建新机制，鼓励各产业园区与东部省市园区"结对共建"，南宁—深圳、北海—连云港、凭祥—江门、百色—杭州等共建园区已取得显著进展。

表 2-9　2023 年自治区"十有"园区名单

序号	园区名称	所属地市
1	南宁高新技术产业开发区	南宁市
2	南宁经济技术开发区	南宁市
3	广西—东盟经济技术开发区	南宁市
4	南宁江南工业园区	南宁市
5	柳州高新技术产业开发区（柳东新区）	柳州市
6	桂林经济技术开发区	桂林市
7	粤桂黔高铁经济带合作试验区（桂林）广西园	桂林市
8	桂林市临桂区工业集中区	桂林市
9	粤桂合作特别试验区（梧州）	梧州市
10	北海市铁山港（临海）工业区	北海市
11	北海经济技术开发区	北海市
12	北海高新技术产业开发区	北海市
13	防城港经济技术开发区	防城港市
14	防城港高新技术产业开发区	防城港市

① "十有"园区，即在园区配套建设一所综合学校、一家综合医院、一个党群服务中心、一个体育活动场所、一个租赁住房小区、一个商业综合体、一个职工之家，成立一家平台公司，设立一个公安派出所，开通至少一条公交线。

续表

序号	园区名称	所属地市
15	广西钦州高新技术产业开发区	钦州市
16	中国（广西）自由贸易试验区钦州港片区	钦州市
17	贵港市产业园区	贵港市
18	广西玉柴工业园	玉林市
19	龙港新区玉林龙潭产业园	玉林市
20	广西百色高新技术产业开发区	百色市
21	贺州高新技术产业开发区	贺州市
22	河池·环江工业园	河池市
23	河池·南丹工业园	河池市
24	来宾市工业园区	来宾市
25	中国—泰国产业园	崇左市
26	南宁临空经济示范区崇左片区	崇左市

资料来源：广西壮族自治区工业和信息化厅。

园区政策引导作用日益强化。近年来，广西相继出台多项支持政策文件，印发沿边临港产业园区实施方案和中国—东盟产业合作区总体规划，实施产业园区建设三年行动计划，加快构建助力产业园区高质量发展的改革政策体系。研究制定出台了《关于创新管理体制机制激发开发区发展活力的若干意见》（厅发〔2022〕34 号）、《关于深化广西开发区管理制度改革推动开发区高质量发展实施方案》（桂政发〔2023〕20 号）、《中国—东盟产业合作区建设实施方案》（桂政办发〔2023〕47 号）、《促进中国—东盟产业合作区建设若干政策措施》（桂政办发〔2023〕68 号）、《广西产业园区管理办法（试行）》（桂政办发〔2024〕47 号）、《广西产业园区招商引资三年行动计划（2024—2026 年）》（桂政办发〔2024〕32 号）等文件，持续深化园区体制机制改革，推动园区高质量创新发展。

广西创新园区多元共建模式，加快构建港产城园区融合发展机制。广西 4 个沿边临港园区在有序推进体制机制改革，分别从组织机构、权责清单、制度梳理、营商环境等方面建立健全沿边临港园区的管理体系。

北海市全面深入推进体制机制改革工作。一是建立健全广西沿边临港产业园区的组织机构。北海沿边临港产业园区涉及的北海经开区、高新区、综保区三个国家级园区完成管理机构和职能整合，合浦工业园区并入北海铁山东港产业园，实行"一区多园"管理模式，真正把"一区多园"发展从"松散联系、数据内统"进入到"同频共振、共同发展"新阶段；铁山港（临海）工业区、铁山东港产业园、北海海洋产业科技园区实行"区政合一"管理模式，按照一套机构、一体化设置，充分调动了属地政府服务产业园区发展的积极性、主动性。二是推进制度集成创新。印发了包括《北海产业区实行聘任制的实施意见》《北海产业园区薪酬制度改革指导意见》等一系列园区改革配套文件，旨在推动身份管理向岗位管理的转变，并依据市场原则，探索实施更为灵活的薪酬制度，以此充分激发园区干部职工的工作积极性。三是持续优化营商环境。实施"服务企业攻坚升级行动""企业家日"活动，建立厅处级领导"联系卡"服务制度，面对面解决企业诉求，做到"企业吹哨、园区报到"。截至 2024 年 11 月底，共开展"企业家日"活动 31 场，征集 226 家企业提出问题及建议 431 个，办结率达 95.4%。保障了金风科技、香港建滔等一批重大项目用地需求；推动了蓝水项目岸线获得批复，一批港航项目顺利通过提级论证；研究解决了广投生态铝、东方希望氧化铝等重大项目进口船舶减载靠泊问题。2024 年，北海市在沿边临港产业园区推行的营商环境评估中，要素保障、产业发展、市场监管方面均获第一。

东兴沿边临港产业园区推动了"管委会+运营公司"的体制机制改革模式落地。一是体制改革。东兴试验区和东兴市构建"区政合一+管运分离"管理模式，将广西东兴国家重点开发开放试验区、东兴边境经济合作区以及谋划推进的中国东兴—越南芒街跨境经济合作区，整合融入广西东兴产业园，将东兴试验区党工委、管委会明确为园区管理机构，与东兴市共同履行园区管理服务职能，并实行区政交叉任职，建立区政联动机制，成立园区开发建设指挥部，实现"劲往一处使"。二是"园区事园区办"相关权限下放到园区。整合优化园区、政府机构职能，调整设置试验区管委会产业发展局等部门，整合成立东兴产业园区政务服务中心，实行企业项目进展跟踪服务机制，设立"一站式"服务窗口，推动"园区事园区办""一件事一次办"，为企业提供注册开办、投资建设、发展经营等全生命周期服务。三是强化运营机制建设。东兴试验区和东兴市还创新"管委会+公司"管理模式，推进园区行政管理职能和市场经营职能剥离、管理机构和运营企业分离改革。成立广西东兴产投集团，承担园区建设资金筹集、土地预储备运营等职责，充分利用市场化手段，联合社会资本开发建设园区，不断增强产业集聚，提升园区自身发展能力和行业竞争力。

凭祥产业园致力于优化园区管理体制，充分利用国家关于沿边临港产业园区管理体制机制和机构编制创新等政策，将强化组织机构建设作为关键，明确功能定位，厘清权责关系，全力打造扁平化、高效率的管理体制机制。一是聚焦主责主业深化"三区合一"体制改革。职能机构从 13 个精简至 8 个，决策层级减少 2 级。制定园区管理体制机制改革任务清单，深化财政体制改革，出台园区财政管理体制暂行办法，构建园区与辖区政府利益成果共享机制，稳步推进人事薪酬制度改革。园区进一步优化运行机制，积极推行市场化运营管理模式，成功整合组建了集团公司，即广西凭祥产业园投资开发集团有限公司，为实施"管委会+公司"运营模式奠定了坚实基础。园区基本实现一体化运行、扁平化管理，为中央机构编制委员会办公室指导沿边临港产业园建制工作提供了"崇左样本"。二是聚焦放权赋能加快政务服务集成授权，凭祥产业园完成拟承接的自治区、崇左市共 174 项行政权力清单下放申请，扎实推进"云帮办""免证办""异地通办"政务服务。三是聚焦贸易便利化、投资自由化、金融改革创新等领域改革探索，共取得 67 项具有"崇左特色"的制度创新成果，并新增 20 项在全国范围内首创、唯一或领先的经验做法，其中 2024 年新增 3 项案例参评新一批全国自贸试验区制度创新成果。

钦州沿边临港园区依托自贸区钦州港片区大力推进政府职能转变，实施企业全生命周期管理模式，持续深化商事登记服务改革，先后承接自治区级和钦州市级行政权力事项363项，最大限度地实现了"园区事片区办"，企业注册登记实现"秒批即办"。充分发挥沿边临港产业园和自贸试验区的政策辐射效应，加速推进中国—东盟产业合作区、自贸试验区协同发展区等新平台的建设进程，建成三个片区首家"RCEP＋法律服务""一站式"企业服务中心。

二、园区产业集聚功能不断优化

整体谋划园区定位，基本形成"4+3+7"矩阵式园区布局。着力打造具有分布式协同、数字化现代、实业开放等鲜明特征的产业园区布局，构建以北海、防城港、钦州、崇左4市沿边临港产业园区为"核心区域"，以沿边临港4市和南宁、玉林、百色三市产业园区构成的中国—东盟产业合作区为"重点区域"，以柳州、桂林、梧州、贵港、贺州、河池、来宾7市重点产业园区为"纵深区域"的承接产业有序转移的三个梯次。

深入实施重点园区建设"115"工程①，加快大项目大产业集聚，园区能级实现跃升。截至2023年底，自治区级以上工业园区总数达137个，其中包括16个国家级园区和70个自治区级园区。千亿级、五百亿级和百亿级园区数量分别达4家、6家和50家，这些园区的规模以上工业产值占据了广西的86%。在新能源汽车、装备制造、碳酸钙新材料等领域，共有9个特色产业集群成功入选国家中小企业特色产业集群名单，其数量在全国排名第九位，西部排名第二位②。在2022年国家级经济技术开发区综合发展水平考核排名中，钦州港经开区首次进入全国百强，在参评的全国217家经开区中排名第94位，较2021年跃升94位，在西部47家国家级经开区中排名第13位③。

---

① "115"工程，即重点培育10个千亿元、10个500亿元和50个百亿元园区。

② 资料来源：广西壮族自治区工业和信息化厅。

③ 资料来源：广西壮族自治区产业园区改革发展办公室。

表2-10 2023年广西4家千亿级园区发展概况

园区	工业总产值	概况
防城港经济技术开发区	2053亿元	防城港经济技术开发区由企沙工业区、大西南临港工业区和国家级东湾物流加工园区整合而成，总用地面积192.4平方公里，主要布局钢铁、有色金属、能源、新材料、装备制造、粮油等主导产业，重点企业有盛隆冶金、金川有色、广西钢铁集团等。2023年，防城港经开区建成国家级、自治区级绿色园区，入选"全国绿色工业园区"和自治区"十有"园区、向海经济发展示范园区，成为广西首个工业产值超2000亿元的园区
北海市铁山港（临海）工业区	1725.4亿元	北海市铁山港（临海）工业区位于铁山港西岸，规划面积123平方公里，已建成生产性泊位22个，形成岸线1944米，可建设生产性泊位120个，设计吞吐能力4.3亿吨，石化专用泊位31个，设计吞吐能力1.2亿吨。园区重点围绕绿色化工、新材料及高端设备制造、高端玻璃及光伏材料、高端造纸等四大千亿元集群发展
中国（广西）自由贸易试验区钦州港片区	1438亿元	自贸区钦州港片区加快构建"油、煤、气、盐"多元化石化产业体系，进一步夯实以海上装备制造、新能源材料、电子信息、粮油加工、造纸、能源等为主导产业的"四梁八柱"，钦州石化产业园自2013年起连续11年进入中国化工园区30强，2023年继续保持前20强，正在加快建设中石油、华谊、恒逸、桐昆、金桂、国投、中伟、格派等北部湾标志性百亿级重大项目
柳州高新技术产业开发区	1103.2亿元	柳州高新技术产业开发区始建于1992年，2010年经国务院批准升级为国家高新技术产业开发区。经过多年建设发展，柳州高新区先后获批国家创新型特色园区、国家知识产权示范园区、国家产城融合示范区、国家双创示范基地等国家级荣誉，形成了以上汽通用五菱宝骏基地、东风柳汽乘用车商用车基地、一汽柳特、广汽新能源整车基地四大主机厂及汽车零部件企业为龙头，新材料、电子光电、高端装备制造等产业为支撑的创新型产业集群

资料来源：广西壮族自治区工业和信息化厅。

临海临港产业不断壮大。发挥沿边临港沿江优势，以南宁、北海、防城港、钦州、玉林、百色、崇左7个设区市现有产业园区为载体，规划建设中国—东盟产业合作区，合作区推进在建项目超700个，总投资超1万亿元。聚集了盛隆冶金、广钢集团、北港新材料、柳钢中金等龙头企业，全国重要的金属新材料产业基地逐步建成。以钦州、北海为核心的北部湾石化产业集聚区已初具规模，吸引了中石油、华谊、恒逸、桐昆等龙头企业入驻，形成了"东盟炼油、广西炼化"的跨境产业链，以及全国唯一的"油、煤、气、盐"多元化绿色石化产业体系。积极承接东部产业转移，北海、南宁、桂林三大电子信息制造业基地已汇聚富士康、瑞声、歌尔等知名企业，形成电子信息产业集群。太阳纸业、玖龙纸业等龙头企业引领高端纸业发展，太阳纸业浆纸产能超400万吨，钦州市金桂一期等项目投产，高端纸业全产业链生产基地正在加速构建。聚集鲜美来、玖嘉久、中粮油脂、港青油脂、大海粮油、澳加粮油等龙头企业，培育了"北海海鸭蛋""合浦大月饼"等特色食品品牌，轻工食品产业集群不断壮大。

三、园区重点产业链场景招商

开展场景招商是广西培育发展新质生产力的有力举措。围绕产业链延链强链补链和推动产业高端化绿色化智能化发展目标，2023年底以来，广西以重点产业园区和重点企业的优质应用场景开放共享为导向，聚焦重点产业园区的重点产业链，启动场景招商工作。重点围绕汽车、新能源、高端金属新材料及绿色化工新材料四大产业链，精心征集并挖掘了一系列产业链场景清单。

在场景机会方面，围绕汽车、新能源、高端金属新材料、绿色化工新材料四条产业链，开放了四大类40个重点场景机会，拟释放场景投资额累计超200亿元。在汽车产业链方面，围绕"汽车电动化""单车智能""智能网联""自动驾驶应用"四大场景创新方向。其中，东风柳汽开放新能源汽车氢燃料电池系统、智能座舱、智能驾驶仿真测试系统等研发合作需求，释放场景投资额12.9亿元。在新能源产业链方面，围绕"新能源开发""新型储能""新能源应用""新能源运维管理"四大场景创新方向。其中，广西瀚宇新能源公司围绕全自动化储能系统pack集成产线建设，开放数字化管理平台建设合作需求，释放场景投资额5000万元。在高端金属新材料产业链方面，围绕"生产流程智能化""资源管控绿色化""产品应用高端化"三大场景创新方向。其中，广西北港新材料公司开放不锈钢冶炼工厂节能降耗和绿色化管理、不锈钢精深加工及高端化产品应用等合作需求，释放场景投资额 53.3 亿元；广西翅冀钢铁公司开放钢铁厂能源实时监控及智慧化运营中心建设合作需求，释放场景投资额 3 亿元。在绿色化工新材料产业链方面，围绕"高价值产品应用""高端化材料制备""安全绿色化生产"三大场景创新方向。其中，钦州皇马资产经营集团针对钦州高端医药精细化工产业园，致力于安全生产与应急管理，推出政企一体化安全生产风险管控平台建设方案，并计划投资 2000 万元用于场景建设。

在场景能力方面，四大类 20 个重点场景能力。在汽车产业链方面，重点推介东风柳汽、赛克科技、广西产研院等创新企业的 6 条场景能力。例如，赛克科技"室内外全链路无人物流解决方案"已在上汽通用物流、赛克瑞浦、安吉物流等多家企业落地应用，核心无人物流车产品累计运行里程达 150 万公里，百公里故障数低于 0.5。在新能源产业链方面，重点推介瀚宇新能源、鑫昊新能源等创新企业的 6 条场景能力。例如，瀚宇新能源的"兆瓦时固态锂离子储能电池技术方案"已成功应用于广西高速公路"光储充一体化项目"，该方案具备超过 12000 次的电池循环寿命，实现了 20% 的内阻降低和超过 95% 的能量效率。在高端金属新材料产业链方面，重点推介金川有色、广西产研院等创新企业的 4 条场景能力。例如，广西产研院推出的"数字孪生工厂智能管运系统"，能够全面覆盖工厂从生产到销售的全链条，实现数据的即时采集、精准监控与直观可视化，该系统在广西钢铁集团的冷轧钢智慧车间已成功落地，显著提升了生产效率。在绿色化工新材料产业链方面，重点推介广西海螺环境科技、心连心深冷气体、鲁临建材等创新企业的 4 条场景能力。例如，广西海螺环境科技"工业烟气脱硝治理服务"，可循环利用蜂窝催化剂、板式催化剂等产品，解决工业烟气脱硝难题，方案已在信义玻璃、南宁浮法玻璃、金隅水泥等企业落地应用。

做实场景招商。以平陆运河、智慧海关、南宁国际通信业务出入口局建设等宏大场景和重点产业园区、重点企业的优质应用场景开放共享为导向，聚焦运河经济、低空经济和新能源新材料、人工智能、生物医药等挖掘应用场景资源，策划举办场景专题招商活动。

深化产业链招商。突出人工智能产业链招商，出台《广西人工智能招商工作方案》，围绕人工智能产业上中下游画好产业地图，绘制招商目标图系，建立目标企业库；聚焦重点园区，加强与国内外人工智能头部企业，以及人工智能联盟、协会及科研院校合作，用好产业引导基金，加强产业孵化，打造人工智能项目培育基地；创新开放应用场景，以场景资源招引人工智能企业。围绕串珠成链，各市聚焦每个产业园区的三条主导产业，绘制产业链图谱，建立目标企业库、在谈项目库，进行"带链主、带资源、带场景、带政策"产业链精准招商。

四、生动展现园区共建共享场景

园区建设模式不断创新，积极探索"2+N""3+N"等多种灵活多样的建设路径，主动携手中央企业、地方国有企业、外资企业以及民营企业，共同搭建产业园区发展平台，目前，各市已与各类企业携手合作，共建产业项目多达50余个，总投资额超过1600亿元。园区要素保障模式不断创新，通过引进头部企业集聚要素供给，在要素供给领域实现"园区事集中办"。

在园区改革的牵引下，园区高水平开放高质量发展取得明显成效。产业园区规模以上工业总产值占广西比重超过80%，成为稳住广西经济大盘的主"引擎"。2024年1~10月，沿边临港产业园区规模以上工业总产值1698亿元，同比增长9.8%，工业投资351亿元，同比增长34%；中国—东盟产业合作区规模以上工业总产值1.08万亿元，同比增长9%，工业投资1302亿元，同比增长12%。

第五节　新兴产业加快聚链成群

新兴产业是广西发展的方向，也为培育发展新质生产力引领了新的方向。通过实施新兴产业倍增行动，南宁比亚迪动力电池、玉林华友新能源材料等一批标志性项目得以集中推进，并成功培育了新材料、新能源电池等新产业。战略性新兴产业对工业增长的贡献率已超过 35%，有效提升了产业转移的吸引力。

一、力推低空经济"起飞"

低空经济作为国家战略性新兴产业的重要组成部分，成为国家经济发展的新兴动力源。广西在政策引领、基础设施建设以及低空产业基地方面取得初步成效①。

低空政策不断深化。在自治区层面，2024 年 10 月，广西出台实施《广西低空经济高质量发展行动方案（2024—2026 年）》，从集群化低空装备制造产业、延伸低空应用场景、建设低空飞行服务保障体系、增强产业技术能力和发展低空现代化服务业等多维度推动低空经济发展。在地市层面，南宁、桂林、柳州、北海、玉林及河池 6 个地区部署相关工作。南宁市青秀区积极推出无人驾驶航空试验区建设蓝图，旨在构建完善的低空产业生态，并拓展东盟市场，通过"研发+应用+科普"的多元化模式，奋力开辟低空经济的新赛道。桂林利用丰富的旅游资源，打造"低空+旅游品牌"；同时成立低空旅游研究院，围绕低空旅游的安全监管、科技研发、环境保护等关键环节，带动桂林低空经济可持续发展。北海大力引进低空经济领域的优质企业和项目，携手无人机研发及生产企业，共同致力于打造具备强大竞争力的低空经济产业集群。

基础设施不断优化。广西建设通感一体基站、飞行器起落场、低空飞行服务站等基础设施，以支撑低空经济发展。一是在河池、南宁等地市部署了基于 5G-A②的通感一体基站③，丰富低空飞行器的导航参考点和数据采集节点，实现对低空飞行器的实时监测和跟踪。二是加强飞行器地面

---

① 资料来源：广西壮族自治区信息中心。

② 5G-A（5G-Advanced），是基于 5G 网络在功能上和覆盖上的演进和增强，是支撑互联网产业 3D 化、云化、万物互联智能化、通信感知一体化、智能制造柔性化等产业数字化升级的关键信息化技术。

③ 通感一体基站，即集成通信技术与感知技术于一体的通信基站设施。

设施建设，在广西范围内规划建设了 21 个通用机场、200 个停机坪①，研究布局水上机场，积极融入自治区"一站多用"的地面设施网络体系，不断提升低空飞行服务的质量和效率。三是在南宁成立了首个具备 A 类②通航飞行资质的低空飞行服务站③，为具有飞行资格的通航用户提供飞行前、飞行中、飞行后服务，并对飞行活动产生的数据进行收集、整理，实现对低空飞行任务的有效监管。

低空产业不断壮大。广西通过建设产业基地，吸引低空经济企业入驻，形成产业集群，已建成 3 个低空经济产业基地。南宁青秀无人驾驶航空试验区吸引了 25 家优质企业入驻④，重点建设了无人驾驶航空器科创、制造两个功能核心区，为无人机产业发展提供全方位支持。北海建立全国首个海上无人机试验试飞基地，推动无人机技术在海洋监测、风电站巡查等领域的应用，研发工业级和航空级无人机，开展海上运输、应急、巡检等试飞任务，拓展了无人机在海上的应用范围。

二、区块链产业稳步发展

产业集聚态势明显。根据广西壮族自治区信息中心发布的数据显示，截至 2024 年上半年，广西区块链相关企业续存 3787 家，比 2022 年底（1983 家）增长近 1800 家，广西区块链领域创新创业活动活跃，企业数量呈现快速增长态势。从广西区块链相关企业分布情况来看⑤，广西区块链产业围绕南宁、柳州、桂林、北海等地市呈现"南宁一极领先，柳桂北等多点发展"的产业聚集态势⑥。

---

① 资料来源：广西交通运输厅《广西壮族自治区民用航空发展规划（2021—2035 年）》。
② A 类通用机场，即对公众开放的通用机场，允许公众进入以获取载客或者经营性载人飞行服务的通用机场。
③ 资料来源：人民网《广西首个低空飞行服务站完成备案》。
④ 资料来源：中国新闻网《东盟媒体采访团广西南宁聚焦低空经济产业 冀加深合作与交流》。
⑤ 资料来源：《广西区块链产业发展白皮书（2024 年）》。
⑥ 资料来源：广西壮族自治区信息中心。

创新驱动力不断增强。推进区块链标准化工作，制定《基于区块链的数据存证技术规范》《基于区块链的政务数据共享平台建设规范》等一系列标准，覆盖了区块链基础架构、数据格式、安全、隐私保护、智能合约、供应链管理等多个方面，不断提升区块链系统的互操作性、安全性和合规性，为打造跨区域产业链供应链奠定了区块链技术规范基础。截至2024年5月，广西已发布区块链地方标准2项和企业标准规范3项。知识产权综合发展水平持续提升。截至2024年6月底，广西区块链相关专利申请量共计246项证书，同比增长17.8%[①]。

产业融合加速推进。广西区块链应用已覆盖20个左右细分行业，形成37个区块链技术应用项目落地。区块链应用范围逐步拓展，在汽车、文旅、跨境数据流通等领域加速落地，形成本土特色的创新应用场景。在汽车领域，开展汽车产业链全生命周期场景应用，打造全国首个汽车数据专区基地，对接深圳数据交易所和上海数据交易所等8所数交所，实现汽车数字交易1500万元[②]。在文旅领域，依托"广西文旅区块链"技术布局孪生技术、虚拟IP等，打造"一键游广西数字藏品平台"，带动文旅消费7160万元[③]。跨境数据治理领域，利用区块链技术赋能跨境业务的运营和管理，广西柳工工程机械跨境贸易管理系统通过关键数据上链，减少跨境多方对账时间，实现售前端商机线索记录率提升30%、获客率提升20%[④]。

三、数据要素市场稳步发展

通过持续优化数据要素发展环境和完善数据要素制度体系，广西数据要素市场逐步走向成熟，有效培育经济发展新动能。2023年，广西在电力、交通、不动产登记等6个应用场景开展公共数据授权运营试点。其

---

① 资料来源：《广西区块链产业发展白皮书（2024年）》。
② 资料来源：广西汽车集团官网。
③ 资料来源：我国文化和旅游部官网。
④ 资料来源：《区块链赋能跨境数据流通治理白皮书（2023年）》。

中，广西电网公司完成了全国首单电力数据信托产品场内交易。广西还对79家单位开展数据要素发展价值评估，推动数据资源结构优化、价值提升。北部湾大数据交易中心累计交易规模超 3.51 亿元，挂牌产品超 310 个，入驻数商超 200 家，获"2023 年度优秀数据交易机构（平台）奖"。2 家广西数商在 2023 年全球数商大会上荣获"2023 年度数商奖"。设区市数据要素交易也在推进，2023 年 10 月，广西首单地市级公共数据产品场内交易在柳州完成。2024 年，广西出台《广西数据交易管理暂行办法》。数字经济持续壮大，北部湾数据交易中心交易规模突破 5.6 亿元，新建 5G 基站 2.7 万座，光缆线路总长 281.5 万公里。

第六节　加快培优育强企业主体

建立制造业优质企业梯度培育体系，实施强龙头壮产业行动，推动大中小企业融通发展，壮大企业雁阵。自 2021 年以来，广西累计培育自治区级工业龙头企业 212 家，自治区级链主企业 70 家[1]，共获认定国家级专精特新"小巨人"企业 91 家，专精特新中小企业 860 家，带动培育创新型中小企业 1490 家[2]，2023 年底工业市场主体总量突破 11 万家，规模以上工业企业数量突破 1 万家。柳工欧维姆入选"世界一流专精特新示范企业"。广西工业企业新产品销售收入占营业收入的 40% 以上[3]。

---

① "广西实施新一轮工业振兴三年行动，加快建设现代化产业体系"新闻发布会［EB/OL］.（2024-03-21），http：//gxt. gxzf. gov. cn/wzsy/zwdt/gxdt/t18164538. shtml.

② 广西大力推动专精特新中小企业高质量发展新闻发布会［EB/OL］.（2024-09-27），https：//mp. weixin. qq. com/s?__biz = MzU0NTc2MjMyMg == &mid = 2247514976&idx = 3&sn = c4e42c276c2eb99d9fb3e14b062bed24&chksm = fac0cf284d81fd01f85020d9971c1afa300bdae1c19e4cd88eea7890c806ad4eda69e3dc7a11&scene = 27.

③ "广西实施新一轮工业振兴三年行动，加快建设现代化产业体系"新闻发布会［EB/OL］.（2024-03-21），http：//gxt. gxzf. gov. cn/wzsy/zwdt/gxdt/t18164538. shtml.

一、遴选链主型龙头企业

链主型龙头企业是一批群链牵引力强、产出规模大、创新水平高、核心竞争力突出、市场前景广阔的龙头企业。广西工业龙头企业中的汽车及新能源汽车、机械及高端装备制造、电子信息（新一代信息技术）、高端金属新材料（冶金、有色金属）、石化化工、高端绿色家居、现代轻工纺织、先进新材料、生物医药、节能环保、绿色食品等产业企业。链主型龙头企业，作为产业链上的"超级节点"，担负着产业生态集聚者的重任，往往能带动形成区域产业集群①。

为进一步发挥龙头企业引领示范带动作用和创新主体作用，提升产业链供应链稳定性和竞争力，广西从工业龙头企业培育库中遴选一批群链牵引力强、产出规模大、创新水平高、核心竞争力突出、市场前景广阔的链主型龙头企业，2024 年评选出 2 批次共 70 家链主型龙头企业（见表 2-11 和表 2-12）。

表 2-11　2024 年广西第一批链主型龙头企业情况

序号	企业名称	产业分类	所属市
1	上汽通用五菱汽车股份有限公司	汽车与新能源汽车产业	柳州
2	广西汽车集团有限公司	汽车与新能源汽车产业	柳州
3	东风柳州汽车有限公司	汽车与新能源汽车产业	柳州
4	广西玉柴机器股份有限公司	机械与高端装备制造产业	玉林
5	广西柳工机械股份有限公司	机械与高端装备制造产业	柳州
6	柳州欧维姆机械股份有限公司	机械与高端装备制造产业	柳州
7	桂林君泰福电气有限公司	机械与高端装备制造产业	桂林
8	广西北港新材料有限公司	冶金产业	北海
9	广西盛隆冶金有限公司	冶金产业	防城港
10	广西柳州钢铁集团有限公司	冶金产业	柳州

---

① "链主"型龙头企业是怎么炼成的？［EB/OL］. 广西壮族自治区人民政府网，http：// www. gxzf. gov. cn/hdzsk/zzqgyhxxht/rdhy_5/t17487240. shtml.

续表

序号	企业名称	产业分类	所属市
11	瑞声科技（南宁）有限公司	新一代信息技术产业	南宁
12	广西惠科智能显示有限公司	新一代信息技术产业	北海
13	广西华谊能源化工有限公司	绿色化工新材料产业	钦州
14	吉利百矿集团有限公司	有色金属产业	百色
15	南方锰业集团有限责任公司	有色金属产业	崇左
16	广西南国铜业有限责任公司	有色金属产业	崇左
17	广西华银铝业有限公司	有色金属产业	百色
18	广西来宾广投银海铝业有限责任公司	有色金属产业	来宾
19	广西南南铝加工有限公司	先进新材料产业	南宁
20	广西中伟新能源科技有限公司	先进新材料产业	钦州
21	中稀（广西）金源稀土新材料有限公司	先进新材料产业	贺州
22	广西梧州制药（集团）股份有限公司	生物医药产业	梧州
23	桂林三金药业股份有限公司	生物医药产业	桂林
24	广西丰林木业集团股份有限公司	高端绿色家居产业	南宁
25	柳州津晶电器有限公司	现代轻工纺织产业	柳州
26	广西爱玛车业有限公司	现代轻工纺织产业	贵港
27	广西丹泉酒业有限公司	绿色食品产业	河池
28	燕京啤酒（桂林漓泉）股份有限公司	绿色食品产业	桂林
29	大海粮油工业（防城港）有限公司	绿色食品产业	防城港
30	广西神冠胶原生物集团有限公司	绿色食品产业	梧州

资料来源：《自治区工业和信息化厅关于公布广西第一批链主型龙头企业的通知》。

表2-12 2024年广西第二批链主型龙头企业情况

序号	企业名称	产业分类	所属市
1	广西东盟弗迪电池有限公司	汽车及新能源汽车	南宁
2	柳州国轩电池有限公司	汽车及新能源汽车	柳州
3	柳州赛克科技发展有限公司	汽车及新能源汽车	柳州
4	方盛车桥（柳州）有限公司	汽车及新能源汽车	柳州
5	柳州上汽汽车变速器有限公司	汽车及新能源汽车	柳州
6	广西双英集团股份有限公司	汽车及新能源汽车	柳州

序号	企业名称	产业分类	所属市
7	广西玲珑轮胎有限公司	汽车及新能源汽车	柳州
8	玉柴安特优动力有限公司	机械及高端装备制造	玉林
9	桂林电力电容器有限责任公司	机械及高端装备制造	桂林
10	广西美斯达工程机械设备有限公司	机械及高端装备制造	南宁
11	桂林国际电线电缆集团有限责任公司	机械及高端装备制造	桂林
12	桂林福达股份有限公司	机械及高端装备制造	桂林
13	广西国盛稀土新材料有限公司	先进新材料	崇左
14	南南铝业股份有限公司	先进新材料	南宁
15	广西信义光伏产业有限公司	先进新材料	北海
16	广西华纳新材料股份有限公司	先进新材料	南宁
17	广西华昇新材料有限公司	高端金属新材料（有色金属）	防城港
18	广西信发铝电有限公司	高端金属新材料（有色金属）	百色
19	广西华锡有色金属股份有限公司	高端金属新材料（有色金属）	南宁
20	广西南丹南方金属有限公司	高端金属新材料（有色金属）	河池
21	中国有色集团（广西）平桂飞碟股份有限公司	高端金属新材料（有色金属）	贺州
22	广西梧州市金海不锈钢有限公司	高端金属新材料（冶金）	梧州
23	广西铁合金有限责任公司	高端金属新材料（冶金）	来宾
24	广西田东锦盛化工有限公司	石化化工	百色
25	广西田园生化股份有限公司	石化化工	南宁
26	广西金茂钛业股份有限公司	石化化工	梧州
27	广西新天德能源有限公司	石化化工	钦州
28	广西太阳纸业有限公司	现代轻工纺织	北海
29	广西绿源电动车有限公司	现代轻工纺织	贵港
30	广西三威家居新材股份有限公司	高端绿色家居	梧州
31	桂林莱茵生物科技股份有限公司	生物医药	桂林
32	桂林市啄木鸟医疗器械有限公司	生物医药	桂林
33	广西皇氏乳业有限公司	绿色食品	南宁
34	广西糖业集团有限公司	绿色食品	南宁
35	防城港澳加粮油工业有限公司	绿色食品	防城港
36	南宁泰克半导体有限公司	新一代信息技术	南宁

续表

序号	企业名称	产业分类	所属市
37	广西中沛光电科技有限公司	新一代信息技术	来宾
38	梧州国光科技发展有限公司	新一代信息技术	梧州
39	广西三诺数字科技有限公司	新一代信息技术	北海
40	桂林深科技有限公司	新一代信息技术	桂林

资料来源：《自治区工业和信息化厅 自治区财政厅关于公布广西第二批链主型龙头企业的通知》。

二、培育认定广西瞪羚企业

瞪羚企业是指跨越"死亡谷"、进入快速成长期的创新创业企业。这类企业犹如非洲草原上具有极强奔跑和跳跃能力的群居动物瞪羚一样，虽然个头不大，但是跑得快、跳得高，被普遍认为极具发展成为独角兽企业的潜质。瞪羚企业作为高成长型企业，成长速度快、创新能力强、专业领域新、发展潜力大，同时也是地方创新能力提升和经济增长动力转换的重要力量。

广西建立完善"科技型中小企业—高新技术企业—瞪羚企业"梯次培育机制。2023 年，广西科技型中小企业入库数量为 4725 家，同比增长 11.9%；认定高新技术企业 1276 家，广西高新技术企业保有量 4109 家，同比增长 7.51%；瞪羚企业总数达 180 家。2024 年，自治区科技厅新认定 59 家广西瞪羚企业（见表 2-13）。

表 2-13 2024 年广西新认定瞪羚企业情况

序号	企业名称	序号	企业名称
1	广西交投科技有限公司	6	广西南宝特电气制造有限公司
2	广西交科新材料科技有限责任公司	7	皇氏赛尔生物科技（广西）有限公司
3	南宁中车铝材精密加工有限公司	8	南南铝业股份有限公司
4	广西华纳新材料股份有限公司	9	广西联科华新材料有限公司
5	南宁国芯检测科技有限公司	10	广西思迈生物科技有限公司

续表

序号	企业名称	序号	企业名称
11	广西优比特生物科技有限公司	36	桂林创研科技有限公司
12	广西上善若水发展有限公司	37	桂林赛盟检测技术有限公司
13	广西天恒汽车部件制造股份有限公司	38	恒晟水环境治理股份有限公司
14	人民出行（南宁）科技有限公司	39	梧州市同创新能源材料有限公司
15	广西北投数字科技产业有限公司	40	广西宏胜陶瓷有限公司
16	广西高源淀粉有限公司	41	广西梧州六堡茶股份有限公司
17	广西南宁百会药业集团有限公司	42	北海新宏恒达机械设备有限公司
18	南宁市安和机械设备有限公司	43	广西防城港核电有限公司
19	广西冰客食品有限公司	44	广西中伟新能源科技有限公司
20	柳州黔桥技术有限公司	45	广西东岚新材料有限公司
21	柳州沪信汽车科技有限公司	46	广西德洋饲料科技有限公司
22	柳州酸王泵制造股份有限公司	47	广西云波健康科技有限公司
23	柳州市海达新型材料科技股份有限公司	48	广西鑫扬金属表面处理有限公司
24	柳州易舟汽车空调有限公司	49	广西玉柴动力股份有限公司
25	柳州桂格复煊科技有限公司	50	广西紫云轩中药科技有限公司
26	柳州市卓德机械科技股份有限公司	51	广西安德丰新能源有限公司
27	柳州索能特种变压器有限责任公司	52	广西贺州金广稀土新材料有限公司
28	广西柳州格瑞米智能装备制造有限公司	53	贺州稀有稀土矿业有限公司
29	柳州市卓信自动化设备有限公司	54	巴马益生菌科技有限公司
30	广西光裕新能源汽车空调压缩机有限公司	55	广西天铭药业有限公司
31	桂林金山新材料有限公司	56	广西德福特科技有限公司
32	优矿塑新材料科技（桂林）有限公司	57	广西植护云商实业有限公司
33	桂林飞宇科技股份有限公司	58	广西双蚁药业有限公司
34	桂林诗宇电子科技有限公司	59	广西东来新能源科技有限公司
35	桂林普兰德生物科技有限公司		

资料来源：《自治区科技厅关于公布 2024 年度广西瞪羚企业名单的通知》（桂科发〔2024〕252 号）。

三、评选制造业单项冠军企业

制造业单项冠军是指长期专注于制造业某些细分产品市场，生产技术或工艺国际领先，单项产品市场占有率位居全球或国内前列的企业，代表全球制造业细分领域最高发展水平、最强市场实力。单项冠军企业是制造业创新发展的基石，是制造业竞争力的重要体现。

为支持引导制造业企业树立"十年磨一剑"的精神，聚焦细分领域和产业链关键环节，深耕细作、创新发展，提升产业链供应链韧性和安全水平，助力推进广西新型工业化和"19＋6＋N"现代产业体系①建设，2024年，广西评选了33家根植性强、竞争力强的制造业单项冠军企业（见表2-14）。

表2-14 2024年广西制造业单项冠军企业情况

序号	企业名称	序号	企业名称
1	广西博世科环保科技股份有限公司	18	桂林恒保健康防护有限公司
2	广西田园生化股份有限公司	19	中船华南船舶机械有限公司
3	广西南南铝箔有限责任公司	20	梧州黄埔化工药业有限公司
4	瑞声科技（南宁）有限公司	21	广西信义光伏产业有限公司
5	南宁庞博生物工程有限公司	22	广西合浦县惠来宝机械制造有限公司
6	广西桂华丝绸有限公司	23	广西三诺数字科技有限公司
7	广西双英集团股份有限公司	24	防城港澳加粮油工业有限公司
8	柳州市豪杰特化工机械有限责任公司	25	广西奥佳华新能源科技有限公司
9	柳州松芝汽车空调有限公司	26	广西银亿新材料有限公司
10	柳州市泰坦宇翔钢圈有限公司	27	靖西湘潭电化科技有限公司
11	广西玲珑轮胎有限公司	28	中稀（广西）金源稀土新材料有限公司
12	柳州两面针股份有限公司	29	广西广投正润新材料科技有限公司
13	广西壮族自治区花红药业集团股份公司	30	广西超威能源有限公司
14	桂林桂北机器有限责任公司	31	广西华宝纤维制品有限公司
15	桂林鸿程矿山设备制造有限责任公司	32	广西珀源新材料有限公司
16	桂林量具刃具有限责任公司	33	广西祥盛家居材料科技股份有限公司
17	桂林华信制药有限公司		

资料来源：广西壮族自治区工业和信息化厅官网。

---

① "19+6+N"现代产业体系，即19个千亿级支柱产业、六大产业集群、N个特色和重要产业。

四、评选智能制造标杆企业

工业和信息化部、国家发展改革委、财政部、国务院国资委、市场监管总局、国家数据局于 2024 年 10 月启动 2024 年度智能工厂梯度培育行动，按照基础级、先进级、卓越级和领航级 4 个层级构建智能工厂梯度培育体系。其中《智能工厂梯度培育行动实施方案》提出，要择优打造卓越级智能工厂，鼓励先进级智能工厂推进制造各环节集成贯通和综合优化，向卓越级智能工厂跃升。卓越级智能工厂应在设计生产经营数据集成贯通、制造装备智能管控、生产过程在线优化、产品全生命周期和供应链全环节综合优化、多场景系统级智能化应用、主要技术经济指标等方面处于国内同行业领先水平，并起到行业引领带动作用。2025 年 1 月，工业和信息化部公布入选的卓越级智能工厂（第一批）项目名单（共 235 家企业），广西有 5 个项目入选（见表 2-15）。

表 2-15　2024 年广西入选国家卓越级智能工厂项目名单

序号	企业名称	项目名称
1	中国石化北海炼化有限责任公司	炼化全流程一体化管控智能工厂
2	广西玉柴机器股份有限公司	发动机端到端全流程数字驱动智能工厂
3	广西华谊能源化工有限公司	AI 大模型驱动的能源化工智能工厂
4	上汽通用五菱汽车股份有限公司	岛式工艺新能源汽车精益智能工厂
5	华润水泥（田阳）有限公司	工业模型驱动的水泥智能工厂

资料来源：工业和信息化部官网。

为推动智能制造深入发展，加速制造业向数字化、网络化、智能化转型，评选出 2024 年广西智能制造标杆企业 21 家（见表 2-16）、智能工厂示范企业 35 家（见表 2-17）以及数字化车间 80 家（见表 2-18）。

表 2-16　2024 年广西智能制造标杆企业认定名单

序号	企业名称	设区市	所属行业
1	华润水泥（田阳）有限公司	百色	非金属矿物制品业
2	广西中烟工业有限责任公司南宁卷烟厂	南宁	烟草制品业

续表

序号	企业名称	设区市	所属行业
3	桂林福达重工锻造有限公司	桂林	汽车制造业
4	广西康明斯工业动力有限公司	柳州	通用设备制造业
5	广西柳工机械股份有限公司	柳州	通用设备制造业
6	广西华银铝业有限公司	百色	有色金属冶炼和压延加工业
7	广西百色广投银海铝业有限责任公司	百色	有色金属冶炼和压延加工业
8	广西玲珑轮胎有限公司	柳州	橡胶和塑料制品业
9	广西太古可口可乐饮料有限公司	南宁	酒、饮料和精制茶制造业
10	广西中伟新能源科技有限公司	钦州	电子机械和器材制造业
11	桂林深科技有限公司	桂林	计算机、通信和其他电子设备制造业
12	广西广业贵糖糖业集团有限公司	贵港	造纸和纸制品业
13	广西钢铁集团有限公司	防城港	黑色金属冶炼和压延加工业
14	柳州赛克科技发展有限公司	柳州	汽车制造业
15	广西奥瑞金享源包装科技有限公司	桂林	金属制品业
16	桂林光隆光学科技有限公司	桂林	计算机、通信和其他电子设备制造业
17	联合汽车电子（柳州）有限公司	柳州	汽车制造业
18	桂林广陆数字测控有限公司	桂林	仪器仪表制造业
19	广西机械工业研究院有限责任公司	南宁	通用设备制造业
20	广西梧州市金海不锈钢有限公司	梧州	黑色金属冶炼和压延加工业
21	华润水泥（陆川）有限公司	玉林	非金属矿物制品业

资料来源：《2024 年广西智能制造标杆企业、广西智能工厂示范企业、广西数字化车间认定名单》。

表 2-17　2024 年广西智能工厂示范企业认定名单

序号	企业名称	序号	企业名称
1	广西北港新材料有限公司	8	中桂电力设备有限公司
2	瑞浦赛克动力电池有限公司	9	广西杭氧气体有限公司
3	广西糖业集团良圻制糖有限公司	10	兴业葵阳海螺水泥有限责任公司
4	桂林恒保健康防护有限公司	11	思屋电气集团有限公司
5	广西爱玛车业有限公司	12	广西来宾东糖凤凰有限公司
6	南宁太阳纸业有限公司	13	广西隆升新材料有限公司
7	广西宁福新能源科技有限公司	14	广西丰林人造板有限公司

续表

序号	企业名称	序号	企业名称
15	广西华谊新材料有限公司	26	广西华创新材铜箔有限公司
16	广西钦州丰林木业有限公司	27	广西沪桂食品集团有限公司
17	柳州法恩赛克新能源科技有限公司	28	华润水泥（富川）有限公司
18	柳州五达汽车部件有限公司	29	柳州中建西部建设有限公司
19	北海市兴龙生物制品有限公司	30	桂林裕祥家居用品有限公司
20	柳州桂格复煊科技有限公司	31	靖西市锰矿有限责任公司
21	桂林科创精密模具制品有限公司	32	桂林至敏电子科技有限公司
22	广西北海玉柴马石油高级润滑油有限公司	33	广西京兰水泥有限公司
23	广西巴莫科技有限公司	34	广西志诚化工有限公司
24	广西柳化氯碱有限公司	35	广西裕同包装材料有限公司
25	广西华谊氯碱化工有限公司		

资料来源：《2024 年广西智能制造标杆企业、广西智能工厂示范企业、广西数字化车间认定名单》。

表 2-18　2024 年广西数字化车间认定名单

序号	企业名称	序号	企业名称
1	广西华昇新材料有限公司	15	桂林集琦生化有限公司
2	广西福斯派环保科技有限公司	16	广西广美制衣股份有限公司
3	柳州华霆新能源技术有限公司	17	广西艾盛创制科技有限公司
4	广西桂澳线缆有限责任公司	18	广西金巨石新能源科技有限公司
5	柳州市得华食品有限公司	19	北海一道新能源科技有限公司
6	广西横县新威林板业有限公司	20	广西平果和泰科技有限公司
7	广西集盛纸品有限公司	21	广西糖业集团大新制糖有限公司
8	南宁远图纸业有限公司	22	梧州市毅马五金制品有限公司
9	广西建工钢结构有限公司	23	广西金川新锐气体有限公司
10	柳州两面针股份有限公司	24	广西百矿新材料技术有限公司
11	中国化工集团曙光橡胶工业研究设计院有限公司	25	广西煜信息能源科技有限公司
12	国营长虹机械厂	26	南宁市晋江福源食品有限公司
13	广西东来新能源科技有限公司	27	桂林精成生物科技有限公司
14	广西一方天江制药有限公司	28	广西玉柴铸造有限公司
		29	柳州市浙亚汽车底盘部件有限责任公司

序号	企业名称	序号	企业名称
30	兴业柳钢新材料科技有限公司	56	广西浔江实业有限公司
31	广西叠彩电缆集团有限公司	57	玉林市成鑫机械有限责任公司
32	广西贝驰汽车科技有限公司	58	葛洲坝易普力广西威奇化工有限责任公司
33	桂林领益制造有限公司	59	广西北海精一电力器材有限责任公司
34	桂林雷光科技有限公司	60	广西强强碳素股份有限公司
35	新永胜服饰（广西）有限公司	61	广西邕之泰实业有限公司
36	广西五和博澳药业有限公司	62	广西中为电缆有限公司
37	广西柳州钢铁股份有限公司	63	柳州稳远电气有限公司
38	柳州市桂新商品混凝土有限责任公司	64	桂林金土地粮油食品有限公司
39	桂林飞宇科技股份有限公司	65	桂林全州米兰香食品有限公司
40	广西立腾食品科技有限公司	66	桂林星云电子科技有限公司
41	广西果天下食品科技有限公司	67	广西建工集团建筑产业投资有限公司
42	北新建材（贺州）有限公司	68	广西马中粮油有限公司
43	广西百年沁泉水业有限公司	69	广西梧州中海化工有限责任公司
44	桂林恒泰电子科技有限公司	70	广西锦华新材料科技有限公司
45	广西凌云一尖茶业有限公司	71	广西中联光电技术有限公司
46	贺州市五全新材料有限公司	72	南宁糖业宾阳大桥制糖有限责任公司
47	广西合山虎鹰建材有限公司	73	广西一家美人造板有限公司
48	广西冰客食品有限公司	74	广西容县逸诚家居有限公司
49	广西北投数字科技产业有限公司	75	百色巨人园食品科技有限公司
50	桂林长发小寨生物科技有限公司	76	广西聚立鑫新材料科技发展有限公司
51	广西森工东腾人造板有限公司	77	桂林市红星化工有限责任公司
52	广西园丰牧业集团股份有限公司	78	田东县锦升钙业有限公司
53	广西中南光电新能源有限公司	79	广西中沛光电科技有限公司
54	广西福泓科技有限公司	80	大咖国际食品（广西）有限公司
55	桂林三养胶麦生态食疗产业有限责任公司		

资料来源：《2024 年广西智能制造标杆企业、广西智能工厂示范企业、广西数字化车间认定名单》。

五、认定专精特新中小企业

专注细分市场的专精特新中小企业，是高质量发展的"排头兵"和创新的重要发源地。专精特新中小企业凭借专注于细分市场、强大的创新能力、高市场占有率、掌握关键核心技术以及优异的质量效益等显著特征，成为经济创新发展的引领者和建设现代化产业体系的关键驱动力。

近年来，广西通过政策赋能、服务提质、要素支撑、环境保障等多措并举，积极推动专精特新中小企业发展。为此，广西出台了《广西壮族自治区中小企业"专精特新"培育提升行动计划》和《广西壮族自治区专精特新企业培育三年行动计划（2024—2026 年）》等一系列政策措施，重点支持梯度培育、扩大有效融资供给等方面，有效引导中小企业向专精特新方向稳步迈进（见表2-19）。截至 2024 年底，广西已认定国家级专精特新"小巨人"企业 91 家，其中专精特新中小企业达 860 家，这些企业通过政策支持和资金投入，成功带动并培育了 1490 家创新型中小企业。这一系列企业构成了一个优质的企业梯度培育体系，不仅在数量上实现了显著增长，而且在质量上也得到了提升，其中 3 项专精特新质量指标高于全国中位数，质量指标全国综合位次为第 13 位。广西专精特新中小企业发展动力不断增强，经营效益较好，发挥了优质企业的示范引领作用，企业群体经营发展成果较显著。

表 2-19 2024 年认定广西专精特新中小企业情况

序号	企业名称	序号	企业名称	序号	企业名称
1	广西明电电气股份有限公司	7	广西桂能软件有限公司	13	广西产研院人工智能与大数据应用研究所有限公司
		8	广西和湛科技有限公司		
2	广西桂越电力科技有限公司	9	人民出行（南宁）科技有限公司		
3	思屋电气集团有限公司	10	广西北港大数据科技有限公司	14	广西瞪羚科技有限公司
4	广西叠彩电缆集团有限公司			15	广西天海信息科技有限公司
5	广西专贤电线电缆有限公司	11	广西大也智能数据有限公司	16	广西筑波智慧科技有限公司
6	广西丹斯电气自动化工程有限公司	12	南宁市思索科贸有限公司	17	广西信路威科技发展有限公司

续表

序号	企业名称	序号	企业名称	序号	企业名称
18	广西南宁齐鸣科技有限公司	34	南宁浮法玻璃有限责任公司	51	柳州索能特种变压器有限责任公司
19	南宁初芯集成电路设计有限公司	35	广西高峰五洲人造板有限公司	52	广西柳州格瑞米智能装备制造有限公司
20	广西中科阿尔法科技有限公司	36	广西宁福新能源科技有限公司	53	柳州市精业机器有限公司
21	广西交控智维科技发展有限公司	37	广西阿瑞斯能源科技有限公司	54	柳州欧维姆结构检测技术有限公司
22	广西中科华瑞微电子有限公司	38	广西六点半豆制品有限公司	55	广西智拓科技有限公司
23	万航星空科技发展有限公司	39	广西珠江啤酒有限公司	56	柳州火星鱼智能科技有限公司
24	广西塔易信息技术有限公司	40	广西横县张一元饮品有限公司	57	柳州畅航光电科技有限公司
25	广西佳宁智能科技有限公司	41	广西安得塑业有限公司	58	广西正堂药业有限责任公司
26	南宁泰克半导体有限公司	42	上林县中兴丝业有限公司	59	广西仙茱制药有限公司
27	广西万寿堂药业有限公司	43	广西舒雅护理用品有限公司	60	柳州华锡有色设计研究院有限责任公司
28	广西德之然生物科技有限公司	44	广西电网能源科技有限责任公司	61	广西铟泰科技有限公司
29	广西昌弘制药有限公司	45	赛富电力集团股份有限公司	62	柳州诚飞汽车零部件有限公司
30	南宁荣港生物科技有限公司	46	广西大富华农牧饲料有限公司	63	柳州桂格复煊科技有限公司
31	广西惠旺尔农业科技有限公司	47	南宁市甜蜜蜜饲料有限公司	64	柳州市荆大汽车制动管制造有限公司
32	广西康晟制药有限责任公司	48	广西优比特生物科技有限公司	65	柳州万超汽车天窗有限公司
33	广西中医药大学百年乐制药有限公司	49	柳州图灵科技有限公司	66	佛吉亚（柳州）汽车内饰系统有限公司
		50	柳州市卓信自动化设备有限公司	67	柳州广升汽车零部件有限公司

续表

序号	企业名称	序号	企业名称	序号	企业名称
68	爱柯迪（柳州）科技产业有限公司	84	广西一方天江制药有限公司	100	钦州市天地和肥业有限责任公司
69	柳州宝途汽车科技有限公司	85	桂林至敏电子科技有限公司	101	广西华谊新材料有限公司
70	柳州东风李尔方盛汽车座椅有限公司	86	桂林施瑞德科技发展有限公司	102	广西德洋饲料科技有限公司
71	广西茂源科技有限公司	87	中船桂江造船有限公司	103	广西东岚新材料有限公司
72	葛洲坝易普力广西威奇化工有限责任公司	88	广西日凯电子科技有限公司	104	钦州锦峰海洋重工科技有限公司
73	广西春晖环保工程有限责任公司	89	梧州国光科技发展有限公司	105	广西泰诺制药有限公司
74	国能广投柳州发电有限公司	90	广西藤县源鑫环保科技有限公司	106	广西农垦西江乳业有限公司
75	广西凯硕智能科技有限公司	91	广西协进建材科技有限公司	107	广西百嘉食品有限公司
76	桂林光隆光学科技有限公司	92	广西合天宝龙食品有限公司	108	广西兴业时泰纳米科技有限公司
77	广西中易弘达科技有限责任公司	93	华润水泥（合浦）有限公司	109	广西金创汽车零部件制造有限公司
78	桂林艾晟科技有限公司	94	广西防城港市恒泰科技开发有限公司	110	广西智昊通信科技有限公司
79	桂林恒泰电子科技有限公司	95	广西长科新材料有限公司	111	广西安德丰新能源有限公司
80	荔浦美亚迪光电科技有限公司	96	广西金川新锐气体有限公司	112	广西百色广投银海铝业有限责任公司
81	桂林中辉科技发展有限公司	97	广西鲁临建材科技有限公司	113	广西亚龙铝业有限公司
82	广西英路维特药物有限公司	98	广西自贸区睿显科技有限公司	114	广西润泰铝业有限公司
83	桂林长发小寨生物科技有限公司	99	广西大力神制药股份有限公司	115	广西石立方石业发展有限公司
				116	贺州钟山县双文碳酸钙新材料有限公司
				117	贺州市五全新材料有限公司

续表

序号	企业名称	序号	企业名称	序号	企业名称
118	南丹县正华有色金属有限公司	120	广西植保科技有限公司	122	广西新振锰业集团有限公司
119	广西民生堂中药研制有限公司	121	广西来宾小平阳湘桂制糖有限公司	123	广西鑫科铜业有限公司

资料来源：《自治区工业和信息化厅关于认定2024年第一批专精特新中小企业的通知》。

从行业分布来看，广西专精特新"小巨人"企业超七成集中在机械、有色金属、汽车、新一代信息技术、石化化工、生物医药等行业，超七成深耕行业10年以上，超八成居广西细分市场首位，成为广西科技创新和支撑经济韧性的重要力量。

六、评选工业企业质量管理标杆

"质量标杆"是工业企业在应用先进质量管理方法、开展质量管理活动、提高产品实物质量、改善质量保障能力、提升经营绩效等方面的最佳实践经验。

为持续践行先进质量管理方法，促进产品和服务质量迈向卓越，实现质量、效率和效益的稳步提升，2024年，广西评选出广西工业企业质量管理标杆企业30家（见表2-20）。

表2-20　2024年广西工业企业质量管理标杆名单

序号	质量标杆名称	企业名称
1	基于关键工序优化的固废循环利用质量管理的经验	广西交科新材料科技有限责任公司
2	实施"零缺陷"质量管理模式	南宁汉和生物科技股份有限公司
3	实施"3核2线"绿色可持续质量管控的实践经验	广西网联电线电缆有限公司
4	基于"工业互联网+智能制造"模式下的质量数智化管控实践	广西嘉意发科技有限公司
5	基于数据驱动的全生命周期质量管理模式在智慧城市的实践	云宝宝大数据产业发展有限责任公司

序号	质量标杆名称	企业名称
6	构建高端医用胶片智能化生产质量管理方法的实践经验	广西巨星医疗器械有限公司
7	实施"三位一体"质量管理模式驱动高质量发展的经验	广西家友电缆科技有限公司
8	实施广西丰林数字化转型与创新的经验	广西丰林木业集团股份有限公司
9	实施集成控制技术驱动药品包装盒标准化管理的经验	广西锦达印刷有限公司
10	劳动密集型企业创新管理与质量管理融的管理实践	广西壮象木业有限公司
11	实施基于现代信息技术追溯的中药饮片质量管控模式	广西柳州百草堂中药饮片厂有限责任公司
12	实施标准化、精细化、数字化"三化"协同与创新强化相结合的实践经验	柳州三松自动化技术有限公司
13	基于精益智造（LIM）的质量管理新模式	上汽通用五菱汽车股份有限公司
14	基于工业质量管理建立长效推进机制的经验总结	桂林光隆集成科技有限公司
15	基于数字化管理实现曲轴锻件模具寿命提升的经验	桂林福达股份有限公司
16	构建中药材溯源系统提升药材品质的实践经验	广西梧州中恒集团股份有限公司
17	应用 NC 系统全流程信息化与质量生产管理实践的经验	广西双钱健康产业股份有限公司
18	实施数字化管理改造的经验	梧州市泽和高分子材料有限公司
19	中药口服制剂生产车间应用精益生产管理经验	广西梧州制药（集团）股份有限公司
20	实施基于"三化一提升"的 OSQMP 模式	广西华昇新材料有限公司
21	实施中药薄膜包衣片制备技术与产业化应用的经验	广西世彪药业有限公司
22	实施以数字化技术提升水泥生产全流程质量管控的经验	华润水泥（平南）有限公司
23	实施数字化高质量服务的经验	广西玉柴机器股份有限公司
24	实施基于全价值链的数字化质量管控经验	广西达业科技有限公司
25	实施制糖工艺自动化、智能化技术提高产品质量管理的经验	广西百色市万林糖业有限公司
26	实施智能化升级改造促进质量管控的经验	广西华银铝业有限公司
27	实施回转窑系统节能降碳研究与应用的经验	广西都安西江鱼峰水泥有限公司
28	实施高分子改性复合材料质量管理的实践经验	广西合山华臻新材料有限公司
29	实施以无菌管理为目标的 CIP 管理模式	安琪酵母（崇左）有限公司
30	基于"三化"建设的质量管理实践	广西新振锰业集团有限公司

资料来源：《自治区工业和信息化厅关于公布 2024 年广西工业企业质量管理标杆的通知》。

第七节　企业数字化转型稳步推进

为全面推动工业企业数字化转型普及提升，加快提升制造业核心竞争力，形成新质生产力，促进制造业转型升级和高质量发展，2024 年 6 月，自治区工业和信息化厅印发实施《全区工业企业数字化转型工作方案（2024—2026 年）》（以下简称《工作方案》），要求按照"行业出题、平台答题、供需协同"的指导方针，以工业互联网为抓手，分级分类分业施策，普及提升两手抓，推动需求侧、供给侧与支撑侧共同发力，全面推进制造业数字化转型升级。《工作方案》提出到 2026 年底，全区规模以上制造业企业"愿转尽转、能转尽转"，数字化改造全覆盖。聚焦广西重点产业，深化应用广西工业互联网赋能制造业数字化转型路线图，按照"一套标准体系、三侧协同发力、四维一体推动、五步实施落地"①的路径全方位、多维度、一体化推进工业企业数字化转型普及跃升。

一、聚焦企业需求 推动企业数字化转型

加快推进业务数字化。紧密围绕企业业务的核心需求，积极引导企业采取流程优化与技术创新相结合的策略，构建贯穿全业务链条的数据采集、传输及汇聚系统，系统化推进数字化转型建设。例如，广西投资集团有限公司围绕"产融投"协同发展战略，投资 4.1 亿元建设广投专属云，横向打通管理部门并接入 24 个系统，纵向延伸到能源、铝业等诸多板块，实现了集团总部、平台公司、生产企业的数据联通和集中治理。

---

① "一套标准体系、三侧协同发力、四维一体推动、五步实施落地"来源于《广西加快推动工业互联网发展专班关于印发全区工业企业数字化转型工作方案（2024—2026 年）的通知》（桂工信两化〔2024〕391 号），指融合一套数字化转型评估标准体系，推动需求侧、供给侧、支撑侧三方协同发力，坚持"点、线、面、体"四维一体推进，实施"摸底、诊断、示范、推广、评估"五步工作法。

加快推动管理数字化。为提升管理效率，引导企业采用新一代信息技术，实时监控并分析优化业务流程，提高研发设计、生产制造、经营管理等效能，推动各环节高效协同。例如，农垦集团的土地管理信息系统利用卫星遥感、北斗定位、三维虚拟仿真等数字化技术绘制垦区土地三维地图，为垦区202万亩土地建档立卡，实现"天上看、地面查、网上管"三级联动的动态监管[①]。

二、聚焦要素保障 夯实数字化转型基底

强化数字化转型技术服务。搭建制造业数字化转型产业生态供给资源池，编制广西工业互联网赋能制造业数字化转型路线图，汇编制造业数字化转型优秀案例，"一行一策"推进汽车、机械、钢铁等11个重点产业全方位、全链条数字化转型。

加快建设工业互联网平台。以业务融合和产业发展为导向，加速构建工业互联网行业平台，孵化行业专属解决方案，贯通产业链供应链，推动大中小企业协同共进与创新融合，增强产业集群的综合竞争力。广西工业互联网（云）平台注册用户超6000家，入驻企业180家，上线约2万个App。

夯实数字化转型人才支撑。强化人才培养机制，促进高校、职业院校与企业、园区的深度合作，共建专业人才培育基地与实训基地，增设大数据、云计算等前沿专业，吸引并培育顶尖、复合型的工业互联网专才。广西财经学院、广西科技大学、桂林电子科技大学等22所大学开设了数据科学与大数据技术专业。广西大学计算机与电子信息学院等7个学院被认定为自治区级特色化示范性软件学院。

三、聚焦应用拓展 激发数字经济新动能

推进工业数字化转型升级。加快智能制造水平提升，实施"上云用

---

① 资料来源：广西壮族自治区信息中心。

数赋智"工程，实现工业产品普遍具备联网功能和全生命周期的信息化操作及管理。广西玉柴机器股份有限公司将国际先进 MES 管理系统①应用到国六发动机加工生产线，打造了集智能制造、绿色环保于一体的"智慧工厂"，工序自动化率达到80%以上，制造效率提升50%。广西柳州钢铁集团以打造"智慧钢铁"为目标，推动"装备自动化、少人化、无人化"升级改造，创新落地了11项"5G+工业互联网"在钢铁行业的应用场景。

拓展农业数字化转型应用。推进种养产业智能化建设，广西地区已有超过500个果蔬种植基地引入了智慧农业开发技术。培育农业科技企业在动态感知、监测预警、精准作业、智能控制等方面探索典型应用场景。例如，慧云公司研发的"耘眼"服务系统，汇聚全国用户，集成柑橘服务总面积超过200万亩。广西捷佳润农业科技有限公司利用"互联网+农业灌溉管理"服务体系，实现"万亩农场一键管理"，在广西应用近50万亩，走进东盟国家服务40多万亩。柳钢防城港钢铁基地倾力打造5G全自动化工厂通过引进国外先进技术设备，自主研发的水肥一体化智能管理系统设备。

四、聚焦典型 带动更多企业数字化转型

建立企业数字化转型项目库。每年向企业征集数字化转型项目信息，建立企业数字化转型项目库。打造数字化示范载体。实施数字广西建设标杆引领行动，加快建设5G、互联网、大数据、人工智能、区块链、新基建等新一代信息技术与服务业、民生、政府管理深度融合应用示范项目，以及为广西数字经济发展作出重要贡献的企业和重点支撑平台。认定中国—东盟（华为）人工智能创新中心南宁分中心、中国—东盟信息港鲲

---

① MES 管理系统是一套面向制造企业车间执行层的生产信息化管理系统。MES 可以为企业提供包括制造数据管理、计划排程管理、生产调度管理、库存管理、质量管理、人力资源管理、工作中心/设备管理、工具工装管理、采购管理、成本管理、项目看板管理、生产过程控制、底层数据集成分析、上层数据集成分解等管理模块，为企业打造一个扎实、可靠、全面、可行的制造协同管理平台。

鹏生态创新中心南宁分中心等 20 个市级分中心。深化数字化场景应用。推行数据要素融合应用"百千万工程"，筛选出"海水池塘生态循环养殖数字农业示范""智慧蔬菜种植示范"等多个标杆项目。

持续举行广西鲲鹏应用创新大赛、中国—东盟区块链创新应用大赛、广西"绽放杯"5G 应用征集大赛等赛事活动。广西 14 个场景入选国企数字场景创新专业赛获奖名单，其中 3 个场景获得二等奖、11 个场景获得三等奖，获奖场景类别覆盖产业协同、经营管理、用户服务、生产运营四个方面，充分展现广西在生产与生活各领域数字化应用的创新活力。

第八节　产业绿色发展底色更亮

绿色发展更加鲜明。2023 年 11 月，自治区工业和信息化厅、自治区发展和改革委员会、自治区生态环境厅出台《广西壮族自治区工业领域碳达峰实施方案》（桂工信能源〔2023〕685 号），实施重点行业达峰行动，加快制造业绿色低碳转型和高质量发展，推进资源能源高效利用，着力构建绿色制造体系，推动数字化智能化绿色化融合，强化绿色低碳产品供给，构建以高效、循环、低碳为特征的现代绿色工业体系。2024 年，广西规模以上工业能耗强度下降 8.9%，重点工业领域 43.3% 生产线达到行业标杆水平，培育国家级绿色工厂 122 个、绿色园区 14 个。全区生态环境质量继续保持全国"第一梯队"，首次发布"漓江指数"，并继续发布漓江生态环境质量报告，污染防治攻坚战成效考核连续两年获评国家优秀等次①。

---

① 不断厚植生态环境优势 美丽广西建设迈出新步伐——2024 年广西生态环境保护成效回顾［EB/OL］. 广西壮族自治区生态环境厅官网，http://sthjt.gxzf.gov.cn/zwxx/qnyw/t195880 62.shtml.

一、加快构建绿色制造和服务体系

绿色发展代表着技术的先进性，为培育发展新质生产力提供了有力的技术支撑。2023 年，广西加速构建绿色制造和服务体系，推进 276 项自治区级绿色发展示范项目，建成 78 家国家级绿色工厂和 8 家绿色园区，六大高载能行业单位产品能耗下降 15.9%，35% 的重点企业能耗达到全国标杆水平。2024 年，广西碳达峰碳中和稳步推进，成功发行首批广西林业碳票 28 张、碳减排量 1.98 万吨。低碳产品认证获证企业和证书连续四年保持全国"双第一"。成立全国温室气体及碳中和监测评估中心广西分中心。节能降耗扎实推进，出台《广西壮族自治区固定资产投资项目节能审查实施办法》，坚决遏制"两高一低"项目①盲目上马。推动化石能源清洁高效利用。柳州国家气候投融资试点建成全区首个绿色金融服务平台。百色市获批国家深化气候适应型城市建设试点。

二、推进重点行业节能降碳改造

绿色低碳转型加速，产业绿色化发展水平提升。2023 年，广西 35% 的重点用能企业能效达到标杆值，占比远超行业 5% 的平均水平，新投产项目能效水平全部达到标杆值，钢铁、有色、建材等重点高载能行业能效水平显著提升，单位粗铜、单位粗铅、吨钢、吨水泥综合能耗同比分别下降 18%、15%、3.1%、2.5%。防城港盛隆冶金单位能耗下降 6%、优于行业标杆值，南国铜业综合能耗、环保节能优于国内先进水平，北海太阳纸业主要产品新水消耗达到世界领先水平。工业资源综合利用效率持续提高，成功推进了 43 个工业固废综合利用项目，并新增了 10 家符合工信部再生资源综合利用行业规范条件的企业。广西兰科公司"铸造粘土废砂综合利用技术"入选《国家工业资源综合利用先进适用工艺技术设备目录》，柳工轮胎式装载机、平地机、挖掘机等产品入选《低噪声施工设备

---

① "两高一低"项目指的是高耗能、高排放、低水平的项目。

指导名录》。绿色能源加快发展，风光等绿色能源发电量增长83亿千瓦时，同比增长34%，累计绿电交易27.6亿千瓦时，同比增长25.5%。绿色制造和服务体系不断完善，截至2024年9月底，创建培育国家级绿色工厂122个、绿色园区14个①。防城港盛隆冶金、南国铜业等一批企业展现绿色发展新形象，华润建材科技（田阳水泥生产基地）获评全球建材行业首座"灯塔工厂"。其中，防城港盛隆冶金每年节约60万吨标准煤，单位产品能耗下降6%，碳排放强度降低4.5%，各项能源单耗和总能耗指标优于行业标杆值，达到国内先进水平。

三、建立标杆绿色园区和绿色工厂

绿色发展持续推进，2024年新增国家级绿色工厂27家、绿色工业园区3个，工业用水重复利用率超94%，生活垃圾资源化利用率达86.1%。

为全面推广绿色制造理念，加速构建绿色制造体系，充分发挥先进绿色制造典型的引领示范作用，从多个维度共同推动工业领域碳达峰碳中和目标的实现，按照《绿色工厂梯度培育及管理暂行办法》，2024年，广西评选出62家绿色工厂（见表2-21）、6家绿色工业园区（见表2-22）、3家绿色供应链管理企业，分别是广西柳工机械股份有限公司、桂林电力电容器有限责任公司和中国船舶集团广西造船有限公司。广西累计培育绿色工厂187家、绿色工业园区33个，绿色工厂产值约占工业产值的28%。

表2-21　2024年广西绿色工厂名单

序号	绿色工厂名称	序号	绿色工厂名称
1	广西维威制药有限公司	7	广西建工集团建筑机械制造有限责任公司
2	广西南宁明源木业有限公司	8	中桂电力设备有限公司
3	南宁青岛啤酒有限公司	9	广西柳工机械股份有限公司
4	广西高峰五洲人造板有限公司	10	柳州国轩电池有限公司
5	南宁双汇食品有限公司	11	瑞浦赛克动力电池有限公司
6	广西鸿基电力科技有限公司	12	一汽解放汽车有限公司柳州分公司

① 资料来源：广西壮族自治区工业和信息化厅。

续表

序号	绿色工厂名称	序号	绿色工厂名称
13	广西柳州特种变压器有限责任公司	38	广西华谊新材料有限公司
14	柳州酸王泵制造股份有限公司	39	埃索凯循环能源科技（广西）有限公司
15	广西鹿寨鱼峰水泥有限公司	40	北流海螺水泥有限责任公司
16	柳州佳饰家装饰材料有限公司	41	广西三环陶瓷小镇发展有限公司
17	广西凤糖生化股份有限公司	42	广西明旺食品有限公司
18	桂林深科技有限公司	43	广西华原过滤系统股份有限公司
19	桂林电力电容器有限责任公司	44	广西百色广投银海铝业有限责任公司
20	广西奥瑞金享源包装科技有限公司	45	广西百色兴和铝业有限公司
21	广西一方天江制药有限公司	46	广西宏锐科技有限公司
22	广西简一陶瓷有限公司	47	广西蓝星大华化工有限责任公司
23	广西宏胜陶瓷有限公司	48	北新建材（贺州）有限公司
24	梧州华锡环保科技有限公司	49	南丹县正华有色金属有限公司
25	广西金茂钛业股份有限公司	50	广西京兰水泥有限公司
26	梧州市联溢化工有限公司	51	广西糖业集团红河制糖有限公司
27	广西北港新材料有限公司	52	志光家具（象州）有限公司
28	广西北港金压钢材有限公司	53	广西海螺环境科技有限公司
29	广西太阳纸业有限公司	54	广西来宾东糖凤凰有限公司
30	广西华昇新材料有限公司	55	广西福斯派环保科技有限公司
31	益海（防城港）大豆工业有限公司	56	来宾华锡冶炼有限公司
32	广西川金诺化工有限公司	57	广西糖业集团大新制糖有限公司
33	广西长科新材料有限公司	58	中粮崇左江州糖业有限公司
34	广西恒港化工有限公司	59	广林欧卡罗（广西）家居有限公司
35	广西钦州澄星化工科技有限公司	60	广西德科新材料集团有限公司
36	钦州天恒石化有限公司	61	崇左红狮水泥有限公司
37	广西华谊氯碱化工有限公司	62	广西龙州新翔生态铝业有限公司

资料来源：《自治区工业和信息化厅关于公布2024年度广西绿色制造名单的通知》。

表2-22　2023年、2024年广西绿色工业园区名单

序号	2024年绿色工业园区	2023年绿色工业园区
1	南宁江南工业园区	全州县工业集中区
2	柳北区工业园区	广西合浦工业园区

续表

序号	2024年绿色工业园区	2023年绿色工业园区
3	梧州市长洲不锈钢制品产业园区	防城港经济技术开发区
4	广西玉林高新技术产业开发区	藤县中和陶瓷产业园
5	百色新山铝产业示范园	龙港新区玉林龙潭产业园区
6	河池市工业园区	中国—东盟南宁空港扶绥经济区
7	—	崇左市凭祥边境经济合作区

资料来源:《自治区工业和信息化厅关于公布2023年度广西绿色制造名单的通知》和《自治区工业和信息化厅关于公布2024年度广西绿色制造名单的通知》。

根据自治区绿色制造体系建设实施方案,评选出了18种绿色设计产品,2023年共有70家企业入围绿色设计产品名单(见表2-23)。

表2-23 2023年广西绿色设计产品名单

序号	企业名称	序号	企业名称
1	广西首科轨道新材料科技有限公司	18	广西海棠东亚糖业有限公司
2	柳州佳饰家装饰材料有限公司	19	广西正田节能玻璃有限责任公司
3	柳州海格电气股份有限公司	20	广西爱阁工房家居有限责任公司
4	桂林平钢钢铁有限公司	21	广西丰林木业集团股份有限公司
5	广西蒙娜丽莎新材料有限公司	22	南宁市远大理想办公家具有限公司
6	广西金茂钛业股份有限公司	23	广西亿凯玻璃科技有限公司
7	贵港市甘化糖业有限公司	24	广西横县新威林板业有限公司
8	广西高林林业股份有限公司	25	广西建工集团建筑产业投资有限公司
9	广西桂鑫钢铁集团有限公司	26	广西雄塑科技发展有限公司
10	广西江缘茧丝绸有限公司	27	广西大都混凝土集团有限公司
11	广西环江意桐茧丝绸有限公司	28	南宁腾宁商品混凝土有限公司
12	广西都安西江鱼峰水泥有限公司	29	广西云鹰新材料科技有限公司
13	志光家具(象州)有限公司	30	广西新广建新材料有限公司
14	广西博宣食品有限公司	31	柳州市桥牌木业有限公司
15	崇左红狮水泥有限公司	32	广西壮象木业有限公司
16	崇左南方水泥有限公司	33	融安县大森林木业有限公司
17	中粮崇左江州糖业有限公司	34	广西鱼峰混凝土有限公司

续表

序号	企业名称	序号	企业名称
35	广西融安鱼峰混凝土有限公司	53	浦北县伟新木业有限公司
36	柳州川崎电器制造有限公司	54	贵港强一木业有限公司
37	桂林柳明钢化玻璃有限责任公司	55	广西贵港市泰翔木业有限公司
38	桂林海威科技股份有限公司	56	贵港市安南建材有限公司
39	桂林桂华建材有限公司	57	华润智筑科技（贵港）有限公司
40	广西康雷石材有限公司	58	广西万林林产业有限责任公司
41	桂林华越环保科技有限公司	59	广西新高盛薄型建陶有限公司
42	广西银墙新材料科技有限公司	60	广西东升实业有限公司
43	广西三威家居新材股份有限公司	61	广西石立方石业发展有限公司
44	梧州市城投建通混凝土有限公司	62	河池市德鑫混凝土有限责任公司
45	广西盈田创旺智能科技有限公司	63	广西罗城鑫华源实业有限公司
46	藤县翔兆混凝土有限公司	64	广西都安西江鱼峰混凝土有限公司
47	广西宏俊陶瓷有限公司	65	志光家具（象州）有限公司
48	广西奥达佳陶瓷有限公司	66	广西鸥美嘉木业有限公司
49	合浦精奇建材有限公司	67	广西德科新型材料有限公司
50	防城港市明隆辉混凝土有限公司	68	广西广成防水防腐材料有限公司
51	广西防城港市阳丰混凝土有限公司	69	崇左市豫祥科技股份有限公司
52	广西远大玻璃节能科技股份有限公司	70	广西华星玻璃有限责任公司

资料来源：《自治区工业和信息化厅关于公布2023年度广西绿色制造名单的通知》。

第九节 持续扩大产业开放合作

做活广西高质量发展这盘棋，"棋眼"就在扩大开放上。广西有着沿海沿江沿边和联接大湾区、联接西南中南、联接东盟的"三沿三联"区位优势。广西最大的优势在区位，最大的潜力在开放。广西积极利用其作为"一带一路"重要节点的优势，主动融入长江经济带、粤港澳大湾区及海南自由贸易港等国家重大发展战略，依托区位、资源和生态三大优势，广西加速夯实实体经济基础，强化创新驱动核心，激发市场主体的活力与潜能，以新型工业化的扎实成效更好融入新发展格局、服务国家重大战略。

一、深化与粤港澳大湾区的对接合作

粤港澳大湾区是广西距离最近、联系最密切的区域经济科技中心。广西提出要努力当好大湾区的交通物流衔接地、产业发展辐射地、科技创新接续地、资源要素响应地、生态环境涵养地。近年来，广西持续深化同粤港澳的产业、创新、教育、人才等领域协作，扩大对内对外开放，积极服务和融入新发展格局，深化全方位对接合作机制，不断提升与广东、香港、澳门合作水平。

强化高层常态化互访机制。自 2024 年以来，广西代表团先后赴广东、香港、澳门学习考察和访问，推动与广东省签署了进一步全面深化粤桂合作框架协议，推动与香港、澳门分别签署了全方位合作意向书和 12 项合作协议及一大批经贸项目协议。2024 年 2 月，广西党政代表团赴广东，签署了加强两省工业和信息化领域双向开放合作的协议，将进一步加深新能源汽车、新材料、电子信息、智能制造、生物医药等领域的务实合作。2024 年 5 月，广西代表团访问香港、澳门，签署系列合作协议，将加强电子信息、科技金融、医药健康等领域投资合作，共同建立区域产业协作体系，携手打造粤港澳大湾区重要战略腹地。2025 年 2 月，广西党政代表团赴广东学习调研并出席粤桂东西部协作联席会议，持续深化粤桂东西部协作，推动两省全方位合作不断迈上新台阶。

加快构建互联互通综合交通体系。粤桂交通互联互通进一步加快建设，不断提质升级，两广互联互通综合运输大通道加快形成。一是陆路骨干大通道加快建设。粤桂两省规划建设铁路公路通道 27 条，其中已建成 12 条、在建 7 条、规划 8 条。铁路方面，规划建设 12 条通道，已建成南广高铁、贵广高铁、益湛铁路、黎湛铁路 4 条铁路，正在加快建设南宁至深圳高铁、柳州至广州铁路。2023 年 10 月，贵广铁路提质改造工程顺利完成，设计速度从250公里/小时提升至300公里/小时，桂林等城市至广州、深圳高铁运行时间进一步压缩。柳州经贺州至韶关铁路等6个铁路项目前期工作正在加快推进。在高速公路方面，规划建设15条通道，已建成合浦至山口、灵峰至贺州等8条高速公路，加快建设南宁至湛江、连山至贺州等5条高速公路，加快推进博白至高州等2条高速公路前期工作。二是水路运输大通道提质升级。西部陆海新通道（平陆）运河建设全面提速，青年枢纽泄洪闸工程顺利通过交工验收，关键性控制工程三个枢纽全面进入船闸主体施工新阶段。西江航运干线贵港至梧州3000吨级航道工程全面建成，西津水利枢纽二线船闸投入使用，西江航运干线3000吨级船闸全线贯通，西江航运干线贵港以下全线可通航3000吨级船舶。三是空中大通道加快完善。近年来，广西不断加密与广东的航线网络，稳定开行南宁—广州、柳州—深圳、南宁—香港等区内机场飞往粤港澳大湾区的16条航线，进一步丰富粤桂两地航线网络，积极构建至粤港澳大湾区"一小时飞行圈"。

完善产业对接和信息交流机制。广西主动对接广东20个战略性产业集群行动，将大湾区的资金、技术、人才等要素与广西的区位、资源、生态等优势充分结合起来，举办产业转移对接活动，引进比亚迪、青山瑞浦、华友钴业、中伟新材料等行业龙头企业160多家。以项目为牵引，实施汽车、电子信息、金属新材料、食品等"4+N"跨区域跨境产业链供应链项目500多个，形成了一批产业合作发展新模式。建立东部地区意向外迁企业信息收集机制，与东部省份共建产业园区，促进产业双向合作。例如，南宁与深圳共建东盟产业合作区，构建面向东盟的产业链供应链，南宁（深圳）东盟产业合作区、粤桂合作特别试验区（梧州）、广西崇左（广东江门）产业园等建设取得积极进展。近年来，华谊、比亚迪、青山瑞浦等160多家东部地区龙头企业落户广西，比亚迪在南宁建成了70吉瓦时面向东盟的动力及储能电池基地，华谊在钦州累计投资近400亿元建设面向东盟的绿色化工基地。

健全科技成果转化对接机制。利用大湾区显著的科技创新优势与广西宏大的应用场景，依托面向东盟科技创新合作区等平台，全面提高科技创新和科技成果转化能力。玉柴混动电驱无级变速总成、"三环"大型民航轮胎、氮化镓激光器芯片等科技创新成果取得重大进展。

健全资源要素保供机制。强化大湾区资源能源支撑，丰富农产品供给，构建大湾区所需的资源服务体系。广西食糖产量连续 33 个榨季位居全国第一，园林水果产量连续 6 年全国第一，成为大湾区重要的"糖罐子""果盘子""菜篮子""肉案子"。2024 年，广西 157 家企业获得 169 张香港优质"正"印认证证书，新增深圳"圳品"认证证书 15 张，推动 4 家企业获得 4 张"湾区认证"证书，实现广西"湾区认证"零的突破。

二、推进西部陆海新通道沿线产业融合发展

近年来，广西依托西部陆海新通道发展优势，不断完善西部陆海新通道沿线产业功能布局，着力构建跨区域产业链供应链，扎实推动通道沿线产业融合发展。2024 年，北部湾港货物吞吐量、北部湾港集装箱吞吐量、海铁联运班列开行量、南宁机场国际货邮吞吐量分别同比增长 2.0%、12.4%、4.6%、23.2%。西部陆海新通道沿线省份经广西口岸进出口额增长 12.6%。

创新产业合作机制，积极构建跨区域跨境产业链供应链。积极出台《"飞地园区"管理办法》，建立权责一致、互利共赢的"飞地经济"合作机制，推动中马"两国双园"、川桂国际产能合作园等一批国际省际合作园区加快建设。2024 年 1~10 月，通道沿线省份经广西口岸进出口贸易总额达 5489.43 亿元、增长 13.32%。深度参与国内国际产业分工合作，"大湾区研发—广西制造—东盟组装""海外原材料—广西精深加工"等产业链初步形成。

强化协同联动机制，全力推进平陆运河经济带建设。完善平陆运河经济带总体规划实施体系，推进总体规划涉及的重大战略、重点任务、重大项目落实，在杭州举办 2024 年中国—东盟产业合作区南宁片区（长三角地区）推介活动，推动平陆运河经济带加快建设。

共建绿色产业体系，打造西部陆海新通道"氢走廊"。紧抓全球氢能源货车产业发展机遇，会同重庆、贵州等通道沿线省份，签订《共同推进西部陆海新通道"氢走廊"合作备忘录》，以西部陆海新通道"氢走廊"重庆—贵州—广西线路为试点，带动氢能源上下游产业快速发展，形成"绿色通道物流体系+氢能供给体系+氢能产业创新体系"的全业态发展格局，助力西部陆海新通道绿色发展。

加快构建陆海空数"四位一体"互联互通格局，广西成为全国第4个设立国际通信业务出入口局的省份。深化北部湾港海铁联运一体化改革，构建江铁海无缝联运体系，强化通道沿线共建共享机制，促进通道效率提升与成本降低，加速沿线产业深度融合，2024年，北部湾港集装箱吞吐量突破900万标准箱，年度开行西部陆海新通道海铁联运班列超1万列。高水平共建西部陆海新通道，持续强化"硬建设"、优化"软服务"，西部陆海新通道沿线省份经广西口岸进出口贸易总额从2019年的3447.8亿元增长至2024年的6769.4亿元。

三、面向东盟的区域开放合作持续深化

2024年，广西高水平举办第21届中国—东盟博览会、中国—东盟商务与投资峰会，扩大区域全面经济伙伴关系协定（RCEP）出口原产地证明应用享惠范围，累计培育14家企业取得经核准出口商资格。广西与东盟国家的进出口总额实现了16.5%的增长，东盟已连续25年稳居广西最大贸易伙伴地位。

多层级合作平台集聚效应逐步显现。广西积极构建面向东盟的跨境产业链供应链，与东盟初步形成了以跨境电商、物流、金融、科技等多层级、全方位的合作平台。一是展会交流平台，连续举办中国—东盟博览会等高层次展会交流，促进中国—东盟双方招商引资和供需对接，深化技术与经贸合作①。二是数字合作平台，推进中国—东盟信息港、中国—东盟

---

① 资料来源：新华社《20年"超"速增长！东盟稳居中国第一大贸易伙伴》。

数字经济产业园等平台建设，在跨境基础设施互联互通和产业数字化转型方面取得了显著成效，成功打造了一批如"商贸通"等面向东盟区域的国家级及自治区级互联网平台，这些平台极大地提升了跨境贸易的流通效率。三是园区合作平台，创新"两国双园""两国两区"合作模式、设立中国—东盟（广西）自贸试验区、中国—东盟产业合作区、沿边临港产业园等，在汽车制造、电子信息以及纺织服装等行业，产业链供应链的合作得到了进一步的强化。对东盟中间品的进出口额从2004年的6053.2亿元增长至2023年的4.08万亿元。四是快递枢纽，获批打造面向东盟的区域性国际邮政快递枢纽。国家邮政局印发《关于支持广西打造面向东盟的区域性国际邮政快递枢纽的意见》，推动广西依托面向东盟的区位优势，加快邮政快递跨境基础设施建设，畅通跨境寄递通道，打造国内国际双循环市场经营便利地。

加快构建"4+N"跨区域跨境产业链供应链①。连续两年举办中国产业转移发展对接活动（广西站），共签约装备制造、电子信息等项目716个，其中151个项目已开工、47个项目投产。这不仅显著增强了广西在新能源、精细化工、新材料等领域的产业链完整性，还有力地推动了产业在转移至广西过程中的优化升级、成本降低和效益提升，同时开拓了东盟、欧洲等新兴市场，形成了"大湾区研发设计+广西制造+东盟组装及市场""东盟原材料+广西制造+全球市场"等跨区域跨境产业链合作模式。积极参与探索打造了中国—马来西亚、中国—印度尼西亚等"两国双园"国际产能合作新模式，越南、柬埔寨、泰国、老挝等东盟国家纷纷跟进。以沿边临港产业园区为重点，引导产业链关键环节留在国内，助力保障国内产业安全，中国—东盟产业合作区建设快速推进，钦州石化园区产值突破千亿元，南宁新能源电池产业集群已形成较大规模。截至2024年7月，累计引入北海永星电子银河芯片产业园等在建项目超700

---

① "4+N"跨区域跨境产业链供应链，即广西将着力打造汽车、电子信息、高端金属新材料、化工新材料四大优势产业链，辅助发展机械装备、特色食品、生物医药、纺织服装、智能家电等特色产业链，与东盟构建互联互通的跨境产业链供应链。

个、计划投资超万亿元。广西制造出口加快，电动载人汽车、锂电池、太阳能电池等"新三样"产品出口增长208.5%，螺蛳粉、挖掘机、移动破碎机等广西产品成功打入欧洲、南美等国际市场，柳钢全年钢材出口同比增长5倍①。友谊关口岸是连接中国与越南乃至东盟最大、最便捷的陆地口岸之一。近年来，得益于口岸通关便利化水平不断提升，2024年，经友谊关口岸进出口货运量550.7万吨，同比增加29.0%；进出口货值4780亿元，同比增长12.9%，货运量和货值均创历史新高。2024年，经友谊关口岸，对东盟国家进出口4726.9亿元，同比增长13.4%，占整个口岸外贸的98.9%。

面向东盟的跨境基础设施联通加速拓展。截至2024年底，广西累计建成开通通达东盟国家的国际陆地光缆12条、国际海缆3条、国际互联网数据专用通道3条，实现与东盟国家的高效连接。广西润建、中国东信、中国电信、中国移动、中国联通等企业在老挝、柬埔寨、缅甸、菲律宾、越南等东盟国家落地超38个数据中心（算力中心）以及15个海外网络服务提供点（POP节点）。南宁国际通信出入口局累计为政府、金融、证券、互联网、制造等行业提供入境电路126条，出境电路超300条，面向东盟的出口带宽超过400G②。同时，借助国家批准南宁国际通信业务出入口局机遇，发挥广西与东盟地区陆海相邻的区位优势，降低广西及西部地区去往东盟的国际互联网访问通信时延，优化通信质量，加快推动建设海陆缆、数据跨境流动试验区等国际数据基础设施，研究放宽数据跨境流动政策，打造面向东盟的国际数据大通道，规划布局面向东盟的跨境金融、跨境电商、游戏出海、跨境气象服务、跨境文化传播、跨境直播营销、跨境物流、智慧口岸等产业，抢抓东盟数字经济制高点，加快推动与东盟国家形成网络空间合作伙伴，助力广西谋划外向型数字产业发展，打造面向东盟的国际数据大通道。

---

① 资料来源：广西壮族自治区工业和信息化厅。
② 资料来源：《广西数字经济发展白皮书（2024年）》。

面向东盟的数字技术应用融通持续升级。从技术转移合作的情况来看，广西已经与越南、印度尼西亚、马来西亚、老挝等东盟国家签约数字化合作协议 16 项，涵盖北斗遥感、智慧园区、数据中心建设等多项数字化应用领域。中国—东盟技术转移中心与泰国、老挝等 9 个东盟国家建立政府间协作机制，与 2800 多家企业建立跨国技术转移协作关系①，为双方企业在技术创新、研发合作等方面的信息共享提供有力支持。中国—东盟跨境医疗合作平台、跨境旅游服务平台、职业教育云平台建成使用，已有 7 个境外东盟国家应用了中国—东盟跨境地质灾害北斗监测系统。联通、华为等知名企业正计划在广西设立面向东盟的区域总部基地。

面向东盟的跨境经贸服务流通步伐加快。自 2019 年以来，广西跨境电商进出口额年均增速超 190%，如今广西对东盟国家的跨境电商进出口额已占广西跨境电商进出口总额的 95% 以上。南宁、崇左、柳州、贺州等城市已被批准为国家跨境电子商务综合试验区；广西已与越南、印度尼西亚、马来西亚等多个东盟国家开展了电子商务合作，并成功引进了 Lazada 和 Shopee 这两大东盟领先的电商平台；建成中国—东盟跨境支付体系、中国—东盟数字经济产业园电子商务交流中心、数字渠道跨境电子商务服务中心，打造了跨境电商直播基地、跨境金融服务平台、广西国际贸易"单一窗口"、北部湾大数据交易中心等一批面向东盟的跨境商贸应用。截至 2023 年底，北部湾大数据交易中心累计挂牌产品超过 310 个，入驻数商超过 200 家，交易规模超过 3.51 亿元②。截至 2024 年 8 月，中国—东盟跨境征信服务平台已提供东盟十国 787 万家海外企业的征信数据，服务范围覆盖全国超过 70 家金融机构及非银机构，累计申请查询次数已近亿次。

---

① 资料来源：《"数字丝绸之路"为中国与东盟合作发展提速》。
② 资料来源：广西日报：《数字广西里"数读广西"》。

第十节　人才优惠政策持续发力

广西深化教育科技人才综合改革，坚持"带土移植"和"厚土培植"相结合，培育和引进科技人才的优惠政策持续发力，促进科教创新与产业创新融合，科技人才发展取得了长足进步，打造区域性人才集聚区和面向东盟的国际人才高地，走出一条西部边疆地区人才发展的新路子。

一、健全引才聚才政策环境

人才是科技创新最关键的因素，要实现科技自立自强、加快培育发展新质生产力，归根结底要靠高水平创新人才。

打造教育科技人才"三位一体"先行先试省。近年来，广西聚焦一体推进教育科技人才工作，在"三位一体"贯通协同的契合度、现代化产业体系的支撑度、服务重大方略实施的贡献度"三度"上发力，有效处理好创新和转化、"移植"和"培植"的关系，在加快推动教育科技人才资源优化配置、产生裂变效应上创模式、出经验。一是实现机制耦合，提升教育科技人才贯通协同的"契合度"。成立专项小组。2022 年 12 月在全国率先成立省一级教育科技人才综合改革专项小组，由自治区党委副书记担任组长，自治区党委组织部部长和分管教育、科技、人才的自治区政府领导担任副组长，高位推动综合改革工作。建立工作制度。制定专项小组工作规则、办公室工作细则，建立联系员制度、会议制度、工作台账等工作机制，构建形成多方互动、联合创新的工作格局。以重点改革任务牵引"三位一体"发展。通盘谋划、一体部署、整体推进，正在研究制定教育科技人才综合改革行动、推进农业教育科技人才"三位一体"融合发展等改革方案。二是实现基础融合，加大教育科技人才对现代化产业体系的"支撑度"。把产教融合摆在突出重要位置。不断健全产教融合办

学体制机制，促进教育链、人才链与产业链、创新链有机衔接。布局建设
14家中国—东盟现代工匠学院、10个市域产教联合体、15个行业产教融
合共同体，积极推动柳州建设首批产教融合试点城市。广西被评为
"2022年职业教育改革成效明显省（区、市）"。健全产学研深度融合的
技术创新体系。推动企业与高校院所共建新型研发机构、创新联合体、重
点实验室等创新平台，支持以企业为"盟主"组建创新联盟。针对核心
产业体系发展短板，优化整合科技项目经费，部署实施全局性、关键性重
大科技项目，形成了以大项目、好项目牵引产业技术攻坚的科技创新机
制。优化创新资源布局和创新平台建设。深化与国内高校院所和企业合
作，共建科创平台，共同挖掘产业技术发展需求，攻克技术难题，推动科
技成果的转化应用。三是实现人才复合，充分激发教育科技人才的"活
跃度"。健全"刚柔并济"的人才引进机制。建立广西科技顾问制度，柔
性引进两院院士等顶尖科学家和领军人才。实施"带土移植"人才引育
计划，在引进高端人才时一并将其团队、项目、平台、技术等整体打包引
入。建立创新人才协作培养机制。以满足重点产业集群和企业人才需求为
目标，试点建设集实践教学、科研攻关、成果转化、创新创业于一体的卓
越工程师创新研究院，成立现代产业学院50家、工匠学院87家，推动职
业院校聚焦高端产业和产业高端引入新技术、新工艺、新规范。持续为科
研人才放权赋能。支持自治区本级高校、科研院所自主实行高层次和急需
紧缺人才特殊工资制度，2023年共有27家事业单位的689名高层次人才
享受年薪、协议工资等特殊工资待遇。

不断创新人才评价激励机制。合理下放职称评审权限，完善职称评价
标准，实施基层职称评审倾斜政策，充分落实事业单位用人自主权。健全
事业单位人员待遇激励保障制度体系，进一步向高层次、急需紧缺人才和
工作一线岗位倾斜。加强表彰奖励工作，发挥榜样示范引领作用。深入实
施职业技能提升行动，全面推进技能人才评价制度改革，大力发展技工教

育，实施技能竞赛引领计划，不断壮大应用型、技能型人才队伍①。

不断拓展科技人才渠道。广西高度重视博士人才引进培养，拓宽聚才渠道，搭建引智平台，优化政策，引才育才留才成效显著。近年来，广西组织重点领域企事业单位前往国内高校密集的人才富集地开展招聘活动，每年召开博士来桂对接洽谈会。依托八桂英才网开设了广西博士引进平台，该平台是广西博士专项引进行动的线上宣传窗口，集博士岗位发布、博士人才库建设、博士人才政策和博士交流活动宣传为一体，通过该平台常态化征集和发布广西重点企事业单位的博士岗位，为广西重点领域企事业单位和区内外博士人才搭建沟通对接的"桥梁"。

开辟引进海外人才新途径。广西出台多项政策举措，大力集聚东盟科技人才，为建设新时代壮美广西提供人才支撑。一是推动科技计划项目对外开放合作。面向国（境）外科学家开放科技计划，鼓励国（境）外科学家领衔承担和参与广西科技重大专项、重点研发计划、科技基地和人才专项项目。实现自治区本级财政科技经费面向全球跨境拨付，支持广西科技创新主体与国（境）外合作伙伴联合开展科研攻关。将引智项目经费纳入科研项目经费"包干制"改革试点，明确外国专家通过"网络办公"的酬劳可纳入经费开支范围，允许验收后剩余经费留存项目滚动使用，为引智工作松绑减负。澳大利亚专家主持广西重点研发计划项目，成功入选国家海外高层次人才引进计划。二是出台面向东盟引才的针对性举措。出台《深化外国人来中国（广西）自由贸易试验区工作许可管理若干措施（试行）》，赋予自贸区引进外国人才更大自由度和便利度。将外国人来桂工作许可全部下放到14个设区市审批，推行A类外国高端人才工作许可证"容缺办理"机制，实现外国人来桂工作许可和居留许可"一窗受理、一并发证"。三是打造外国人才安心留桂服务体系。在广西高层次人才"一站式"服务平台开设外国专家人才服务专窗，上线运行"广西外

① "奋进新征程·广西人社这十年"新闻发布会［EB/OL］. 国务院新闻办公室网站，ht-tp：//www. scio. gov. cn/xwfbh/gssxwfbh/xwfbh/guangxi/Document/1731549/1731549. htm.

国专家咨询服务平台"，打造"一站式"服务平台。实施"在桂外国专家安心计划"，建立外国专家联系机制。推行外国高端人才"一卡通"服务模式，持卡即可享受 10 个领域的便利服务。挂牌设立"外国专家友善医院"，提供绿色通道和多语种诊疗服务。开展外国人才薪酬购付汇便利化试点工作，惠及各类外国专家人才 1000 余名。创新建设广西外国专家驿站，开设"线上+线下"相结合的外国专家书屋。

地市推出突破性的人才集聚新政。为增强人才"磁场"引力，广西多地持续推出突破性的人才集聚新政。通过实施一系列更加开放、精准、有吸引力的人才政策，广西对各类人才的"磁场"进一步增强。柳州市设立人才集聚专项资金，对来柳工作人才（团队）最高给予 1 亿元资金资助；革命老区百色出台集聚人才创新发展"1+5"新政①，包括给予新引进高端人才最高 100 万元安家费、100 万元购房补助等。钦州市持续深化人才发展体制机制改革，全面实施人才强市战略，深入推进"钦聚英才"计划，不断优化人才"引、育、用、留、储"全链条生态，构建"1+1+N"的人才政策体系②，有效集聚各方面优秀人才在钦州创新创业。人才发展环境进一步改善，创新完善技术技能评价制度，畅通非公经济组织专业技术人才职称申报渠道，畅通高技能人才与专业技术人才职业发展通道，落实劳动者终身职业技能培训制度，让劳动力和人才职业提升及专业评价环境进一步优化。

南宁加强新能源汽车产业人才队伍建设，产才融合集聚发展动能。南

---

① "1+5"新政指 1 个主文件和 5 个子文件。1 个主文件指《百色出台重点开发开放试验区集聚人才创新发展若干措施》。5 个子文件分别是：《广西百色重点开发开放试验区人才认定试行办法》《广西百色重点开发开放试验区集聚教育人才创新发展实施细则（试行）》《广西百色重点开发开放试验区集聚医疗卫生人才创新发展实施细则（试行）》《广西百色重点开发开放试验区推进乡村振兴人才发展实施细则（试行）》《广西百色重点开发开放试验区"人才飞地"管理办法（试行）》。

② "1+1+N"人才政策体系：第一个"1"指一个综合性、统领性的人才政策文件——《钦州市建设"一带一路"西部陆海新通道枢纽城市人才支撑若干措施》。第二个"1"指一个具体的人才认定办法或标准文件，用于明确各类人才的界定范围和认定条件。"N"代表一系列配套的实施细则、办法或具体举措等。

宁市抢抓中国与东盟汽车产业发展新机遇，加强新能源汽车产业人才队伍建设，大力引进、培养和储备优秀人才，加快构建区域多元稳定的汽车产业链、供应链、人才链体系，加速打造面向东盟的新能源汽车产业集聚区。加大招引力度，实施"邕江计划"等引才项目，支持比亚迪、卓能电池等新能源汽车产业企业重大项目落地，实现产业与人才"双招双引"，共吸引各类产业人才团队53个，集聚创新创业人才2500多名。建设新能源汽车产业青年人才库和技能人才需求库，组织企业赴长沙、西安等新能源汽车产业人才富集地区，开展"绿城联合引智活动"，举办"广西籍学子回家看看"活动，大力延揽产业急需的科技创新型人才和产业技能人才，引进各类人才超2.7万人。强化自主培养，引导推动南宁职业技术学院、南宁技师学院等10所职业院校和比亚迪等新能源汽车重点企业，共同组建"新能源汽车产业技能人才培养政校企合作联盟"，联合打造新能源汽车产业人才实习基地、产业学院，根据企业需求开展产业人才培养。将新能源汽车产业发展纳入干部教育、人才培训年度计划，每年组织干部人才赴上海交通大学、浙江大学、合肥工业大学等开展专题培训，邀请国内外专家学者授课，并从市县机关、企事业单位选派优秀年轻干部到先进发达地区新能源汽车企业跟岗学习，累计培训超500人次。完善政策支持，出台新型产业技术研究机构建设优惠政策，推动本地重点企业与中南大学等国内外新能源汽车研究重点高校合作，共建新型产业技术研究机构、创建重点实验室等。定期公布新能源汽车产业重大科技项目清单，为关键核心技术、共性基础技术及新产品研发项目提供充足的资金支持。

北海市创新人才"引育用留"机制为高质量发展蓄力赋能。近年来，北海市不断创新人才发展体制机制，完善人才政策体系，优化本土人才培养机制，拓宽人才成长成才途径，落实配套政策和服务保障，国家级园区和孵化器数量位居广西第二。全市规模以上工业增加值总量和规模以上其他营利性服务业总量均位居广西第二。拓宽渠道"引"才，打造人才集聚强"磁场"。紧密围绕北海经济社会发展需求及用人单位实际，创新制定人才政策，构建具有吸引力的产业人才发展环境。一是构建人才政策体系。制定《引育人才、成就人才、服务人才"三大行动"实施意见》《"向海聚才"行动计划》以及教育、医疗、产业、国有企事业单位、名人名家、乡村产业振兴6类人才引育办法，构建"1+1+6"政策体系。编制"急需紧缺"人才目录，细化30项具体任务。针对不同行业、领域、类型人才的特点和需求，个性化定制资金支持和创业激励等有效举措，不断提升人才政策"含金量""吸引力"。近年来，累计引进知名专家72名、高层次创新人才339名、重点高校优秀毕业生2689名。二是改进人才招引机制。设立县（市、区）两级人才服务管理中心，负责人才引进、培育、管理、使用等方面的具体工作。每年举办"春、秋"招贤会，通过"线上+线下"方式面向重点地区、重点高校招才引智。三是出台柔性引才制度。利用"特聘专家""候鸟专家"等柔性引才制度，打破地域、户籍、人事关系等人才流动的刚性制约，实现以政府引导、市场配置、契约管理为基础的非全职化人才引进。探索在深圳等发达地区设立"人才飞地""科创飞地"，物色当地科研团队入驻搞研发，推动科研成果在北海孵化转化；引导北海重点企业在飞地设立研发机构，招引当地人才搞研发。近年来，柔性引进院士专家团队4个、教育顾问和特聘专家6名。多措并举"育"才，激活人才队伍强动能。深入实施人才强市战略，通过选导师、促科研、办比赛等一系列精准培养路径，厚植创新人才成长"土壤"。一是完善全链条全周期培养体系。结合"塑型强兵"计划，为每位青年人才配备2~3名导师，依据其专业和特长精准定位培养路径，制订个性化培养计划并安排合适岗位，实施定期能力评估，逐步增强青年干部的综合素养。开展党政青年人才"下马观花"调研实践活动、"我与珠城共成长"系列人才活动，推广试运营向海人才研习社，推动人才更好更快成长成才。二是深化技能人才协同培养机制。紧扣新兴产业发展需要，加强产业链企业和人才链机构之间的沟通，形成教育供给调整匹配清单，支持职业院校围绕新能源、智能制造等重点产业增设林浆造纸等急需专业，优化调整学科专业近20个，人才培养与产业结合更加紧密。三是创新以赛育人机制。深入开展产业工人岗位练兵比武，承办2023年广西

"八桂系列"劳务品牌"3+N"专项职业技能大赛——"合浦月饼师傅"劳务品牌专项赛，组织开展烘焙、八桂家政、消防、快递员等行业职业技能大赛，发现、培养、提升一批专业技能人才。广开维度"用"才，释放创新创造活力。把人才使用与事业发展大局相融合，通过"给位子、压担子、搭平台"等措施，不断激活人才发展"一池春水"。一是创新岗位匹配晋升机制。打破定式用人模式，出台《北海市事业单位急需紧缺专业人才专项领导职数办法》，统筹设立"领导职数周转池"，畅通人才上升渠道。二是实施"重点一线"培养模式。推动引进急需紧缺专业到重点项目、乡村振兴、应急处置等重点关键岗位进行锻炼，安排青年人才到乡镇、基层单位、信访窗口等直接面对群众一线"压担子"锻炼，推荐优秀人才到自治区级以上机关、企事业单位和先进发达地区挂职和跟班锻炼，借助实战锻炼平台，加速人才成长步伐。三是搭建产才融合平台。大力实施工业强市、全产业链发展战略，培植"工业树"、繁茂"产业链"，为人才提供更大发展平台。2023年，北海市新增众创空间、科技企业孵化器、科技成果转化中试研究基地等自治区级以上科创平台22家，全心全意"留"才，优化人才保障服务。以"留"才为主线，聚焦人才需求，着力构建完备的服务体系，以一流服务打造一流人才发展生态。一是持续优化营商环境。研究出台项目建设服务、促进就业创业等一系列政策措施，设立高层次人才"一站式"服务窗口，开辟惠企惠才高效服务"直通车"，打通人才服务"最后一公里"。北海实现广西营商环境第三方评估"五连冠"，2021年、2023年两次在全国优化营商环境经验交流现场会上代表广西作典型经验发言。二是不断提升服务保障能力。大力实施教育"三三零"工程、"名医工程"，以优质的教育医疗资源"留"才。按照三个标准评定产业高层次人才，给予不同等次的扶持奖金以及就医、购房等优惠待遇。三是实行领导干部联系服务人才制度。成立名人名家服务中心，采取走访、座谈、慰问信等形式，加强与名人名家、优秀专家人才沟通联系，倾听人才意见建议，帮助人才解决实际困难。定期选树一批优秀企业家、优秀科技工作者、北海工匠等优秀人才，深入挖掘、宣传人才先进事迹，营造尊重知识、尊重人才、尊重创造的良好氛围。

二、优化拴心留才服务环境

加快推进人力资源市场建设。广西已建成了五级公共就业服务网络建设，建成了覆盖城乡的人力资源市场体系。按照机构、人员、场地、设备、网络"五到位"标准，完成了广西1254个乡镇（街道）就业社保中心规范化建设，为群众提供"一站式"的就业指导和社保经办等服务[①]。按照"六有"标准[②]完成了广西所有村级综合服务中心标准化建设，公共服务直通"最后一公里"，为城乡居民和低收入人员提供贴心服务。

建设人力资源服务产业园。广西（南宁）人力资源服务产业园设在自贸试验区南宁片区，采用"政府引导、行业支持、企业投资、市场运作"管理模式，由本土企业广西云宝才通产业园运营管理服务有限责任公司负责产业园的运营。已有71家企业经审定入驻产业园，其中规模以上人力资源企业28家，包括中智、劳达、锦绣前程、远创、欢创等国内外知名人力资源品牌企业。广西（柳州）人力资源服务产业园以"一园三区"的模式布局建设，分为一个核心园区和两个分园区，总面积达17.38万平方米。产业园已经基本实现人力资源服务业态的全链条覆盖。

持续深化创新体制机制改革加快科技成果转化应用。一是聚焦"转什么"，实现"科学发现、技术发明、产业发展"一体联动。近年来，广西紧紧围绕产业发展需求，深入实施"三百二千"科技创新工程[③]，大力实施科技强桂三年行动，加快构建以企业为主体、市场为导向、产学研深度融合的科技成果转移转化体系。二是突出"谁来转"，持续推进职务科技成果权属改革。近年来，广西着力构建科技成果转化尽职免责机制，推

---

① "奋进新征程·广西人社这十年"新闻发布会［EB/OL］. 国务院新闻办公室网站，http：//www. scio. gov. cn/xwfbh/gssxwfbh/xwfbh/guangxi/Document/1731549/1731549. htm.

② "六有"标准，即有人员、有场地、有设备、有流程、有网络、有经费。

③ "三百二千"科技创新工程，即"3个100"：突破100项重大技术、创建100个国家级创新平台、引育100个高层次创新人才和团队；"2个1000"：新增1000家高新技术企业、转化1000项重大科技成果。

进职务科技成果权属改革，加快赋予科研人员职务科技成果所有权或长期使用权。修订《广西促进科技成果转化条例》，先后出台《关于建立广西高校和科研院所科技成果转化报告制度实施方案》等改革文件，加快释放全社会科技成果转化活力。三是解决"怎么转"，建立健全成果转移转化服务体系。近年来，广西着力健全科技成果转化应用体系，持续强化科技创新生态营造。为更好地服务科技成果转化，广西在原"广西网上技术市场"平台的基础上，升级建设了广西科技成果转移转化综合服务平台。平台设立了 14 个设区市分站点，对接国家科技成果网、国家技术转移网络等资源，提供集展示、交易、共享、服务、交流、管理等功能于一体的技术转移全链条服务。

三、创新创业干事工作环境

人才队伍建设取得新进展，专业技术人才数量不断增加，高层次人才培育和引进工作以及人才平台建设均取得新进展。创新科研骨干人才流动有序，高层次青年骨干大量补充到创新科研队伍中。

推行"三制"打造"产学研"深度融合创新体系。近年来，广西聚焦产业发展、聚合创新资源、聚力体制攻坚，实施科技"三制"构建"平台+人才+资源"多层级创新体系，推动"产学研"深度融合，积极探索科技自立自强的广西路径。一是实施平台"集成制"，架构"3+3+1+N"创新平台新格局。广西通过强化源头技术创新，打造产业集成创新平台链条，全力在科技创新平台的体系建设、功能提升、效能溢出等方面实现突破。架构"3+3+1+N"重大科技创新平台格局，即 3 个国家重点实验室、3 个国家工程技术研究中心、1 个国家级联合实验室、N 个自治区级重点实验室等自治区级创新平台。二是实施人才"双聘制"，设岗搭台引才聚才。广西积极探索实施人才"双聘制"，建立高层次人才编制"周转池"，探索实行年薪制、项目工资制、股权激励等多元化薪酬制度，人才政策兑现不受地域、户籍、档案、社保、人事关系等限制，可分别与企业和高校院所签订聘用协议，以不同身份分别在企业和高校院所同时从事科技创新实践和科研教学工作。例如，广西新能源汽车实验室聚焦微小型电动车关键技术，面向全球招聘新能源汽车领域的领军人才和团队，以"双聘制"开展高端引智行动，引进了一批研究方向与实验室相契合的国际人才。三是实施融资"联动制"，构建"拨投保贷贴"资金扶持链。广西积极建立"政银企金"联动机制，发挥财政资金杠杆作用，支持科技支行等科技金融专营机构建设，鼓励发展天使投资、创业投资，构建"拨投保贷贴"资金扶持链，通过项目资助拨付、股权投资、贷款担保、银行贷款、财政贴息等支持方式，着力解决科技型企业融资难题。创新实施科技计划项目贷补联动，对未能形成前资助立项的由企业牵头申报的产业导向类科技项目，由自治区科技厅协助项目牵头企业通过银行贷款方式先行实施项目，待项目通过验收后再拨付财政后补助经费，实现了更好发挥财政资金杠杆作用和有力激发企业研发投入积极性的"双赢"。

搭建高层次科研工作平台。院士工作站建设焕发新活力。院士工作站是柔性引进顶尖科技人才的重要平台，通过建站吸引相应领域的院士及创新团队定期入驻，共同开展科技创新合作。为深入贯彻落实自治区党委、政府抓好"带土移植"、做好"厚土培植"有关人才工作精神，有效解决广西院士工作站建设中存在的难题，自2022年以来，自治区科技厅把加强院士工作站建设作为落实"带土移植"工作的重要举措之一，修订并发布了《广西壮族自治区院士工作站和专家服务站管理办法》等一系列人才政策，改革了管理服务机制，拓展了人才引育的广度，并加大了对人才的引导与扶持力度。一年内促成13家院士工作站续建，新增建设4家，正在推进4家意向单位建站，彻底改变了近三年广西院士工作站只减不增的局面。一是改认定制为备案制，简化行政干预。广西原院士工作站建设采取认定制，即在建站单位提交申请后，由科技主管部门组织区内专家进行评审认定后建站，此种管理模式一方面审批程序耗时较长，另一方面由区内专家去评定院士开展的科研合作缺乏权威性。改革后采取备案制，只要院士与建站单位依法依规达成建站协议，政府部门就积极提供备案服务，取消评审环节，提高了工作效率。2023 年 4 月，由中国工程院胡亚安院士与平陆运河集团新建的平陆运河广西院士工作站，建站单位从正式提交材料到完成备案时间缩短至不到 1 个月，相比之前大幅减少。二是扩大建站人才范围，引进国际创新资源。原院士工作站主要对象是我国"两院"院士，改革后将进站人才范围扩大到自治区 A 类人才，把俄美英法德澳等国"两院"院士，诺贝尔奖、图灵奖、沃尔夫奖等顶尖科技奖获得者纳入建站范围。自 2023 年以来，已促成俄罗斯科学院曹进德院士、俄罗斯工程院张大伟院士先后在广西民族大学、河池学院建站，进一步深化广西国际科技开放合作。三是加大项目扶持力度，激励共建合作。原院士工作站建设没有明确的支持举措，改革后建立了绩效评估分级激励制度，通过自治区科技重大专项、重点研发计划等项目给予建站单位大力扶持，有效调动了建站单位与院士合作建站的积极性。

博士后科研流动站和工作站工作再创佳绩。近年来，自治区人力资源社会保障厅全面落实中央人才工作会议精神，围绕科技人才队伍建设，积极搭建国家级和自治区级博士后人才平台，支持青年人才挑大梁、当主角。此外，还持续优化高层次人才服务举措，主动深入企事业单位，提供人才平台申报、建设等方面的专业指导，成效显著。据统计，广西已在医学、理学、工学、农学等六个学科门类的 32 个一级学科中设立了博士后科研流动站平台，而在企业中，博士后科研工作站和创新实践基地的占比分别高达 73％和 59％，广西 14 个设区市均设有博士后人才平台，博士后人才平台的结构布局得到了进一步优化，现已覆盖冶金、有色金属、汽车、机械制造等传统工业领域，以及新一代信息技术、生物技术、新能源、新材料、高端装备制造、智能及新能源汽车等九个自治区重点发展的新兴产业。博士后人员承担着一大批广西乃至国家各行业领域重要科研项目，为推动广西科技进步和经济社会高质量发展作出重要贡献。截至 2024 年 5 月，广西共设立国家级博士后科研流动站和工作站 110 个（其中流动站 36 个、工作站 74 个）、自治区级博士后创新实践基地 75 个。

四、营造用才爱才社会环境

全社会的人才意识显著增强，人才发展环境进一步改善，人才培养培训工程继续推进。

推动各类创新要素向企业集聚。近年来，广西把增强企业科技创新能力作为科技体制改革的重中之重，着力解决企业科技创新中的堵点、难点、痛点问题，有效引导各类创新要素向企业集聚，企业科技创新主体地位持续增强。

在外桂籍杰出人才广西行。为深入贯彻落实新时代人才强桂战略，凝聚各类在外桂籍人才智慧力量和资源优势，促进人才回桂、项目回移、资本回流、技术回归、智力回哺，群策群力建设新时代壮美广西，人博会特设"在外桂籍杰出人才广西行"，聚焦广西发展关键领域，诚邀杰出桂籍人才返乡，共襄系列活动，主要活动内容如下：一是举办新时代壮美广西建设出谋献策恳谈会。以座谈交流为契机，邀请在外桂籍杰出人才围绕自身研究领域为广西建设发展建言献策，与自治区相关行业部门、重点领域、重点产业参会代表共叙发展、共谋未来。二是参加人博会系列活动。组织在外桂籍杰出人才参加人博会开幕式；参加行业部门组织的交流、研讨以及项目考察、对接活动，发挥在外桂籍杰出人才智慧，为广西发展新质生产力注入知识和创新的力量，进一步促进人才项目合作、科技研发创新、成果转化落地。

第三章 广西因地制宜发展新质生产力存在的主要短板

作为西部地区欠发达的省份，广西经济社会发展依然面临"基础弱""底子薄"的现实困境，产业高质量发展存在"稳"的基础还不够牢固、"进"的动能还不够强劲、"新"的特质还不够鲜明等挑战，总体滞后于全国平均水平。特别是工业支柱产业数量不多、体量不大、链条不长，科技、教育、人才基础薄弱，经营主体培育不足，战略性新兴产业和高技术制造业规模偏小，营商环境及要素支撑均需进一步优化提升。

第一节 科技创新研发能力水平偏低

广西科技创新研发经费投入偏低，科技创新平台建设短板明显，与东盟科技创新合作还需完善，数字产业化发展动能乏力，科技创新水平整体处于全国中下游。

一、科技创新研发经费投入偏低

研发经费投入比重较低，2023 年广西研究与试验发展（R&D）经费投入 228.1 亿元（见图 3-1），仅占全国的 0.7%；R&D 经费投入强度仅为 0.84%，在全国 31 个省份中排名第 28 位，西部地区 12 个省份排名第 9 位。在产业基础能力方面，企业自主创新乏力，技术升级多为集成式，本地自主创新和技术突破能力有限。2023 年和 2024 年广西综合科技创新水平指数得分分别为 49.29 分和 51.79 分①，分别比全国平均水平低 27.84 分和 26.64 分，均排名全国第 22 位，虽然 2024 年得分有所上升，但排位没有变化，科技创新水平整体处于全国中下游（见图 3-2）。

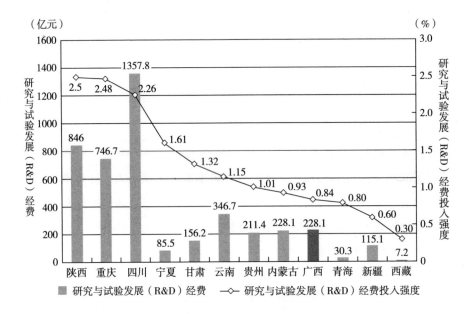

图 3-1　2023 年西部省份研究与试验发展（R&D）经费投入情况

资料来源：《2023 年全国科技经费投入统计公报》。

广西科技创新工作总体处于相对较低的水平，还面临不少困难、存在不少问题。一是提升广西综合科技创新水平压力依然较大。2023 年广西

① 资料来源：中国科学技术发展战略研究院发布的《中国区域科技创新评价报告 2023》《中国区域科技创新评价报告 2024》。《中国区域科技创新评价报告》从科技创新环境、科技活动投入、科技活动产出、高新技术产业化和科技促进经济社会发展等五个方面，选取 12 个二级指标和 44 个三级指标，对全国 31 个省、自治区、直辖市（不包括港澳台）综合科技创新水平进行评价。

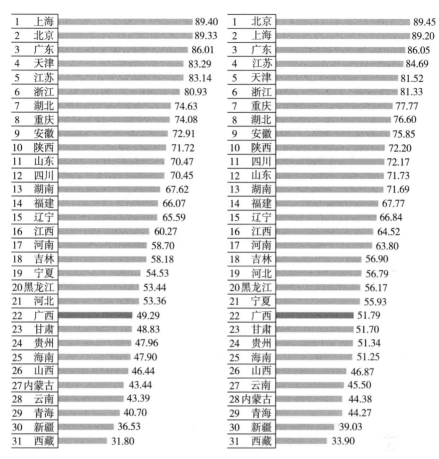

1	上海	89.40
2	北京	89.33
3	广东	86.01
4	天津	83.29
5	江苏	83.14
6	浙江	80.93
7	湖北	74.63
8	重庆	74.08
9	安徽	72.91
10	陕西	71.72
11	山东	70.47
12	四川	70.45
13	湖南	67.62
14	福建	66.07
15	辽宁	65.59
16	江西	60.27
17	河南	58.70
18	吉林	58.18
19	宁夏	54.53
20	黑龙江	53.44
21	河北	53.36
22	广西	49.29
23	甘肃	48.83
24	贵州	47.96
25	海南	47.90
26	山西	46.44
27	内蒙古	43.44
28	云南	43.39
29	青海	40.70
30	新疆	36.53
31	西藏	31.80

2023年全国各省综合科技创新水平指数得分

1	北京	89.45
2	上海	89.20
3	广东	86.05
4	江苏	84.69
5	天津	81.52
6	浙江	81.33
7	重庆	77.77
8	湖北	76.60
9	安徽	75.85
10	陕西	72.20
11	四川	72.17
12	山东	71.73
13	湖南	71.69
14	福建	67.77
15	辽宁	66.84
16	江西	64.52
17	河南	63.80
18	吉林	56.90
19	河北	56.79
20	黑龙江	56.17
21	宁夏	55.93
22	广西	51.79
23	甘肃	51.70
24	贵州	51.34
25	海南	51.25
26	山西	46.87
27	云南	45.50
28	内蒙古	44.38
29	青海	44.27
30	新疆	39.03
31	西藏	33.90

2024年全国各省综合科技创新水平指数得分

图 3-2　2023 年和 2024 年全国各省综合科技创新水平指数得分情况

资料来源：中国科学技术发展战略研究院。

综合科技创新水平排名虽然比 2022 年提升两位，但指数却下降了 5.53%，与全国平均水平差距进一步扩大，从连续两年位居全国第二梯队下降到第三梯队。二是研发投入强度和渠道仍需加强。2023 年，广西全社会研究与试验发展（R&D）经费投入强度呈现总体增长趋势（从 2020 年的 0.78%增长到 2023 年的 0.84%），但增幅低于全国平均水平，与全国的平均水平进一步拉大，且研发投入对象单一，主要依靠国有企业（见表 3-1）。科技创新平台建设依然是短板。虽然广西科技创新平台建设得到进一步加强，但国家级高水平的创新平台仍然稀缺，与国家战略科技力量对接还不够紧密，集聚国内外高水平创新要素能力仍然较弱等。

表 3-1　2023 年全国各省份研究与试验发展（R&D）经费情况

单位：亿元，%

序号	省份	研究与试验发展（R&D）	
		经费	经费投入强度
1	北京	2947.1	6.73
2	上海	2049.6	4.34
3	天津	599.2	3.58
4	广东	4802.6	3.54
5	江苏	4212.3	3.29
6	浙江	2640.2	3.20
7	安徽	1264.7	2.69
8	山东	2386.0	2.59
9	湖南	1283.9	2.57
10	湖北	1408.2	2.52
11	陕西	846.0	2.50
12	重庆	746.7	2.48
13	四川	1357.8	2.26
14	辽宁	676.4	2.24
15	福建	1171.7	2.16
16	河北	912.1	2.08
17	河南	1211.7	2.05
18	江西	604.1	1.88
19	宁夏	85.5	1.61
20	吉林	210.2	1.55
21	黑龙江	229.3	1.44
22	甘肃	156.2	1.32

续表

序号	省份	研究与试验发展（R&D）	
		经费	经费投入强度
23	海南	89.8	1.19
24	山西	298.2	1.16
25	云南	346.7	1.15
26	贵州	211.4	1.01
27	内蒙古	228.1	0.93
28	广西	228.1	0.84
29	青海	30.3	0.80
30	新疆	115.5	0.60
31	西藏	7.2	0.30
	全国	33357.1	2.65

资料来源：《2023 年全国科技经费投入统计公报》。

二、创新能力处在全国中下水平

通过将广西与全国平均水平及广东、山东、江苏、湖南、贵州、福建等发达或周边省份在科技领域的多指标对比发现，广西科技创新能力仍震荡在低位区间，与贵州水平最为接近，但与发达省份有着较大的差距。从全国重点实验室分布来看，截至 2023 年，广西拥有 5 家，远低于江苏（35 家）、广东（30 家[1]）、山东（21 家），也低于贵州[2]（6 家）；从工业研发投入来看，2022 年，广西研发投入仅有 151 亿元，仅占全国水平4%左右。同期，广东研发投入突破 3000 亿元大关，是广西的 20 倍。从工业技术市场成交额来看，广西在 7 个省份中排在最后一位，仅有 227 亿元，占全国比重不足 1%，占广东的 6%左右；从工业成果转化来看，2022 年，广西有效发明专利数仅有 1.3 万件，和贵州数量较为接近，占

---

[1]　2022 年底数据。

[2]　2021 年底数据。

全国的比重不足 3%。综上所述，广西科技创新能力仍处全国中下水平，部分指标与周边地区差距明显（见图 3-3）。

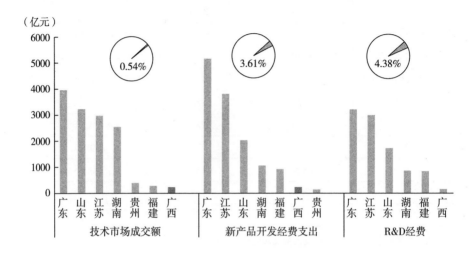

图 3-3　2022 年广西和其他五大省份在科技领域指标对标

资料来源：根据国家统计局数据整理所得。

协同创新合力有待增强。产业链与创新链、人才链"衔而不畅""接而不通"。产业基础能力薄弱、产业链创新链协同能力不足、金融对产业链供应链畅通运行支撑不够。广西科技项目设置、创新资源配置机制还是以传统的条线为主，科技政策前瞻性和针对性方面不足。企业创新能力不足，创新型领军企业匮乏，广西高新技术企业、科技型中小企业数量不足全国的 1%。高水平创新平台的系统构建尚待加强，广西仅拥有 4 家国家重点实验室，仅占全国总数的 0.6%；拥有 3 家国家工程技术研究中心，占比也仅为 0.9%。此外，行业头部企业稀缺，在广西 41 家上市公司中，市值超过百亿元的仅有 7 家。

三、与东盟科技创新合作还需完善

鉴于广西与东盟国家的科技政策、知识产权保护、技术标准等存在差异，与东盟科技创新合作机制还不够完善，合作机制缺乏约束性，部分项目缺乏长远考虑，导致当前广西与东盟的科技合作领域相对狭窄，合作水平也有待提升。这既是因为广西的科技支撑能力尚存短板，也是因为东盟国家的科技基础相对薄弱，导致双方开展合作的条件较为有限。广西的科技创新优势主要集中在农业、中医药等领域，而东盟国家更关注数字经济、新能源、智能制造等方向，双方技术供给与需求匹配度不高。部分东盟国家，如新加坡科技水平较高，广西难以形成技术互补。而较相对落后国家，如老挝、柬埔寨缺乏承接技术转移的能力。

虽然已建立了中国、马来西亚"两国双园"、中国—东盟技术转移中心等平台，但多数合作仍停留在协议层面，缺乏实体化、常态化的联合研发机构和成果转化平台。合作模式的实效性与创新性尚显不足，广西与东盟的科技合作一般局限于会议参展、交流培训、学习考察、合作办学及联合培养留学生等传统形式，技术创新合作根基薄弱，科技成果转化效率低下，鲜有转化为实际生产项目的案例，且在关键性技术领域内的合作也显匮乏。相较于国内其他发达省份与东盟的合作模式，广西与东盟的科技合作模式还需要进一步改进和完善。

四、数字产业化发展动能乏力

数字产业规模偏小，面临产业外迁带来的巨大竞争压力。广西的数字经济产业正经历产业结构调整和生产模式迭代的双重挑战。2023 年，广西规模以上软件和信息技术服务业营业收入同比下降 16.05%，计算机、通信和其他电子设备制造业增加值同比下降 11.20%[1]，整体产业可替代性强、抗风险能力较弱，数字产业化发展动能稍显不足。

创新投入水平相对较低，创新动力不足。2023 年，广西一般公共预算科技支出 106.66 亿元，同比增长 2.4%，对比 2018~2023 年国家财政科技支出年均增长 6.4%，增速不足全国平均水平的一半，差距较大。数

---

[1]　资料来源：《2023 年广西壮族自治区国民经济和社会发展统计公报》。

字经济类岗位薪酬较低，人才吸引力不足。数字经济类岗位期望平均薪酬为 6335 元/月，而实际平均薪酬为 6155 元/月，两者存在 180 元的差距。与全国平均水平相比，广西互联网技术（IT）服务、计算机软件和硬件相关岗位的平均薪酬约为 7353 元/月，远低于全国的 11632 元/月水平。薪酬水平不高、人才供给不足直接影响数字经济发展韧性。数字技术在支撑产业智能改造方面的力度尚显不足。2023 年，自治区支持数字化相关项目投资总额超 9 亿元，但在支持产业技术改造、产业链智能化升级、5G 基站建设等重大项目上的经费依然相对紧张。

龙头企业的带动作用有限，市场竞争优势亦不明显。广西数字经济企业总体规模较小，"造血"能力不足，缺乏具有全国乃至国际影响力的大型企业，仅靠政府支持很难通过资源汇聚产生倍增效应，难以承担大规模的研发投入和市场拓展，影响整个行业的成长和发展速度。

第二节　产业转型升级动力和创新不足

纵向对比来看，广西传统产业改造升级取得一定的成果，智能化、高端化、绿色化底蕴初现。但近年来，工业企业利润下滑现象显著，转型升级过程中，资金投入的可持续性面临挑战，加之广西科技创新水平在全国排名靠后，且与周边发达城市存在较大差距，这无疑阻碍了传统产业的技术迭代进程。

一、产业规模实力整体偏弱

2023 年，广西第二产业增加值为 8924 亿元，增速仅为 3.2%，占 GDP 比重 32.8%，比全国平均水平低 5.5 个百分点。与西部省份对比来看，广西第二产业增加值仅为总量最高的四川（21307 亿元）的 41.9%，比增速最高的宁夏（8.5%）低 5.3 个百分点，比第二产业增加值占 GDP 比重最高的陕西（47.6%）低 14.8 个百分点。广西第二产业增加值总量在西部地区 12 个省份排第 6 位，增速排名第 11 位，占 GDP 比重排名西部地区最后一位，表明工业发展效益不高，工业经济实力不强（见图 3-4）。

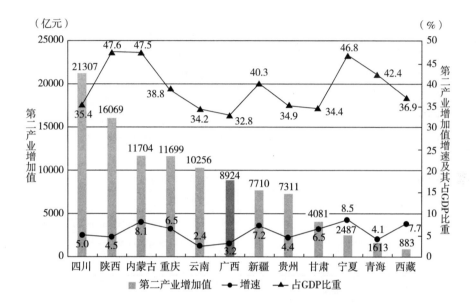

图 3-4 2023 年西部省份第二产业增加值相关指标

资料来源：国家统计局。

2024 年 12 月，工业和信息化部公布了 2024 年国家先进制造业集群名单，京津冀智能网联新能源汽车集群、长三角（含江西）大飞机集群、广深佛惠莞中智能网联新能源汽车集群等 35 个集群上榜，广西暂无名单上榜（见表 3-2）。

表 3-2 2024 年国家先进制造业集群名单

序号	集群名称	序号	集群名称
1	成德绵自凉航空航天集群	4	沈阳航空集群
2	哈尔滨航空集群	5	青烟威船舶与海洋工程装备集群
3	长三角（含江西）大飞机集群	6	上海船舶与海洋工程装备集群

序号	集群名称	序号	集群名称
7	洛阳现代农机装备集群	22	包头稀土新材料集群
8	金台丘陵山区农机装备集群	23	金白兰武有色金属集群
9	潍临日智能农机装备集群	24	滇中稀贵金属集群
10	京津冀安全应急装备集群	25	郑南商许超硬材料集群
11	衡长株潭特高压输变电装备集群	26	鹰饶抚昌铜基新材料集群
12	浙东工业母机集群	27	苏南特钢材料集群
13	宝汉天工业母机集群	28	环杭州湾现代纺织服装集群
14	沈大工业母机集群	29	泉州现代体育产品集群
15	苏州高端科技仪器集群	30	成渝地区生物医药集群
16	青岛仪器仪表集群	31	绥哈大齐生物制造集群
17	京津冀新一代信息技术应用创新集群	32	乌昌石光伏集群
18	京津冀集成电路集群	33	盐常宿淮光伏集群
19	北京海淀人工智能集群	34	广深佛惠莞中智能网联新能源汽车集群
20	榆鄂宁现代煤化工集群	35	京津冀智能网联新能源汽车集群
21	大盘绿色石化集群		

资料来源：工业和信息化部网站。

二、新旧产业接续明显乏力

一方面，广西传统工业占比较高，是稳增长稳就业的"压舱石"，也是催生新材料、新能源等战略性新兴产业的基础前提。但近年来受产能过剩、原材料价格上涨、物流成本上涨、房地产波动、环保要求等因素的影响，产业转型压力大，且重点产业链集中原料工业、中间品工业较多，消费品工业不多，存在品种不够好、品质不够优、品牌不够响等问题，产业体系缺乏深度，前后向关联、上下游协同不够紧密，制造业企业总体盈利不佳。2018年以来，广西工业企业利润总额呈现震荡趋势，2022年以来，广西工业企业利润总额更是下降至700亿元左右，2023年工业企业利润总额仅有707亿元，较2018年下降超800亿元，企业"增收不增利"现象突出，后续可持续增长面临很大的压力（见图3-5）。然而，当前及

"十五五"时期，我国已经进入新型工业化发展新阶段，高质量发展和加快新质生产力发展的趋势不可避免，传统产业的改造升级迫在眉睫，面临要么升级要么被淘汰的严峻局面。一些企业反映深知传统产业改造升级之迫切，然在行业低迷、利润收窄的情境下，加大投入进行改造升级，资金难题凸显，致使转型升级之路步履维艰，可持续性面临挑战。

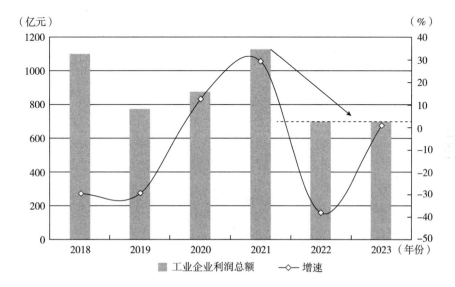

图 3-5　广西工业企业利润总额及增速走势

资料来源：根据广西统计局数据综合整理所得。

另一方面，广西战略性新兴产业和高新技术制造业产业发展速度较快，但产业规模偏小、产业基础尚不牢固，尚难支撑工业经济大盘。2023 年，广西战略性新兴产业产值占规模以上工业产值比重为 20.0%（见图 3-6）、高新技术产业产值占比为 6.5%（见图 3-7），比全国平均水平分别低 13.6 个、9.2 个百分点，与广东、上海、江苏等先进省份相比更显薄弱，新产业新动能对经济增长的支撑作用不够突出。同时，广西区域间新兴产业同质化竞争严重，广西战略性新兴产业包括新一代信息技术、生物技术等九大产业由于发展统筹性不足，各市较多从自身角度出发进行产业布局，造成部分战略性新兴产业同质化严重、产能过剩。此外，当前整体经济下行，各地招商引资内卷严重，广西从外地引入战略性新兴产业项目也面临较大困难和压力，甚至还面临被其他地方撬走项目的风险。

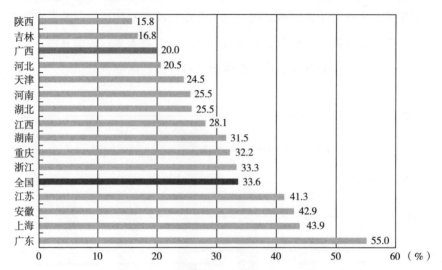

图 3-6　2023 年广西与相关省份战略性新兴产业产值占
规模以上工业产值比重比较

资料来源：广西壮族自治区统计局。

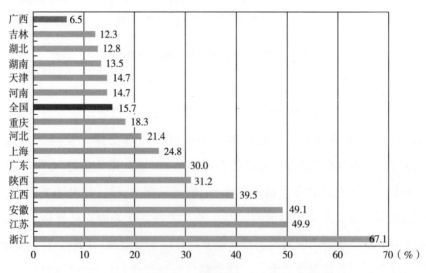

图 3-7　2023 年广西与相关省份高新技术产业产值占
规模以上工业产值比重比较

资料来源：广西壮族自治区统计局。

三、产业数字化转型动力低

对标对表先进省份，广西制造业在高端化、智能化方面仍有提升空间，距离实现西部制造强区的目标尚有差距，构建现代化产业体系、推动新型工业化进程仍需不懈努力。

企业数字化看不到预期，主动性、积极性不高。从2023年发布的《中国中小企业数字化转型研究报告》中中小企业数字化综合指数来看，广西全国排名第20位，说明广西中小企业数字化转型整体水平居于全国中下游，"不会转"和"不想转"问题突出。中小企业对工业互联网的接受程度不高，过度依赖政府补贴，数字化、网络化、智能化改造的内在动力不强。仅有柳工、上汽通用五菱、柳钢、玉柴等行业龙头建设企业级工业互联网平台，典型示范企业尚不多。

数字化转型战略规划不够清晰。一方面，企业普遍缺乏清晰的战略目标和转型路径，对推进数字化转型积极性不高。企业数字化建设处于起步阶段，普遍缺乏清晰的数字化转型战略规划、工作方案和具体实施路径。部分企业本着"先上项目，再作规划，后来调整"的思路进行信息化建设，尚未形成"事前规划—事中监理—事后评估"的机制，致使转型效果不佳。例如，洋浦南华糖业集团有限公司未明确数字化规划路径，广西农村投资集团对转型目标、实践路径和实施步骤仍不清晰。另一方面，行业龙头企业在数字化转型方面的引领示范作用尚待加强。除了广投、柳钢、北投、北港、交投、柳工和玉柴集团等"排头兵"企业数字化转型升级成效比较显著外，广西大部分企业数字化水平偏低。同时，"排头兵"企业相较全国先进地区，在数据分析功能、系统集成水平仍存不足。

典型模式复制推广难度较大。因企业数字化转型解决方案尚未成熟、数字化应用软件存在价高、实用性低等诸多阻碍因素，广西大部分企业的数字化部署仍停留在试点阶段，数字化试点项目与经验没有形成亮点成效，难以快速复制与推广。

数字技术创新应用能力有待提升。新技术领域规模以上企业整体实力不足。在 2023 年度新认定广西壮族自治区技术创新示范企业名单①中，所属计算机、通信和其他电子设备制造业行业的入选企业数为 3 家，占比为 15%，并未有软件信息服务业企业入选。广西数字技术企业的创新活动主要聚焦于硬件制造领域，而在软件创新及数字化服务领域，企业的创新动力显得相对匮乏。广西科研投入相对不足，2023 年全国投入研究与试验发展（R&D）经费与国内生产总值之比为 2.54%，而广西仅为 0.83%②。研发投入太少，导致数字经济创新能力不足，也导致广西品牌和市场规模影响力不足，多数"小而美"而非"大而强"。

四、生产要素保障存在短板

在自然资源方面，广西工业用地占建设用地总量不足 25%，总量明显不足，同时各地占优补优、占水田补水田③难以平衡，同时存在存量土地使用效率不高、增量用地不足的矛盾，特别是园区"三区三线"④ 划定后，工业用地越发紧张，用林用海用能同样存在类似问题。存量土地的使用效率亟待提升，增量用地亦显不足。历经多年发展，一些成立时间较早、土地开发利用程度较高的开发区，其可供土地已极为稀缺。如东兴边境经济合作区、柳州高新技术产业开发区、凭祥综合保税区、北海综合保税区、钦州港经济技术开发区、广西—东盟经济技术开发区等国家级开发区发展态势良好，用地需求旺盛，土地供求矛盾激化，亟须通过扩区来拓展发展空间。同时，部分工业用地利用率低下，导致产业用地发展空间持续受限，工业企业频繁采取变通手段改变土地用途，园区在节约集约用地方面仍有较大提升空间。

---

① 自治区工业和信息化厅、自治区财政厅《关于公布 2023 年度新认定广西壮族自治区技术创新示范企业名单的通知》（桂工信园区〔2023〕788 号）。

② 自治区统计局《2022 年广西研发经费投入首次突破 200 亿元》。

③ 建设项目确需占用耕地的，要按照"占优补优""占水田补水田"的要求，补充耕地质量等级不得低于占用耕地质量等级，占用水田必须补充同等数量的水田。

④ "三区"指城镇空间、农业空间、生态空间三种类型的国土空间。"三线"分别对应在城镇空间、农业空间、生态空间划定的城镇开发边界、永久基本农田、生态保护红线三条控制线。

在资金方面，金融业整体"造血"功能偏弱，企业融资过于依赖银行信贷等间接融资，利用资本市场直接融资的总体能力不强，以及获取风险投资支持能力偏弱，2019～2023年，广西仅6家企业在A股上市。支撑企业科技成果转化、创新型企业成长的投融资体系还不健全，高科技创新型企业融资难问题仍比较突出。支持工业的财政资金主要采取直接奖补形式，尽管也尝试通过股权投资、财金联动等方式，但财政资金在发挥杠杆效应、撬动社会资本方面的作用仍有待加强。工业发展基金的规模不大、投向较为单一、市场化管理不足。支持工业的财政资金主要是采取直接奖补的方式，采用股权投资、财金联动等方式，发挥财政资金四两拨千斤的作用撬动放大还不够；且广西是国家12个地方政府债务高风险地区之一，政府负债率高达40%以上，大量资金用于防范化解地方债务风险，对企业的发展资金没有兑现，在一定程度上影响了企业的工业投资和发展，例如，柳州由于奖补资金不兑现的问题影响了300多家企业、90亿元以上的后续工业投资。企业融资主要依赖银行金融机构贷款，直接融资手段如上市融资、股权融资等较为有限，且区内工业发展基金规模偏小，投向单一，缺乏市场化管理。同时，近年来地方财政困难，对自治区拨付惠企的资金存在截留、挪用现象。

企业数字化转型投入成本较高，数字化转型资金投入不足，企业数字化转型成本较高，转型周期长、见效慢，企业难以承受较高试错成本，缺乏有力的兜底保障，致使企业"不敢转"。企业融资能力较差，且转型资金主要来源于企业自有资金。大部分企业因生存压力，将有限资金用于日常运转和关键业务，仅少数实力雄厚的大型企业如广投、柳钢、北投、北港、玉柴、广汽集团等，投入超亿元资金推进数字化转型。数字化转型的核心要义可以归结为"两化融合"（即信息化和工业化融合），从工业数字化转型领域来看，2023年广西统筹工业振兴资金拟支持数字化相关项目资金约为9.5亿元，与相邻的重庆市市级财政拟安排7000万元用于"技改专项贷"贴息和预计撬动银行信贷资金35亿元支持制造业数字化转型对比，差距较大。

"基础设施建设+应用场景创新"成为新基建的开发范式，广西在推进以场景为引领、应用为核心的新型基础设施统建共用方面，仍面临一些挑战：一是数据中心绿色效能亟需提升。2023 年国家认定的绿色数据中心名单中，未见广西相关单位的身影。此外，仅中国移动（广西）数据中心跻身国家新型数据中心典型案例之列，这反映出广西在数字基础设施的节能降耗与绿色发展方面，尚有较大的提升空间。二是基站密度与先进省份有较大差距，数据基础设施建设仍显不足。从基站密度来看，2023 年，广西 5G 基站密度为 0.45 个/平方公里，远低于广东（1.81 个/平方公里）、浙江（2.13 个/平方公里）等发达省份，且低于贵州（0.68 个/平方公里）等西部省份。

在人才领域，广西的人才储备亦显不足。具体而言，每 10 万人中拥有大专及以上文化程度的人口仅为 10806 人，占比为 10.81%，这一比例远低于全国平均水平的 15.47%，在全国排名垫底。此外，广西万人研究与试验发展（R&D）人员数仅为 994 人，不足全国平均水平的 1/3，全国排名第 28 位。高层次人才占比低，缺乏企业和科技领军型人才，对人才的吸引力不足，根据智联招聘发布的《中国城市人才吸引力排名报告 2024》，广西仅有南宁市入选"2023 年最具人才吸引力城市 100 强"榜单，排名第 70 位。产教融合不够密切，优质教育资源匮乏，截至 2023 年底，广西高等学校共 87 所，占全国的 3%，全国排名第 17 位[①]，同时区内培养的大量人才流向外省，企业招人难、用工缺的结构性矛盾难以解决。企业与学校产教融合不密切，人才培养与企业需求脱节。企业面临结构性用人短缺，招人困难；而区内学校培养的人才大量外流。尤其是在高学历人才方面比重偏低。从各省份大学本科和研究生的数量梳理来看，2022 年，广西大学本科生人数约为 6646 人，研究生人数约为 3259 人，本科生升学率为 26.8%，研究生升学率为 8.53%（见图 3-8）。

---

① 资料来源：国家统计局。

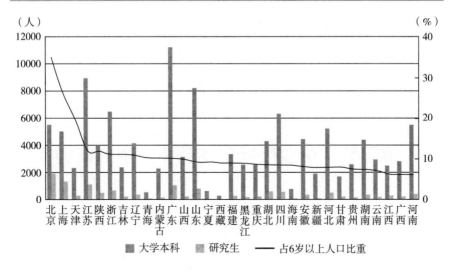

图 3-8　全国各省份高学历人才占比情况

资料来源：根据国家统计局数据整理所得。

　　数字化人才吸纳力度不足。我国数字人才规模超 500 万，北京、广东、上海、江苏占比过半①。根据广西壮族自治区信息中心发布的《广西数字经济发展评估报告（2023）》测算显示，广西累计数字经济企业人才网上招聘岗位数约为 6000 个，全国平均水平为 2.7 万个，广西远低于全国平均水平，仅为全国平均水平的 22%。广西数字经济企业招聘平均薪酬约为 8700 元，同期全国平均水平为 1.03 万元，低于江西（1.01 万元）、重庆（1.05 万元）、辽宁（9240 元）、新疆（9875 元）等省份，这表明广西数字经济人才薪酬水平较低，吸引人才能力较弱。广西尚未形成人才规模化集聚，西部省份人才占比最高位的四川，占比为 5%。广西数字人才占比未能进入全国前十，人才集聚程度较低②。

　　在数据要素方面，自治区数据资源以政务数据为主，数据要素市场化水平较低，社会数据量少，企业数据应用水平不高。同时，数据要素交易

　　① 首都经济贸易大学与中国社科文献出版社发布的《人才蓝皮书：中国创新人才发展报告（2023）》。

　　② 资料来源：《广西数字化人才供需情况研究》。

机制尚不成熟，在数据要素保障支撑、确权登记、评估定价、收益分配等相关制度规范落实成效排名靠后，对广西数据流通、应用、运营的进一步发展形成制约。

第三节　企业市场主体整体竞争力偏弱

企业整体实力偏弱，需做多做优做强。企业行业与区域分布呈现不均衡态势，绿色低碳转型进程滞后，物流产业在服务经济发展方面的能力尚待提升。

一、市场主体需做多做优做强

广西规模以上工业企业数量排名相对靠后。截至 2024 年 9 月，广西拥有规模以上工业企业 9933 家，在 31 个省份中排名第 13 位（见表 3-3），占全国的比重仅为 1.97%，仅为毗邻广东省数量（73292 家）的 13.55%。

表 3-3　全国各省份规模以上工业企业数量情况　　　单位：家

省份	排名	2024 年 9 月	2020 年 12 月	2015 年 12 月	2010 年 11 月
北京	26	3104	3073	3618	6721
天津	19	6047	4721	5334	7551
河北	12	18310	13368	14374	13778
山西	17	8154	4805	3731	4223
内蒙古	24	3991	2907	4378	4683
辽宁	14	9513	7748	14903	23872
吉林	25	3360	3081	5386	6165
黑龙江	23	4763	3583	4154	4895
上海	15	9495	8805	9179	16743
江苏	2	67937	46324	47839	61242

续表

省份	排名	2024 年 9 月	2020 年 12 月	2015 年 12 月	2010 年 11 月
浙江	3	59227	46610	40180	63459
安徽	6	23522	18369	17969	16431
福建	7	21917	18600	16774	19623
江西	10	18847	13710	9226	7976
山东	4	39576	26468	40347	46940
河南	5	26317	19580	21898	20461
湖北	9	19648	15769	15925	15876
湖南	8	21591	17552	13822	13712
广东	1	73292	55584	40548	53024
广西	13	9933	6783	5421	6862
海南	29	748	412	382	496
重庆	18	7894	6839	6254	7130
四川	11	18830	14843	13338	13771
贵州	21	5126	4791	4107	3045
云南	20	5423	4447	3832	3640
西藏	31	203	152	97	98
陕西	16	8316	7164	5072	4473
甘肃	27	3086	1832	2048	1987
青海	30	658	585	537	584
宁夏	28	1539	1205	1186	997
新疆	22	4988	3367	2500	2080

资料来源：工业和信息化部网站。

　　链主型龙头企业偏少、优质企业不足。2023 年，广西有 41 家上市公司，市值超过 100 亿元的公司仅有 7 家，而广东有 869 家上市公司，市值超过 100 亿元的有 236 家，分别是广西的 21 倍和 34 倍。广西第五批专精特新"小巨人"企业 10 家，排名全国第 24 位；累计五批专精特新"小巨人"企业 103 家（见图 3-9），全国排名第 20 位[①]，远远落后于广东、

────────

①　资料来源：中华人民共和国工业和信息化部。

江苏、浙江等先进省份，也不及湖南、四川、重庆、江西、安徽、陕西等中西部省份，企业创新主体地位有待进一步强化。

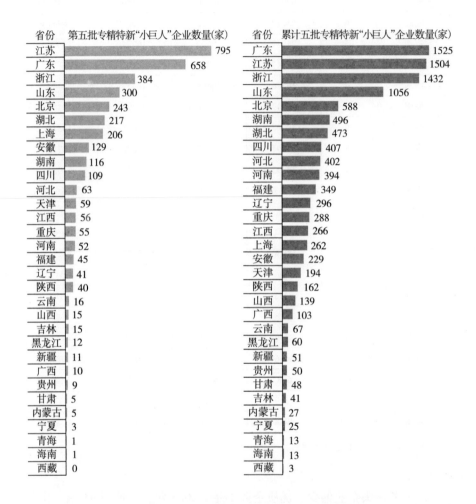

图3-9　全国各省份专精特新"小巨人"企业数量情况

资料来源：中华人民共和国工业和信息化部。

二、市场主体区域行业差异大

从战略性新兴产业区域分布来看，在1935家广西战略性新兴产业企业认定名单、176 家战略性新兴产业培育企业名单中，南宁和柳州分别有479 家和 335 家，大幅度领先于其他设区市，尤其是崇左市（55 家）和防城港市（35 家）。

从"专精特新"企业分布来看，广西专精特新中小企业主要集中分布在南宁、柳州、桂林三市，占比为 61.05%。而贵港、河池、贺州、玉林等市"专精特新"企业较少，专精特新中小企业区域分布不均衡，新质生产力区域发展不平衡现象较为突出（见表 3-4）。

表 3-4　2024 年广西战略性新兴产业企业区域分布　　单位：家

序号	城市	数量	序号	城市	数量
1	南宁	479	8	来宾	99
2	柳州	335	9	钦州	99
3	桂林	182	10	贺州	97
4	北海	155	11	贵港	76
5	梧州	156	12	河池	76
6	玉林	130	13	崇左	55
7	百色	137	14	防城港	35

资料来源：《广西壮族自治区工业和信息化厅　广西壮族自治区发展和改革委员会　广西壮族自治区统计局关于公布广西战略性新兴产业企业认定名单及培育企业名单的通知》。

行业分布呈现不均衡态势，制造业占据主导地位，专精特新中小企业中制造业企业占比高达九成（774 家）。在广西战略性新兴产业企业中，新一代信息技术产业、节能环保产业、新材料产业等行业占比较高（见表 3-5）。

表 3-5　2024 年广西战略性新兴产业企业行业分布　　单位：家

序号	产业分类	广西战略性新兴产业		合计
		企业名单	企业培育名单	
1	新一代信息技术产业	440	23	463
2	节能环保产业	345	19	364

续表

序号	产业分类	广西战略性新兴产业		合计
		企业名单	企业培育名单	
3	新材料产业	282	69	351
4	生物产业	263	21	284
5	新能源产业	185	5	190
6	数字创意产业	160	0	160
7	高端装备制造产业	97	19	116
8	相关服务业	92	8	100
9	新能源汽车产业	71	12	83

资料来源:《广西壮族自治区工业和信息化厅 广西壮族自治区发展和改革委员会 广西壮族自治区统计局关于公布广西战略性新兴产业企业认定名单及培育企业名单的通知》。

从链主型龙头企业区域分布来看,主要集中在柳州、南宁和桂林三市,三市合计34家,大幅度领先于其他地市(见表3-6)。

表3-6　2024年广西链主型龙头企业区域分布　　单位:家

城市	链主型龙头企业数量	城市	链主型龙头企业数量
柳州	13	崇左	3
南宁	12	来宾	3
桂林	9	钦州	3
梧州	6	贵港	2
北海	5	河池	2
百色	4	贺州	2
防城港	4	玉林	2

资料来源:《自治区工业和信息化厅关于公布广西第一批链主型龙头企业的通知》《自治区工业和信息化厅 自治区财政厅关于公布广西第二批链主型龙头企业的通知》。

区域间数字经济发展鸿沟显著扩大。《广西数字经济发展评估报告（2023）》显示，南宁数字经济发展评估得分为87.85，位居广西第一名，遥遥领先于其他设区市，并且差距有扩大的趋势。柳州、北海、桂林处于第二层次，其余10市处于第三层次。广西设区市数字经济层次划分从2022年的"1+8+5"结构向2023年的"1+3+10"结构转变，侧面佐证各市"数字鸿沟"显著扩大。

三、市场主体绿色低碳转型低

广西的冶金、建材（包括水泥、陶瓷）、制糖、化工等高耗能、高排放行业占比依然较高，同时，六大高能耗产业的能源消耗量也占据较大比例，显示出传统能源消费比重仍然偏高。广西轻重工业结构失衡，重工业占比较大，像火电、钢铁、有色金属等行业消耗了全区80%以上的煤炭和70%以上的用电量，但对工业增加值贡献不足45%，不利于绿色低碳转型。战略性新兴产业和高技术产业发展相对滞后，在推动产业绿色低碳转型中的引领作用尚未充分发挥，难以形成具有全国影响力的绿色低碳产业集群。

部分企业仍高度依赖传统生产模式，缺乏技术改造的动力，特别是中小企业，由于成本意识强烈，难以承受绿色升级初期所需的高额投入。尽管广西在风电、光伏发电等可再生能源发展方面有一定进展，但受自然条件、技术水平、基础设施等因素限制，可再生能源的消纳和存储存在困难，能源供应的稳定性和可靠性面临挑战。从能源消费结构来看，广西仍以煤炭、石油传统能源为主，2022年，煤炭、石油消耗占比超过60%，其中煤炭消费比重为49.5%，略低于全国平均水平。但从六大高能耗行业能源消耗占比来看，2022年广西六大高能耗行业能源消耗占比达57%，高于全国平均水平10个百分点，高于贵州20个百分点，其中，黑色金属冶炼及压延加工业及非金属矿物制品业能耗占比均高于全国平均水平及山东、贵州同期平均水平（见图3-10）。

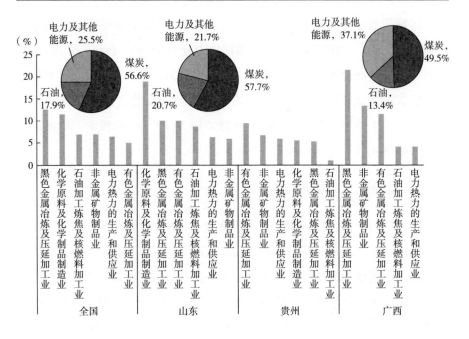

图3-10　全国、山东、贵州、广西能源消费结构及高能耗

行业能源消耗占比情况

资料来源：根据国家统计局数据整理所得。

四、物流企业对发展支撑不足

物流企业总体实力偏弱。广西物流企业总体实力尚无法全面支撑相关城市群、口岸城市物流综合服务能力和规模化运行效率，限制了通道平台大融合、贸易大提升、口岸经济大发展。截至2023年底，广西A级物流企业①共164家，在全国A级物流企业占比仅为1.7%，其中AAAAA级11家，占全国比重仅为2.1%。区内多数物流企业正处于信息化向数字化的转型期，大数据、人工智能等前沿技术在物流领域的应用尚显不足。

———————

① A级物流企业是指依据国家标准《物流企业分类与评估指标》评估认定的物流企业，分为A、AA、AAA、AAAA、AAAAA五个等级。评估主要针对企业经营状况、资产情况、设备设施、管理及服务、人员素质、信息化水平等方面进行综合评估。

物流产业对腹地经济的支撑力薄弱。现有通道干线及物流基础设施支撑不足，物流产业集约度低，流程衔接不紧密，削弱了通道的产业集聚效应。集中在通道物流园区的产品附加值较低，难以形成通道产业链。临港产业发展与通道密切相关的加工、装备制造项目偏少，区内适箱货源较少，难以对港口形成有力支撑。

通道物流基础设施布局亟待优化。广西已初步构建以"南宁—友谊关—河内陆路通道（南北向）"和"钦州—南宁—崇左—河内陆路通道（东西向）"为核心的公路网。然而，面对东西方向物流需求的持续增长，现有布局仍显不足。广西已建成的机场达8个，形成了以南宁、桂林、北海为中心的航空网络。然而，在航空网络的建设和运行上，广西依然存在一些短板，如航线覆盖面窄、港口功能有待提升等。

第四节　产业园区整体竞争力不强

广西产业园区发展面临园区整体竞争力不强、龙头企业引领缺失、改革创新力度不够、关键要素支撑不足，在一定程度上制约产业园区加快转型升级，需要重点关注并加以解决。

一、产业园区体制机制不活

相比发达地区，广西产业园区在创新政策支持方面力度不足，这将直接影响企业的创新积极性，导致园区整体创新动力不足。科技成果转化机制尚待完善，产学研协同创新成效不佳，园区普遍面临科技成果转化机制缺失的问题。现有园区考核机制单一，不同类型的园区发展功能定位各异，如高新技术开发区与经济技术开发区的发展重点和目标不同，采取同一套考核指标体系，难以充分发挥其各自应有的作用。

广西沿边临港产业园区的体制改革落地存在协同困难。一方面，"改革一盘棋"涉及政府发改、编办、工信、科技、商务等多个部门,各市的园区办作为政府派出机构在行政职能和权限上与政府内设机构的权限和可以调配的行政资源存在较大差异,园区办需花大力气协调相关政府部门的改革协同。园区办虽然拥有部分经济管理权限,但在实际运行中部分重点事项不能下放。例如,园区管委会职能、园区人事关系、园区要素调度(土地、规划、能耗指标等)现有的权责清单内,仍有相关重要事项必须跨部门审批环节多、协调难度大、办事效率低的现象,进而影响园区经济发展。另一方面,园区管委会的行政级别(含比照管理级别)比设区市园区办的行政级别高。例如,中马钦州产业园区、广西凭祥产业园区、广西东兴产业园区是副厅级园区,而钦州、崇左、防城港等市的园区办均为正处级,这些园区办在体制改革过程中面临着上下协调的挑战。

广西沿边临港产业园区的机制改革尚未深入渗透至园区运营机制体系的各个层面,导致运营管理机制不健全,整体效益偏低。园区运营主体的功能尚不完善,普遍缺失了政策传导及应用、产业投融资、活动策划以及闲置资源共享等关键功能,同时,园区运营主体与在园企业间的沟通机制亦显不足。园区运营主体的筹资能力较为薄弱,这主要归因于园区底层资产权属不明确以及部分平台公司信用评级低于2A级等因素。园区专门从事市场化运营人员占比偏低,"管委会+运营公司"模式下的平台公司仍主要是招商、基建人员,园区市场化运营队伍人员的专业背景、能力水平、素质结构参差不齐,也缺乏"市场化运营"思维和实操经验。广西园区运营管理市场化专业化程度不高,当前多数产业园区仍由政府直接管理运营,缺乏市场化、专业化的运营主体,运营效率不高。广西仅有不到20%的产业园区引入了专业化园区运营公司,远低于长三角地区60%以上的比例。园区专业服务体系不够完善,尤其是专业服务机构(如法律、会计、知识产权等)数量严重不足,直接影响了园区的整体服务能力和企业满意度。

广西沿边临港产业园区的管理体制和人事管理存在突破难点。广西沿边临港园区人事管理基本采用政府机关模式,导致高层次人才"招不进、留不住"，薪酬待遇与国内外同类沿边临港园区的水平存在较大差距，特别是园区统筹管理的高层次管理人才、运营人才比较欠缺。此外，园区商业资讯相对滞后也是难以引进、留住高层次人才的重要原因之一。

招商引资短板明显，传统路径依赖突出。长期以来，广西多数地方政府主要采取财税让利、土地使用优惠等"拼奖补"的招商模式，在2024年8月1日《公平竞争审查条例》正式实施之后，标志着以税收优惠政策为牵引的招商模式将逐渐退出历史舞台，势必需要加快扭转招商思路，探索建立新型招商模式。当前，部分地市招商引资"项目思维"仍占主导，仍主要关注吸引单个企业，现有链主企业缺乏普遍存在，难以发挥其辐射带动作用，在这样的背景下，过度强调延链、补链反而会使期望的大企业不愿来，小企业也留不住。产业园区的招商团队多源自体制内，其中部分成员对经济形势、产业导向及优惠政策等了解不够深入，且缺乏具备谈判技巧和策略的专业人才，这无疑会对招商引资的成效产生负面影响。

广西经济体制改革空间还较大，市场与政府的关系还有待进一步厘清，高标准市场体系及统一大市场建设相对滞后，要素市场化配置改革步伐缓慢，导致生产要素流通受阻、资源配置效率低下、微观经济活力欠缺等问题依旧突出。一些改革举措宣传推广不足，落地落实还有待加强，改革典型经验的示范带动作用尚未得到充分发挥。

二、产业园区综合实力不强

2024年12月，《工业和信息化部关于印发〈国家高新技术产业开发区综合评价指标体系〉的通知》（工信部规〔2024〕169号）提出，从高质量发展综合质效、科技创新与成果转化、产业结构与竞争力、智能化绿色化发展、开放合作与国际化水平和营商环境与创新创业创造活力六个方面43项具体内容，完成了2024年178家国家高新区综合评价工作。综合排名前50名名单中，江苏9家、广东7家、山东5家，广西暂无高新区上榜（见表3-7）。

表3-7　2024年国家高新区综合评价前50名名单

排名	高新区名称	省份	排名	高新区名称	省份
1	中关村科技园区	北京	26	南昌高新技术产业开发区	江西
2	深圳高新技术产业园区	广东	27	重庆高新技术产业开发区	重庆
3	上海张江高新技术产业开发区	上海	28	大连高新技术产业园区	辽宁
4	苏州工业园区	江苏	29	潍坊高新技术产业开发区	山东
5	西安高新技术产业开发区	陕西	30	常州高新技术产业开发区	江苏
6	武汉东湖新技术开发区	湖北	31	昆山高新技术产业开发区	江苏
7	杭州高新技术产业开发区	浙江	32	沈阳高新技术产业开发区	辽宁
8	成都高新技术产业开发区	四川	33	福州高新技术产业开发区	福建
9	南京高新技术产业开发区	江苏	34	襄阳高新技术产业开发区	湖北
10	宁波高新技术产业开发区	浙江	35	株洲高新技术产业开发区	湖南
11	广州高新技术产业开发区	广东	36	贵阳高新技术产业开发区	贵州
12	合肥高新技术产业开发区	安徽	37	淄博高新技术产业开发区	山东
13	青岛高新技术产业开发区	山东	38	长春高新技术产业开发区	吉林
14	厦门火炬高技术产业开发区	福建	39	武进高新技术产业开发区	江苏
15	天津滨海高新技术产业开发区	天津	40	中山火炬高技术产业开发区	广东
16	济南高新技术产业开发区	山东	41	绵阳高新技术产业开发区	四川
17	无锡高新技术产业开发区	江苏	42	惠州仲恺高新技术产业开发区	广东
18	苏州高新技术产业开发区	江苏	43	江阴高新技术产业开发区	江苏
19	长沙高新技术产业开发区	湖南	44	芜湖高新技术产业开发区	安徽
20	东莞松山湖高新技术产业开发区	广东	45	威海火炬高技术产业开发区	山东
21	郑州高新技术产业开发区	河南	46	保定高新技术产业开发区	河北
22	珠海高新技术产业开发区	广东	47	南通高新技术产业开发区	江苏
23	上海紫竹高新技术产业开发区	上海	48	哈尔滨高新技术产业开发区	黑龙江
24	石家庄高新技术产业开发区	河北	49	乌鲁木齐高新技术产业开发区	新疆
25	佛山高新技术产业开发区	广东	50	宜昌高新技术产业开发区	湖北

资料来源：工业和信息化部网站。

　　2025年1月，商务部完成了2024年国家级经济技术开发区（以下简称国家级经开区）综合发展水平考核评价工作，从对外开放、科技创新、绿色发展、统筹协调和发展质量五个方面30项具体内容，对229家国家级经开区 2023 年度综合发展水平情况进行考核评价。综合排名前 30 名名单中，江苏 9 家、浙江 4 家，广西暂无国家级经开区上榜（见表 3-8）。广西排名最高的为中马钦州产业园区，排名第 34 位，首次进入国家级经开区 50 强，连续两年在广西 5 家国家级经开区中排名第一位。

表 3-8　2024 年国家级经开区综合发展水平考核评价综合排名前 30 名名单

排名	国家级经开区名称	省份	排名	国家级经开区名称	省份
1	苏州工业园区	江苏	16	松江经济技术开发区	上海
2	广州经济技术开发区	广东	17	武汉经济技术开发区	湖北
3	北京经济技术开发区	北京	18	芜湖经济技术开发区	安徽
4	天津经济技术开发区	天津	19	吴江经济技术开发区	江苏
5	昆山经济技术开发区	江苏	20	南京经济技术开发区	江苏
6	萧山经济技术开发区	浙江	21	南通经济技术开发区	江苏
7	合肥经济技术开发区	安徽	22	北辰经济技术开发区	天津
8	烟台经济技术开发区	山东	23	苏州浒墅关经济技术开发区	江苏
9	宁波经济技术开发区	浙江	24	东侨经济技术开发区	福建
10	杭州经济技术开发区	浙江	25	大连经济技术开发区	辽宁
11	江宁经济技术开发区	江苏	26	宜宾临港经济技术开发区	四川
12	青岛经济技术开发区	山东	27	宁波杭州湾经济技术开发区	浙江
13	上海漕河泾新兴技术开发区	上海	28	西安经济技术开发区	陕西
14	沈阳经济技术开发区	辽宁	29	徐州经济技术开发区	江苏
15	广州南沙经济技术开发区	广东	30	吴中经济技术开发区	江苏

资料来源：商务部网站。

三、园区产业集聚程度不高

园区整体竞争力不强，散小弱等问题突出。广西产业园区主要以传统制造业和资源型产业为主，高端产业和新兴产业占比偏低，部分园区虽然编制发布了发展特色产业的规划，但在实际操作中缺乏有效的培育措施，难以形成规模效应和核心竞争力。部分园区存在产业同质化现象，特别是在电子信息、新材料、生物医药等热门领域，同质化竞争尤为突出。例如，广西北部湾经济区超过六成的园区将电子信息产业列为重点发展方向，导致园区间竞争激烈，资源配置效率低下，且承接的企业主要产品为音响设备、耳机等零部件，或计算机、笔记本电脑等电子产品零配件，缺少上游零部件生产及下游计算机整装等链条环节，面临延链、建链、补链等难题。

龙头企业引领缺失，园区产业集聚度不高。广西产业园区中真正能够引领产业发展的大型骨干企业数量严重不足，特别是签约落地"三类500强"企业①、瞪羚企业、独角兽公司、专精特新"小巨人"企业等强优企业较少，产业链带动能力不强。同时，本土培育起来的龙头企业更加不足，导致园区难以依托本土企业形成具有影响力的区域品牌，极大地制约了园区整体竞争力的提升。玉林高新区年产值超5亿元以上企业仅有燕京啤酒、旺旺食品、明旺食品3家，凭祥产业园1亿元以上产值龙头企业总产值占工业总产值的80%，由于龙头企业数量少，工业总产值过于集中，龙头企业增速放缓极大影响园区经济增速。由于龙头企业引领不足导致园区内企业间的专业化分工和协作程度较低，上下游配套不足，产业关联度和带动性不强，园区的产业链往往呈现"断链"或"弱链"状态。

四、产业平台作用发挥不力

中央授予地方国家级平台，除了要求地方完成一部分重要发展与改革任务之外，也给予地方结合地方实际探索发展与改革经验的机会。广西虽拥有约30个国家级平台，但部分国家级平台仅停留于持有层面，未能充分发挥其效能，未能借此获得国家更多支持，也未能有效促进广西的发展。

产业园区发展活力不足。园区产城融合程度较低，导致其发展活力受限。产业园区住房供给结构单一，中低端住房占比较大，高品质住宅稀缺，难以匹配高端人才的居住期望。部分产业园区地处偏远，公共交通不

---

① "三类500强"企业是指世界财富500强、中国企业500强和中国民营企业500强。

便，商业配套滞后于产业发展步伐，严重制约了园区居民生活质量提升及企业运营效率。部分产业园区在规划时忽视产业链与城市功能的融合，如电子信息产业园区虽企业集聚，但研发、创新及专业服务机构匮乏，致使产业发展与城市功能割裂，良性互动难以形成。

第五节　新质生产力创新生态尚待优化

在新兴的产业领域，如低空经济发展、区块链产业发展和人工智能领域，广西新质生产力创新生态尚待优化。

一、低空经济发展存在三大挑战

广西在政策引领、基础设施建设及低空产业基地布局上已有所行动，然而，发展低空经济仍面临诸多挑战，包括政策执行力度有待加强、产业链发展不均衡、应用场景的挖掘与拓展尚不充分等。

顶层设计不完善。首先，军地民航政策协同力度不足。尽管顶层规划已经确立，然而空域政策与产业政策在实施过程中缺乏有效协同，未能形成强大合力，致使部分政策与规划难以得到有效执行。其次，低空飞行标准有待完善。通用航空机场的建设与运维依旧遵循航空运输机场的标准，而机场建设的审批流程繁琐、层次多、周期长，这些因素严重制约了低空经济的快速落地与发展。最后，低空空域的飞行安全评估机制尚待建立，同时缺乏精细化的空域管理技术与方法，导致部分飞行服务站未能充分发挥其作用。

产业链发展不均衡。产业链发展存在上下游差异、基础薄弱以及地域集中等问题。从产业链上下游分布来看，广西无人机企业有 111 家[①]，其

---

① 资料来源：广西壮族自治区信息中心。

中主要集中在产业下游的运营服务、场景应用环节上，而上游核心零部件供给、中游整机制造企业数量较少，分别为3家、8家。从产业链基础来看，无人机整机制造以组装为主，飞控系统、主控芯片等核心零部件的生产能力尚待提升。从地域分布来看，广西无人机产业主要集中在南宁、玉林等城市，其他地市的无人机企业数量相对较少。从人才支撑来看，广西仅有2所高等院校开设低空人才培养，人才链与创新链协同发展不均衡。

应用场景尚未深入。广西低空经济生产活动已在物流、农业、旅游、应急、交通等领域形成应用，但场景挖掘仍不够深入。低空物流目前仅限于特定区域和物品，无人机物流航线数量有限，尚未构建成有效的低空物流网络。农业无人机等设备成本高昂，且专业操作和维护人才匮乏，限制了低空农业的普及。低空旅游航线尚未覆盖重点景区，旅游产品单一，以直升机观光为主导，动力伞、热气球等产品规模化运营尚未形成。低空应急救援、低空交通等场景尚处于起步阶段，缺乏统一标准、统一调度和统一指挥的运行体系。

基础设施建设滞后。广西航空机场数量不足，且低空通信网络基础设施建设滞后，难以支撑低空经济产业的快速发展。一是通航机场建设待完善。截至2023年底，广西通用机场数量仅为2个，在西部地区排名第八位，与第一梯队黑龙江（89个）、广东（54个）、江苏（31个）、内蒙古（25个）、浙江（24个）、山东（22个）等省份仍有较大差距，且广西目前尚无获得民航局机场运营许可的通用航空颁证机场。二是低空网络型基础设施建设滞后。广西低空经济还处于起步试验阶段，低空飞行使用的探测、导航等各系统孤立，存在低空通信、探测网络基础设施效果差、进度慢、规模小、覆盖高度低等问题，难以实现大规模低空飞行的全时空无缝智能监管。4G、5G无线通信网络主要服务于地面，覆盖高度仅约150米，而低空空域高达1000米，无法满足飞行器通信需求。

二、区块链产业发展面临三大挑战

技术创新能力不足，区块链创新成果产出较少，2023年广西区块链相关专利申请量远低于全国平均水平（1041 项），与西南省份相比，落后于四川（1252 项）、重庆（607 项）、云南（353 项）。截至 2024 年 5 月，中央网信办已备案区块链信息服务项目 103968 项，广西仅 27 项，与北京（928 项）、广东（604 项）、上海（408 项）等省份差距显著。

应用广度深度有待拓展，广西区块链应用面临融合创新不足、同质化严重等问题，典型案例和创新案例匮乏。在工业和信息化部、中央网络安全和信息化委员会办公室评选出的 61 个区块链典型应用案例①和 66 个区块链创新应用案例②中，广西共入选 3 个，与北京（12 个）、上海（10 个）、广东（8 个）等先进省份存在较大差距。

人才基础仍较薄弱，在院校人才培养方面，区内仅有 1 所院校（广西民族大学相思湖学院）开设区块链工程专业，但尚未开始招生。部分院校开设了"区块链原理与技术""区块链金融"等区块链相关课程，但内涵和数量均显不足，缺乏实践性。在人才培养方面，区内虽已实施区块链工程技术人员、区块链应用操作员的职业技能等级认定，但"持证上岗"的专业人才依然稀缺，多数从业者能力储备不足。

三、人工智能产业面临的三大挑战

在人工智能的发展过程中，数据、算力和应用是三个至关重要的要素。广西人工智能产业虽然在智能制造、智慧农业、智慧医疗、智慧交通、智慧海洋、智能汽车等领域取得新成效，但要推动产业高质量发展，加快形成以人工智能为引擎的新质生产力，这三个要素仍然面临着一些挑战③。

面临数据壁垒。一是数据资源"缺统筹"。在政务数据方面，系统重复建设现象普遍，复用机制欠缺。在行业数据方面，如医疗、金融、糖业、汽车等重要行业，缺乏大规模高质量行业公开数据集，无法促进行业

---

① 资料来源：《工业和信息化部办公厅关于公布 2022 年区块链典型应用案例名单的通知》。
② 资料来源：《中国区块链创新应用案例集（2023）》。
③ 资料来源：广西壮族自治区信息中心。

内数据共享。二是数据底座"待增强"。广西的数据治理标准和数据供给保障机制尚不完善，导致高质量数据供给体系难以构建，进而影响了跨领域、跨系统、跨业务和跨场景应用的有效支撑。如国家数据局等部门在第七届数字中国峰会上发布的 20 个"数据要素 x"典型案例及 7 个国家级数据标注试点基地，广西均没有入选。三是支撑体系"待完善"。共性应用支撑体系的人脸库、算法库、组件库、应用库等尚未建立，高质量重要行业领域基础知识库、数据库、资源库缺乏，无法支撑行业大模型落地应用。

面临算力困境。一是算力资源"用不完"。广西投入使用的数据中心（机架规模≥100 个标准机架）机架平均上架率不足 50%，与全国 58%以及 10 个"东数西算"[①] 国家数据中心集群 65%的平均上架率相比存在较大差距。二是算力资源"用不起"。广西传统数据中心运营成本高，能耗矛盾突出。如用电价格，广西 2023 年大型及超大型数据中心到户电价约为 0.783 元/千瓦时，与贵州贵安新区（0.35 元/千瓦时）、云南（0.489元/千瓦时）、广东韶关（0.612 元/千瓦时）数据中心到户电价相比，价格明显偏高。三是算力资源"用不深"。广西数据中心业务主体仍是以政务数据治理为主，人工智能、大模型等领域业务占比较低，算力赋能产业发展不充分。

面临应用瓶颈。一是政策支撑体系不完善。赛迪顾问发布的《中国人工智能区域竞争力研究（2024）》数据显示，广西人工智能产业区域整体竞争力全国排名第 21 位（见表 3-9），产业发展处于跟随阶段。二是企业引领发展不够强。广西人工智能企业主要以中小型企业为主，整体实力全国排名第 26 位[②]，龙头企业牵引作用亟待进一步加强。三是规模推广应用不够深。训练时间在两个月左右的人工智能通用大模型，成本估计

---

① 东数西算，即东数西算工程。"东数西算"中的"数"指的是数据，"算"指的是算力，即对数据的处理能力。"东数西算"是通过构建数据中心、云计算、大数据一体化的新型算力网络体系，将东部算力需求有序引导到西部，优化数据中心建设布局，促进东西部协同联动。

② 赛迪顾问：《中国人工智能区域竞争力研究（2024）》。

在几千万元，过高成本导致面向市场、面向大众的商业价值大打折扣，广西大多数企业的人工智能创新都是点状的、实验性质的、局部的创新，无法快速实现人工智能商业化、规模化。

表3-9　2023年全国各省份人工智能产业发展评价

排名	省份	排名	省份	排名	省份
1	北京	12	福建	23	山西
2	广东	13	陕西	24	黑龙江
3	上海	14	重庆	25	海南
4	浙江	15	甘肃	26	云南
5	江苏	16	贵州	27	新疆
6	安徽	17	河南	28	内蒙古
7	山东	18	辽宁	29	青海
8	天津	19	河北	30	宁夏
9	四川	20	江西	31	西藏
10	湖南	21	广西		
11	湖北	22	吉林		

资料来源：赛迪顾问：《中国人工智能区域竞争力研究（2024）》。

第六节　人才支撑产业发展能力偏弱

科技人才总量规模偏小，人才队伍结构不合理，培训方式方法有待改善，部分用人单位存在"重引进、轻使用"现象，对人才的人文关怀不够细致。

一、科技人才总量规模偏小

根据第七次全国人口普查结果，广西每10万人口中拥有大专及以上文化程度的人数为 10806 人，占总人口的 10.81%，这一比例低于全国平均水平（15.47%），在全国范围内排名倒数第一。广西万人研究与试验发展（R&D）人员数为 994 人，仅为全国平均水平的 1/3，全国排名第 28位。然而，广西推出的《广西科技人才评价改革实施方案》等改革措施，因缺乏刚性约束，政策执行与评价改革成效不尽如人意，科技人才评价难题依旧待解。

科技人才出现"量质齐缺"现象。广西人才队伍总体评选人数并未实现明显跃升，各层次人才分布依旧以高校、科研机构为主，专业技术人才所占比例较小，政策与企业的需求吻合度不高。人才供需严重失衡，工程技术人才培养与生产和创新实践脱节，创新意识的高层次人才及企业家精神的管理人才极度匮乏。

二、人才队伍结构尚不合理

经济因素依然是影响科技人才流动的主要因素。区域间经济和社会发展水平存在差距，创造的岗位容量、工资福利、创新创业环境、公共服务等资源，以及对于科技人才的吸附力也就存在差距。不同地市、城乡之间的青年人才资源数量存在差距。南宁青年人才净流入，与其作为中心城市经济发展水平较高、就业创业环境较好、社会保障水平较高等因素有关。区内其他城市对于科技人才的吸附能力与南宁相比还存在较大差距。

人才的行业分布也极为不均衡，大多数都集中在自治区高校里。即便是在高校中创新人才也分布不均，这些人才主要分布在南宁、柳州、桂林的高校和科研院所中，在其他市相对较少。科技人才各行业分布不均，体现出自治区产业格局不合理、资源分配不合理的现状，也是造成区域内经济社会发展不平衡的重要原因。这与国家和自治区当前经济社会发展现状基本相吻合，是整个中国社会共同面临和亟须解决的问题。

三、人才培训方式有待改善

部分用人单位的科技人才培训方式未能满足青年实际发展需求，且未能根据青年专长合理安排岗位和职责，缺乏长远的职业发展规划。

激励评价机制不够完备。普遍而言，广西科技人才的收入待遇偏低，特别是在首府南宁，部分青年人才的收入难以缓解购房、还贷及生活压力，导致他们难以在工作之余享受生活、放松身心，进而造成大量优秀青年人才因生活和发展需求而流失。薪酬体系内部差异显著，60岁以上教授、研究员与30~40岁青年教师、助理研究员间的收入差距明显，反映出劳动付出与所获报酬不完全匹配的问题。在不少领域，还存在很多青年科研人员和技术人员挑大梁、当主角的机会少，科研资源分配不当，青年人才成长、晋升通道窄等情况，青年人才经世致用的家国情怀和大局情怀不能得到充分展现，研究和工作的纯粹性和价值感不足。

四、人才人文关怀还不够细

部分用人单位存在"重引进、轻使用"现象，扎堆"短、平、快"项目，人才人文关怀还不够细，生活上存在后顾之忧，科技人才社会支持环境建设需要进一步优化。

广西在构建甄别、培育、宽容及服务科技人才创新的软环境方面尚待加强。不少部门、基层政府仍采用与时势不相宜的传统理念、惯性思维与从众招数去对待使用人才，对创新型人才的相关诉求不能做到及时、有效回应。不敢担当、不愿主动作为的风气有所蔓延，支撑体制内外人才协同的内环境堪忧，导致引进人才"水土不服"现象时有发生，"二次流失"与"同构化"并存问题不容忽视。

第四章 广西因地制宜发展新质生产力面临的机遇与挑战

当前，广西经济社会正处于快速发展的历史机遇期。广西有开放发展积蓄的强劲动能，对内对外开放持续扩大，开放发展的重大机遇前所未有。广西有地缘资源的良好优势，多边合作迎来历史最好时期，开放发展的"任督二脉"加快打通，合作共赢的开放环境前所未有。

第一节 面临形势

广西在我国五个自治区中经济总量是最大的，但经济规模在全国的位次相对落后，一个突出短板就是支柱产业数量不多，体量不大、链条不长，广西发展面临"不进则退、慢进亦退"的严峻挑战，亟须通过培育发展新质生产力夯实广西高质量发展的支撑。广西科学把握"时"与"势"，辩证看待"危"和"机"，扎实推进工业提质扩量增效，加快建设制造强区。

一、广西工业化仍处于中期阶段

基于上述对新质生产力内涵和意义的把握、对广西新质生产力发展现状的认识，以及对国家、广西关于发展新质生产力的战略部署和要求的理解，得出综合判断，广西工业化仍然处于中期阶段，广西的发展仍需以完成工业化为主命题。

通过比对钱纳里工业化阶段理论和广西的相关数据对比发现，广西尚处于工业化中期阶段，尚未进入工业化后期阶段。尽管广西人均GDP和城市化率略高于工业化后期标准，但相对重要的指标产业结构和就业结构来看，广西仍处于工业化中期阶段，其中，就业结构更是对标工业化初期阶段，因此完成工业化仍然是当前广西发展的主命题（见表4-1）。

表4-1 钱纳里工业化阶段理论及广西相关数据对比

指标 ＼ 阶段	工业化初期	工业化中期	工业化后期	广西（2022年）
人均GDP（美元）	<1500	1500~5999	6000~7500	52164（元） 7417.46（美元）
产业结构（%）	第一产业>30 第二产业< 第三产业	第一产业10~30 第二产业> 第三产业	第一产业<10 第三产业> 第二产业	第一产业：28.6 第二产业：35.6 第三产业：35.8
就业结构（%）	同上	同上	同上	第一产业：34.2 第二产业：25.3 第三产业：40.5
城市化率（%）	<20	20~55	>55	55.65

资料来源：根据广西统计局综合整理所得。

支柱产业弱，经济结构升级受限。广西虽然拥有一定的资源优势，但长期以来，支柱产业数量较少、体量偏小、产业链条较短且延伸不足。这些问题阻碍了广西经济结构的强化，产业集群效应不足。广西传统上依赖的重工业、农业和能源等行业，在全国产业结构升级的大潮中显现出较为明显的竞争力不足。如铝业、有色金属、制糖等传统产业，虽形成区域产业链，但技术含量和附加值均偏低。以制糖产业为例，广西是全国最大的甘蔗种植和糖料生产基地，但该产业的产业链仅限于初级生产和简单加工，缺乏与下游食品、化工和生物技术产业的有效联动。产业链短板限制了广西经济竞争力，使其应对市场波动时更为脆弱。

广西在高端制造业和战略性新兴产业领域的布局起步较晚，尚未形成显著的产业规模。例如，电子信息产业和新能源产业虽近年来有所发展，但在技术创新能力、企业规模及市场份额上，与沿海发达地区相比仍有显著差距。广西的支柱产业亟须通过新质生产力的培育和技术革新，拓宽产业链，提升产业附加值和竞争力。

区域发展不平衡，城乡经济差距较大。广西是一个经济发展水平差异较大的地区，区域发展不平衡的问题长期存在。沿海地区如北海、防城港凭借港口优势和对外贸易，经济发展较快；而桂西北等地区因交通不便、资源受限，经济发展相对滞后。广西城乡差距依然显著，农村地区产业基础薄弱，农业生产方式落后，导致农民收入增长缓慢，制约了农村经济的可持续发展。这种区域和城乡差距既导致了资源配置的不均衡，也制约了广西整体经济的协调发展。新质生产力的培育需要高效的资源配置和区域经济协同，但当前广西的区域经济发展格局尚未形成有效的联动机制，如何通过政策引导和产业布局调整，缩小区域和城乡差距，成为广西面临的重要挑战之一。

二、科技创新生态体系尚未形成

科技创新是现代经济增长的核心动力，但广西在科技创新能力方面与全国领先地区存在较大差距。首先，广西在科研投入方面明显不足。广西的研发投入强度远低于全国平均水平，这直接限制了广西在技术创新和科研成果转化方面的潜力。广西高水平科研机构及创新型企业稀缺，创新资源贫瘠，尚未构建起完善的科技创新生态系统。这导致广西难以吸引并留住顶尖科技人才，从而进一步限制了其创新能力的提升。广西人才结构与科技创新需求错位明显，高层次人才引进和培养机制滞后，导致科技人才流失严重。创新人才的短缺直接影响了高端技术研发、产业升级和新兴产业培育。广西高校及科研机构在基础与应用研究上的能力尚待加强，科研成果转化效率低下。高校、科研院所与产业界的合作机制不健全，导致科技创新的潜力无法有效转化为经济增长动力。

基础设施与数字经济建设滞后。新质生产力的发展高度依赖现代基础设施和数字经济的支撑，而广西在基础设施建设和数字经济发展方面相对滞后，尚未形成完善的配套体系。近年来，广西在交通、能源等基础设施建设上虽有所进展，但与发达地区相比，其智能化、现代化水平仍有较大提升空间。广西数字经济发展起步较晚，信息化基础设施相对滞后，5G、云计算、大数据等新兴技术在产业中的应用尚处于初级阶段。基础设施建设的滞后，既限制了产业链的延伸，也阻碍了创新要素的集聚和新质生产力的培育。数字经济作为推动产业转型升级和新质生产力的重要工具，需要广西进一步加大投入，构建起现代化的数字基础设施体系，以支持产业的智能化、数字化转型。

三、发展面临激烈外部竞合形势

广西在全球经济格局中的发展依赖外部市场环境的变化。近年来，全球经济环境复杂多变，国际贸易摩擦、供应链中断以及全球技术竞争加剧，都对广西的经济发展产生了深远影响。作为中国—东盟自由贸易区的重要窗口，广西在面对东盟市场时，既有潜在的巨大机遇，也面临激烈的国际竞争。尤其是在区域一体化和产业链重构的过程中，广西与周边省份、东盟国家的竞争压力日益加大。珠三角、长三角等发达地区凭借其强大的科技创新能力和产业集聚效应，吸引了大量的资本和人才，广西在先进制造业、高端服务业和创新资源的竞争中，相较于发达地区，竞争力明显不足。此外，广西的经济开放水平虽然逐年提升，但与周边发达地区相比，开放型经济的规模与结构有待提升，而外向型经济的竞争力则需通过产业结构的高级化及新生产力的培育来增强。

四、绿色发展与可持续发展压力大

广西自然资源丰富，特别是水电、风电和生物质能等可再生能源资源具有较大开发潜力。然而,传统产业的高能耗、高污染问题仍然是广西经济结构中的一大难题。随着国家碳达峰碳中和目标的全面推进,广西面临更加严峻的绿色转型压力。广西传统制造业在节能减排与绿色转型上起步较晚,导致绿色低碳技术的研发与应用相对滞后。许多企业在面对日益严格的环保要求和国际市场的绿色标准时,缺乏足够的技术和资金支持,导致转型进展缓慢。广西农业生产方式粗放,效率低下,化肥、农药过量使用,给农村生态环境带来巨大压力。要实现绿色农业和现代化农业的有机结合,广西必须在农业生产方式和技术上进行创新升级。另外,广西的生态环境承载力有限,部分地区面临着资源过度开发和环境污染的问题。如何在发展新质生产力的同时,实现生态保护与经济增长的双赢,成为广西面临的重大课题。

第二节 主要机遇

在推动新质生产力培育和产业高质量发展过程中,广西面临一系列前所未有的历史性机遇。国家对广西的战略定位以及全球新一轮科技革命和产业变革的到来,为广西在新的发展阶段实现跨越式提升提供了坚实的政策支持和广阔的空间。在"一区两地一园一通道"建设框架下,广西凭借国家战略扶持及新质生产力驱动,迎来经济发展新起点,抢占未来经济新赛道,激发新动能。

一、战略擘画指引:习近平总书记关于广西工作论述的重要要求

党的十八大以来,习近平总书记多次对广西工作发表重要讲话、作出重要指示批示,为建设新时代中国特色社会主义壮美广西,谱写中国式现代化广西篇章指明了方向、注入了强劲动力(见表4-2)。

表4-2　习近平总书记与广西大事年表

时 间	事 件
2015 年 3 月 8 日	参加十二届全国人大三次会议广西代表团全体会议，赋予广西"三大定位"新使命
2017 年 4 月 19~21 日	在广西北海、南宁等地视察，并提出"五个扎实"新要求
2018 年 12 月	在广西壮族自治区成立 60 周年之际为广西题词
2019 年 6 月 14 日	在上海合作组织成员国元首理事会第 19 次会议上宣布支持在广西防城港市建立国际医学开放试验区
2019 年 6 月 26 日	对广西黄文秀同志脱贫攻坚先进事迹作出重要指示
2020 年 5 月	对广西毛南族实现整族脱贫作出重要指示
2020 年 11 月 27 日	在第十七届中国—东盟博览会和中国—东盟商务与投资峰会开幕式上致辞
2021 年 4 月 25~27 日	在广西桂林、柳州、南宁等地视察，并提出"四个突出特点"、"四个新"总要求、"四个方面"重要工作要求
2021 年 10 月	向中国—东盟博览会和中国—东盟商务与投资峰会致贺信
2022 年 3 月 12 日	在全国两会期间对广西提出"七个方面"重点工作
2022 年 4 月 22 日	在广西全票当选党的二十大代表
2022 年 10 月 17 日	参加党的二十大广西代表团讨论，提出"五个更大"重要要求
2023 年 12 月 14~15 日	在广西南宁、来宾等地视察，并提出"解放思想、创新求变、向海图强、开放发展""奋力谱写中国式现代化广西篇章"重要指示

资料来源：根据中国政府网资料整理所得。

广西因地制宜发展新质生产力是"解放思想、创新求变"的具体实践，也是"向海图强、开放发展"的重要抓手，为推动新质生产力加速发展提供科学指引和根本遵循。加快发展新质生产力有利于广西弥补短板和提升战略地位。加速面向东盟的制造业产能向广西集聚的趋势，弥补广西工业化发展不充分的短板。广西工业化发展滞后，主要归因于其在沿海开放背景下长期处于改革开放的边缘位置，难以吸引全球产业转移及生产要素的有效集聚。随着我国沿海城市产业的不断升级，随着沿海城市面向欧美国家开放为主转向面向东盟开放为主，广西在我国改革开放中的地位正在发生改变，广西成为中国与东盟国家交流合作的前沿和重要窗口，越来越多的制造业企业选择将生产基地设在广西。我国在这个时候提出发展新质生产力，将进一步推动中国与东盟的经贸合作、提升双方的科技创新水平、优化双方的产业结构、提升贸易便利化水平，增强双方的经济韧性，将进一步加速面向东盟的制造业产能聚集广西的趋势，带动广西制造业的升级发展，弥补工业化发展不足的短板。

加速技术向广西扩散，以弥补科技创新领域的不足。在过去很长的一段时间，与广西工业化发展不足相呼应，广西的科技创新处于弱势地位。未来在我国大力发展新质生产力的战略要求下，将进一步激发全国上下科技创新的氛围和动力，也将促进中国与东盟间的科技创新合作。随着面向东盟的制造业产能聚集广西，必然会带来产业技术、技术工人、科研人才、资金等生产要素在广西的聚集。而发展新质生产力将加速推动制造业的转型升级，加速技术向广西扩散的趋势，加速人才、技术、资本、数据等有利于科技创新的要素聚集广西，弥补广西科技创新的短板。过去很长一段时间，欧美占据我国出口榜首，以上海为代表的沿海地区成为全国改革开放的"前队"，而广西作为西部相对落后的地区距离东部沿海地区较远，处于改革开放的"后队"。当前，东盟已跃升为我国最大的货物贸易伙伴，广西则成为我国对东盟开放的"桥头堡"，扮演着中国—东盟命运共同体的积极倡导者、深度融入者和直接获益者的角色。展望未来，我国将加速发展新质生产力，推动制造业产能向广西快速集聚，促进技术在广西的广泛传播，深化广西与东盟的经贸合作，加速广西由改革开放"后队"向"前队"的跨越，进而全面提升广西在国家改革开放格局中的战略地位。

二、国家战略赋能："一区两地一园一通道"建设政策红利

近年来，国家出台了系列政策明确支持广西建设"一区两地一园一通道"，即铸牢中华民族共同体意识示范区、国内国际双循环市场经营便利地和粤港澳大湾区重要战略腹地、以沿边临港产业园区为统领的各类园区、以西部陆海新通道为牵引的面向东盟的国际大通道，这为广西加快推进新型工业化创造了良好条件、描绘了广阔前景。"一区两地一园一通道"战略的实施，是国家对广西经济发展和产业转型的高度重视和战略支持。作为国家层面的重大战略，这一框架包括了"中国—东盟自由贸易区""粤港澳大湾区经济合作区"等一系列与广西直接相关的政策规划，并为广西的经济发展创造了前所未有的历史机遇。具体而言，这一战略框架为广西提供了以下几大政策红利：

（一）扎实推进铸牢中华民族共同体意识示范区建设

作为我国少数民族人口最多的省份，广西将铸牢中华民族共同体意识作为全区各项工作主线，以构筑中华民族共有精神家园为引领，着力建设共同富裕幸福家园、守望相助和谐家园、宜居康寿美丽家园、边疆稳定平安家园，促进各民族广泛交往交流交融，扎实推进铸牢中华民族共同体意识示范区建设。铸牢中华民族共同体意识的主线需要以高质量发展为引领的经济建设作支撑。广西作为欠发达地区和少数民族地区，发展不足是最大实际。因此，要把铸牢中华民族共同体意识贯彻到高质量发展的全过程各方面，因地制宜发展新质生产力，加快构建"19+6+N"现代化产业体系，统筹城乡区域协调发展，在扩大高水平对外开放中促进各族群众互学互鉴，不断增强发展的内生动力。

（二）全力打造国内国际双循环市场经营便利地

广西全力打造国内国际双循环市场经营便利地，为因地制宜发展新质生产力提供了强大动力。2024年1月，中央区域协调发展领导小组办公室印发《关于支持广西加快打造国内国际双循环市场经营便利地的若干措施》，从构建新发展格局的高度赋予广西的使命任务，为广西开放发展进一步指明了前进方向、作出了战略指引。2024年2月，《中共广西壮族自治区委员会关于推进高水平开放打造国内国际双循环市场经营便利地的决定》提出努力把广西打造成为高水平开放新高地，以高水平开放促进高质量发展，进一步与东盟共挽、与大湾区相融，全力打造国内国际双循环市场经营便利地。广西新质生产力的加速发展，得益于产业政策和发展环境等多方面的支持。为此，广西致力于打造国内国际双循环市场经营便利地，旨在为新质生产力的发展创造优越的政策环境、营造宽松的营商环境以及构建有序的产业环境。

（三）打造中国—东盟自由贸易区的前沿枢纽

广西的地理位置决定了其在中国—东盟自由贸易区中的核心地位。作为中国唯一与东盟国家陆海相连的省份，广西在构建中国—东盟自由贸易区的过程中承担着"桥头堡"的重任。这一定位使广西成为中国向南开放的战略前沿，不仅为广西吸引了大量的跨境投资，也为其产业升级和技术转移创造了有利条件。通过深度参与中国—东盟自由贸易区的建设，广西能够大力发展外向型经济，尤其是通过推动贸易、投资、服务等领域的开放，广西的产业链、供应链有望与东盟国家形成深度联动。东盟国家资源丰饶，市场需求迅猛增长，广西凭借跨境合作，才能将数字经济、绿色经济、智能制造等领域的新质生产力优势，迅速转化为推动经济发展的强劲动力。

（四）粤港澳大湾区产业转移的巨大空间

粤港澳大湾区的崛起为广西提供了巨大的发展空间。粤港澳大湾区是中国经济最具活力的区域之一，其在科技创新、产业链拓展及高端制造业领域展现出了显著优势。然而，随着大湾区内部资源成本的上升和产业结构的调整，许多中低端制造业和劳动密集型产业正面临外迁压力。广西作为大湾区的紧密邻居，具备承接这些产业转移的独特区位优势。2019 年 5 月，广西壮族自治区人民政府发布的《广西全面对接粤港澳大湾区实施方案（2019—2021 年）》提出，广西全面融入大湾区产业链，积极拓展与广州、深圳及港澳地区智能制造、空港经济、现代金融等产业对接与合作，加快构建现代产业体系。在国家政策的支持下，广西不仅可以承接大湾区的部分制造业转移，还可以通过产业链上下游的深度联动，实现与大湾区在高端制造业、科技创新和人才交流方面的合作。凭借丰富的资源、低廉的劳动力成本和优越的区位优势，广西在新质生产力的驱动下，有望吸引更多高附加值产业和创新型企业入驻，进而实现产业结构的优化与升级。

（五）交通基础设施的不断完善与"西部陆海新通道"的建设

广西作为西南地区通往海洋的门户，其在交通枢纽建设方面的巨大潜力逐渐显现。尤其是"西部陆海新通道"的建设，为广西提供了连接国内外市场、承接东西方产业流动的重要交通基础设施。国家发展和改革委员会于 2019 年 8 月发布了《西部陆海新通道总体规划》，打造现代制造业物流，提供覆盖制造业全产业链的物流服务，鼓励大型生产制造企业将自营物流面向社会提供物流服务等举措；于 2021 年 8 月印发《"十四五"推进西部陆海新通道高质量建设实施方案》，加快通道经济发展，推动高端制造等产业聚集发展，从国家层面明确重点在电子、新能源汽车、装备、生物医药、新材料等先进制造业和现代航运服务业等领域，加强上下游产业链合作、制造业及有关服务发展的要求等。广西相继发布了《广西优化通关环境、畅通南向通道若干措施（修订版）》《广西高质量建设西部陆海新通道若干政策措施》等系列政策文件，旨在完善供应链物流体系及生产性金融服务等领域。此外，平陆运河项目作为西部陆海新通道的骨干，是新中国成立以来首条实现江海连通的大运河。西部陆海新通道不仅促进了广西与东盟国家的跨境物流合作，也为其进一步融入全球供应链、物流链提供了坚实的保障。通过"西部陆海新通道"战略，广西交通基础设施得到了快速发展，铁路、公路、港口、航空等多种交通方式联通性大幅提升。现代化的交通网络将为广西产业的快速发展和新质生产力的培育提供重要的硬件支持，帮助广西进一步打破交通瓶颈，实现区域内外资源的高效流动与配置。

（六）沿边临港产业园和中国—东盟合作区建设

产业园区是全区经济高质量发展的龙头和命脉。为全面贯彻落实中共中央、国务院关于加强与东盟国家产业合作发展的重大部署，2023 年，广西发布《中国—东盟产业合作区建设实施方案的通知》，提出积极承接国内国际产业转移，规划建设中国—东盟产业合作区。十二届自治区党委全面深化改革委员会第十次会议审议通过了《广西沿边临港产业园区管理体制机制和机构编制创新实施方案》及东兴、凭祥、钦州、北海产业园区管理体制机制改革方案。全区各级各有关部门要强化产业"主赛道"、园区"主战场"意识，努力将沿边临港产业园区打造成承接国内国际产业转移的新高地。产业园区的支撑对新质生产力的发展至关重要，沿边临港产业园及中国—东盟产业合作区依据相关文件，着重推动项目建设、科技创新、产业发展及企业服务等核心任务，促进先进制造、装备制造等领域的高质量发展，为广西新质生产力的培育带来新契机与新动能。

（七）为广西发展数字经济开辟了广阔空间

广西把数字广西建设作为推进高质量发展的核心"引擎"，出台一系列政策推动广西数字经济发展，为广西数字经济发展提供了详细的指导和执行框架。国家的高度重视和政策保障以及自治区层面政策体系的不断完善为广西数字经济发展提供了坚实的政策保障。"一区两地一园一通道"建设为广西发展数字经济开辟了广阔空间。"一区"建设为区域数字经济的稳定发展奠定了坚实的社会基础。民族团结的提升有助于创造一个更加和谐的营商环境，进而推动数字经济的创新和应用，促进技术和产业的融合发展。"两地"战略打造国内国际双循环市场经营便利地，将极大地促进广西在数字经济领域的对外开放与合作。广西利用"一湾相挽十一国"的地理优势和 RCEP 签订实施的机遇，提升投资、贸易等方面的便利化水平，推动数字产品、服务和数据的跨境流通，带动数字经济的发展。"一园"建设通过有序承接产业转移，为数字经济产业的发展提供了产业支持。"一园"建设成为广西数字经济企业的孵化器和创新基地，为新兴数字产业的成长提供良好的发展环境。"一通道"推动广西在数字经济物流和供应链管理能力方面的提升。高标准、高质量推进平陆运河建设，将显著提升数字经济产品与服务的流通效率，削减物流成本，深化与东盟国家的互联互通。"西部陆海新通道"的建设将确保数字经济产品能够以最短时间、最优服务、最具价格竞争力的方式进入国际市场，进一步推动广西数字经济发展的国际化进程。

三、新质生产力赋能：经济发展新起点、新赛道、新动能

新质生产力是全球第四次科技革命和产业变革背景下，经济发展的全新动能。科技创新、绿色低碳和数字经济为广西的经济发展提供了全新的起点，广西通过发展新质生产力，有望在全球经济格局的重新洗牌中占据主动。新质生产力为广西产业升级和经济增长提供了以下关键机遇：

（一）科技创新驱动产业高质量发展

科技创新作为新质生产力的核心驱动力，为广西产业的高质量发展注入了强劲动力。广西具备丰富的自然资源和独特的区位优势，但长期以来，技术创新能力相对薄弱，产业链条较短，附加值不高。但随着新质生产力的不断推进，科技创新的赋能效应日益显著，广西正积极引入高端技术、培育科技企业，并推动创新要素集聚，以实现产业升级和技术上的飞跃。尤其是在智能制造、人工智能、新材料、生物医药等前沿领域，广西通过加强与国内外高端科研机构的合作，推动创新成果的产业化，将显著提升区域内的产业创新能力。通过科技创新的广泛应用，广西的产业链将向价值链高端攀升，产业竞争力和经济附加值也将同步提升。

（二）数字经济开辟产业发展新赛道

数字经济作为新质生产力的重要组成部分，为广西的产业发展开辟了全新的发展赛道。近年来，广西在数字经济领域的迅猛发展为传统产业转型升级注入了新的活力。通过加速5G、大数据、物联网、云计算等前沿数字技术在制造业、农业及物流业的深度融合，广西正稳步构建智能化、数字化的现代产业体系。特别是借助"互联网+"模式的广泛推广，广西的传统制造业和服务业正加速迈向数字化转型的新阶段。例如，在农业领域，通过智能农业、精准农业的推广，广西的农业生产效率得到了大幅提升，农产品的质量和市场竞争力也得以显著增强。在制造业领域，数字化工厂、智能制造基地的建设为广西提升生产效率、降低运营成本提供了技术支持，推动了全产业链的协同创新。数字经济不仅为传统产业增添了新的活力，还催生出众多新兴业态和商业模式。例如，跨境电商、数字金融、智慧物流等新兴领域的快速崛起，为广西的经济发展注入了更多的活力。这些新兴产业不仅拓展了广西的市场空间，也为其在全球数字经济竞争中占据有利位置提供了广阔前景。

（三）绿色低碳经济构筑可持续发展的新动能

绿色低碳经济是新质生产力的另一重要特征，广西在绿色经济转型方面同样面临重要机遇。随着全球应对气候变化和推动可持续发展的呼声日益高涨，广西凭借丰富的可再生能源资源，在绿色经济领域具有得天独厚的优势。水电、风电、太阳能等清洁能源的发展，为广西在绿色产业领域的崛起奠定了坚实基础。通过绿色技术的广泛应用，广西能够推动传统高能耗、高污染产业的转型升级，实现产业链的绿色化改造。例如，广西通过推广节能环保技术、发展循环经济和清洁生产，不仅可以降低资源消耗和污染排放，还可以提高资源的利用效率，为实现"双碳"目标贡献力量。在农业领域，广西积极推行绿色农业，推广有机、生态及可持续农业生产模式，有力提升了农产品品质与市场竞争力，加速了农村经济的绿色转型进程。在旅游业方面，广西凭借独特的自然资源和文化底蕴，正在大力发展生态旅游、文化旅游等绿色旅游业态，推动旅游产业与绿色经济的深度融合。

四、外部合作的深化：区域一体化与国际合作的广阔空间

广西作为中国面向东盟的门户，在区域一体化和国际合作方面同样拥有重要机遇。随着"一带一路"倡议的推进，广西在中国—东盟自由贸易区中的战略地位越发突出，通过加强与东盟国家的经贸合作，广西能够进一步扩大外向型经济的规模和质量。广西还可以借助国际合作的契机，推动高端技术和先进管理经验的引进，借助跨境合作，优化资源配置与技术引进，从而强化本地企业的国际竞争地位。例如，广西可以在数字经济、绿色经济、智能制造等领域与东盟国家和其他国际合作伙伴加强协作，推动全球产业链、供应链的联动。东盟国家正处于数字经济快速发展阶段，对数字基础设施、数字服务和数据应用有巨大需求。广西与东盟国家在数字经济领域互补性强，加之政策环境优越及新技术迅猛发展，为广西构建针对东盟的跨境数据流动试验区奠定了坚实基础。

（一）东盟国家数字化进程孕育广阔发展空间

根据《2023 年东南亚数字经济报告》，2016~2023 年东盟数字经济收益激增近 10 倍，达到 1000 亿美元，并预计将持续以每年 6% 的速度增长。蓬勃发展的东盟数字经济市场得益于"国家数字战略"＋"区域合作"的双轮驱动。在国家战略层面，打造具有各国特色的数字经济领域，如新加坡、越南推出数字金融服务，发展数字支付应用。印度尼西亚、马来西亚、菲律宾通过数字化手段促进跨境电商、数字内容产业发展。在区域内合作方面，东盟相继发布了《东盟数字一体化框架》《东盟电子商务协定》及《东盟数字总体规划 2025》等重要文件，并着手开展《数字经济框架协议》的谈判工作，以期加速区域数字化转型进程，力争在 2030 年实现区域内数字经济规模突破 10000 亿美元大关。

（二）中国—东盟合作框架协议持续向纵深推进

历经 30 余载的深耕细作，中国与东盟的经贸关系日益紧密，双方贸易伙伴关系不断深化。2023 年 9 月，中国—东盟领导人会议通过双方关于深化农业、电子商务、科技创新等领域合作的成果文件。2024 年 10 月，中国—东盟领导人会议围绕"增强互联互通和韧性"主题，推动区域互联互通、提升经济韧性和加强合作。同时，中国—东盟自贸区 3.0 版建设正在加速推进，旨在进一步削减关税和非关税壁垒，提升贸易投资便利化与自由化水平，为双方在数字经济、绿色经济等新兴领域拓展更广阔的合作空间。

（三）多重政策利好为数据跨境流动提供保障

广西层面，陆续出台《广西加快数据要素市场化改革实施方案》《广西构建数据基础制度更好发挥数据要素作用总体工作方案》《促进中国（广西）自由贸易试验区高质量发展行动计划》等文件，提出探索开展中国与东盟跨境数据流动试点，将推进跨境数字基础设施建设、培育跨境数字产业、探索推动数据跨境流动等作为主要任务，逐步建立数据要素体制机制，为打造跨境数据流动试验区提供了良好的制度环境。

（四）产业链供应链协同为跨境数据流动提供支撑

数据跨境流动促进实时共享知识和技术，增强技术溢出效应，提升整个产业链的技术创新水平，促进新技术、新产品的开发和应用。高标准的数据跨境流动规则能够降低企业获取数据要素的难度，增加数据要素在企业研发环节的应用，提升研发效率。数据跨境高效有序流动有助于缓解产业链、供应链各环节的信息不对称问题，通过减少信息传递的障碍，提高产品制造和服务环节的对接效率，降低企业与供应链上下游及其他利益相关方的信息沟通成本。同时，数据即时传输能够提升物流服务的效率，降低运输成本。数据存储非强制本地化，减少企业在互联网服务器和数据存储设施上的投入成本。

第三节　面临挑战

在推动新质生产力和产业高质量发展的过程中，广西不仅面临前所未有的机遇，也面临一系列严峻的挑战，尤其是在与中国沿海发达地区以及周边省份的竞争中，广西在产业基础、科技创新和人才吸引等方面相对处于劣势。广西产业发展基础相对薄弱，创新能力显著欠缺，产业链条短且知名品牌稀缺，核心竞争力较弱，因此在面对复杂多变的形势和激烈竞争时处于不利地位，产业链供应链的韧性亟需增强。主要表现在：一是部分跨境产业链供应链出现"越顶转移""借道转口"现象。在电子信息、纺织服装、家具家居等产业领域，越南、柬埔寨等东盟国家展现出明显优势，广西因此面临国外产业承接困难和国内产业流失的风险。二是传统产业链供应链存在"集而不聚""集而不强"的问题。产业体系深度不足，前后向关联和上下游协同不够紧密，尚未形成专业化的供应商和服务机构体系。三是新兴产业链供应链"断点断供""韧中有脆"。关键材料、关键技术存在潜在"断供"风险，新兴产业局部梗阻和关键环节"卡脖子"

问题突出。四是产业链与创新链、人才链"衔而不畅""接而不通"。产业基础能力薄弱、产业链创新链协同能力不足、金融对产业链供应链畅通运行支撑不够。全球化进程的加速与区域经济一体化的深化，使广西在承接国内外产业转移及推动新兴产业发展的道路上，遭遇了来自其他省份在科技、人才、产业结构等领域的激烈竞争。如何有效应对这些挑战，成为广西能否实现新质生产力培育与高质量发展的关键所在。

一、国际市场变化的影响显著

国际市场的不确定性增加了广西企业的运营风险。全球供应链的重组与分散化趋势，使依赖特定市场的企业备受冲击；加之全球局势紧张，贸易保护主义与本地化生产政策更是愈演愈烈。这些因素导致广西很多外向型企业尤其是外资企业考虑转移生产线或减少在华投资，影响了广西产业稳定性和经济增长预期。

随着我国经济转向高质量发展，低端制造业逐渐向东南亚和南亚等地转移。广西传统的低附加值产业如纺织、简单制造等，也面临劳动力成本上升和环保要求提高的双重压力。在此情境下，广西企业亟须加速技术创新步伐，推动产业升级，以确保自身的市场竞争力和份额不受影响。而快速的技术变化和政策调整要求企业具备强大的适应能力和资源调配能力，这是许多中小企业难以应对的，也给广西相关企业的可持续健康发展带来不小压力和挑战。

二、与沿海发达地区的产业竞争加剧

作为中国经济发展最为活跃的区域，东部沿海发达地区，如珠三角、长三角地区等，凭借其完善的产业体系、强大的科技创新能力和优质的营商环境，在全国乃至全球经济格局中占据了主导地位。尽管广西在地理位置上拥有面向东盟的开放优势，但在吸引高附加值、高技术产业方面，与东部沿海发达地区相比，仍显得力不从心。

（一）产业链上下游的协同不足

东部沿海地区拥有完备的产业链条和强大的产业集群效应。以珠三角为例，该地区不仅具备电子信息、汽车、家电等多个世界级的产业集群，还在智能制造、新能源、生物医药等战略性新兴产业中形成了较强的竞争力。相比之下，广西的产业基础相对薄弱，产业链条短，缺乏上下游产业的协同效应，导致其在承接高端制造业时缺乏足够的产业支撑。广西的部分传统优势产业，如铝业、制糖等，尽管在全国范围内拥有一定影响力，但这些产业大多依赖资源和劳动力，技术含量及附加值不高，难以与东部发达地区的高技术产业相抗衡。在全球供应链日益复杂化的背景下，广西在如何延长产业链、提升产业附加值方面面临巨大挑战。

（二）新兴产业布局滞后

在新质生产力的重要组成部分——新兴产业的发展上，广西与沿海发达地区的差距同样明显。东部地区不仅早在新材料、人工智能、5G 技术等领域进行了前瞻性布局，还通过资本、技术和人才的集聚，迅速推动了这些新兴产业的规模化发展。相比之下，广西新兴产业起步晚，研发投入匮乏，创新能力不足，难以构建起有竞争力的产业集群。在人工智能、数字经济等前沿领域，珠三角和长三角地区凭借坚实的产业基础和旺盛的市场需求，远远走在了广西前面。以深圳为例，其在智能硬件、物联网、智能制造等领域的优势不仅体现在技术研发能力上，更在于其庞大的产业链支撑和全球化的市场布局。广西如果不加快新兴产业的布局和培育，将难以在未来的产业竞争中占据一席之地。

三、与周边省份的竞争态势趋于激烈

广西的地理位置决定了其不仅要与沿海发达地区竞争，还需面对来自周边省份的激烈竞争。特别是在国家推动区域协调发展和新一轮产业转移的大背景下，西南地区与华南地区的多个省份在产业转移的浪潮中积极作为，科技创新与人才引进"双管齐下"，政策频出，广西在此背景下，竞争压力陡增。

（一）云南、贵州等西南省份的崛起

近年来，随着国家西部大开发战略的深入推进，云南、贵州等省份凭借其独特的资源禀赋和政策支持，在产业发展和科技创新上取得了显著进展。云南依托其丰富的矿产资源和农业基础，大力发展生物医药、新材料等战略性新兴产业，同时加快对外开放，积极融入"一带一路"建设。贵州通过"数字经济"战略的实施，成功打造了全国领先的大数据产业基地，并吸引了大量科技企业和人才的集聚。这些西南省份的崛起对广西形成了强有力的竞争压力。在传统产业方面，广西与云南、贵州在有色金属、能源等领域存在一定的竞争关系，而在新兴产业布局方面，这些省份依托各自的资源优势和国家政策的扶持，逐步形成了各具特色的产业集群。广西如何在群雄逐鹿中保持自身锋芒，探索出一条与邻省差异化的发展之道，成为其亟待破解的重大课题。从相邻的广东、云南比较来看，广西区位面向东盟临海沿边，具有面向东盟跨境产业合作的良好的区位条件，但经济基础仍较为薄弱。例如，2023年广西数字经济规模刚突破万亿元，远落后于广东省6.9万亿元，也排在云南省之后，2023年跨境电商云南省进出口规模达640亿元，而广西仅为170亿元。

（二）海南自贸港的强劲竞争

海南自由贸易港的设立为海南的经济发展注入了强劲动力。作为中国自由贸易区政策的试验田，海南在税收优惠、营商环境优化、国际投资便利化等方面具有明显优势。海南自由贸易港的政策红利吸引了大量国际资本和高端人才，同时也推动了海南在旅游、医疗健康、现代服务业等领域的快速发展。广西虽然在区位上靠近东盟，但在自由贸易政策的灵活性和吸引力上难以与海南自由贸易港相媲美。尤其是在吸引国际资本和高端服务业方面，广西面临的竞争压力尤为显著。广西如何在国家政策的框架下，提升自身的开放水平，抢占更多的自由贸易红利，是摆在广西面前的重大挑战。

四、创新生态薄弱难以支撑产业发展

科技创新是新质生产力的核心，但广西在科技创新能力上的欠缺，导致其在创新型经济的激烈竞争中难以占据优势地位。

（一）科研投入不足，创新生态薄弱

广西的科研投入相对较低，创新体系不够完善，创新资源匮乏，科研成果转化率较低。与周边省份和沿海发达地区相比，广西的科研基础较为薄弱，高校和科研院所在全国的科技创新体系中占据的份额较小，导致创新动能不足。这不仅限制了广西在高科技领域的突破，也影响了其在产业升级中的技术支持。相比之下，东部沿海地区凭借众多高水平科研院所、技术转移中心及创新型企业，为产业发展提供了源源不断的技术支持。而广西科研资源分布不均，创新要素难以汇聚，创新能力劣势越发凸显。

（二）人才流失问题严重，人才竞争力不足

科技创新的关键在于人才，但广西在高层次人才的吸引和留住方面一直面临较大挑战。相对于东部沿海和周边省份，广西科研环境及人才待遇欠佳，致使优秀人才大量外流，特别是创新型企业亟需的科技研发与高端管理人才难以长期驻足。这种人才的"逆流动"直接制约了广西的科技创新能力提升，也影响了新质生产力的培育和发展。面对全国范围内日益激烈的人才争夺战，广西必须加强人才引进和培育的政策，提升自身在人才竞争中的吸引力。否则，广西在科技创新和产业发展中的竞争力将进一步被削弱。

（三）基础设施与数字经济发展滞后

基础设施和数字经济是现代产业发展的基础，但广西在这些方面与其他竞争省份相比，仍然存在较大差距。

现代基础设施建设滞后。虽然广西近年来在交通、能源等基础设施建设方面取得了一定进展，但整体上与东部发达地区和部分周边省份相比，其基础设施仍存在较大差距。特别是现代化、智能化基础设施的建设滞后于产业转型升级的需求。物流、信息流、资本流等要素的高效流动需要现代化的基础设施作为支撑，广西在这方面的不足直接影响了其产业链条的延伸和产业集聚效应的形成。

数字经济发展相对滞后。数字经济是推动产业升级和高质量发展的重要动能，但广西在数字经济领域的发展相对滞后。相比之下，东部沿海地区早已在大数据、云计算、物联网等领域进行了广泛布局，并在数字经济产业链中占据了重要位置。广西数字化基础设施建设和数字经济应用水平不高，市场需求和技术支持不足，限制了数字经济在推动传统产业转型中的潜力发挥。

广西在新质生产力和产业高质量发展过程中，面临来自沿海发达地区和周边省份的激烈竞争。广西要想在这种竞争态势中脱颖而出，必须强化产业基础、提升科技创新能力、加快人才引进与培养、完善基础设施建设，并加强政策执行力。这将有助于广西更好地应对竞争，抓住机遇，应对挑战，实现经济的高质量发展。

第五章 各地因地制宜发展新质生产力的政策借鉴

当前，全国各地加快发展新质生产力，一些省份率先布局新质生产力赛道，绘制培育新质生产力的"路线图"，加快技术突破创"新"和产业升级增"质"，形成新的竞争力。本章介绍部分省份因地制宜发展新质生产力的创新举措、最新成效和成功经验以及对广西发展的启示借鉴。

第一节 广东：以"五大提升行动"培育新质生产力

广东是改革开放的"排头兵"、先行地、试验区，在中国式现代化建设的大局中地位重要、作用突出，鲜明提出"实体经济为本、制造业当家"，出台实施《关于高质量建设制造强省的意见》①等政策文件，全面推进"大产业""大平台""大项目""大企业""大环境"五大提升行动，系统打好"塑体系、促转型、强创新、优环境、拓纵深"五套"组

---

① 中共广东省委 广东省人民政府关于高质量建设制造强省的意见［EB/OL］. 广东省财政厅网站，http://czt.gd.gov.cn/ztjj/gzlfz/ywfb/content/post_4233112.html.

合拳"，积极探索发展新质生产力的广东路径，挺起广东现代化建设的"产业脊梁"。

一、"大产业"立柱架梁，夯实产业发展根基

广东省 20 个战略性产业集群①增加值占地区生产总值比重达四成，7 个先进制造业集群入选国家队，8 个战略性产业集群营收超万亿元。实施"突围工程""广东强芯"工程等重大战略专项，全面建设中国集成电路第三极，12 英寸芯片产能大幅提升。开展广东省"百链韧性提升"专项行动，积极抢抓集成电路、新能源汽车等新赛道新机遇，国家每 4 辆新能源汽车就有 1 辆是"广东造"。

二、"大平台"提级赋能，打造产业发展"金梧桐"

聚焦粤港澳大湾区"一点两地"② 全新定位，依托深圳先行示范区和横琴、前海、南沙、河套等重大平台建设，建设一批"万亩千亿"园区载体。园区载体已经成为推进新型工业化的"主战场""主阵地"和"主引擎"。2024 年 1~8 月，广东省 15 个承接产业有序转移主平台增长16.5%，7 个大型产业集聚区增长 23.2%。国家制造业创新中心数量位居全国前列，省级以上创新平台数量再创新高，研发人员数量、发明专利有效量、PCT 国际专利申请量均居全国首位，区域创新能力连续七年领跑全国。

三、"大项目"扩容提质，注入产业发展新动能

建立完善省领导牵头联系服务重大项目工作机制，优化重大项目建设

---

① 十大战略性支柱产业集群：新一代电子信息产业集群、绿色石化产业集群、智能家电产业集群、汽车产业集群、先进材料产业集群、现代轻工纺织产业集群、软件与信息服务产业集群、超高清视频显示产业集群、生物医药与健康产业集群、现代农业与食品产业集群。十大战略性新兴产业集群：半导体与集成电路产业集群、高端装备制造产业集群、智能机器人产业集群、区块链与量子信息产业集群、前沿新材料产业集群、新能源产业集群、激光与增材制造产业集群、数字创意产业集群、安全应急与环保产业集群、精密仪器设备产业集群。
② "一点两地"指新发展格局的战略支点、高质量发展的示范地、中国式现代化的引领地。

全流程服务。"大抓技改、抓大技改"，2024 年 1~8 月，全省工业技术改造投资保持较快增长，同比增长 12.4%，占工业投资比重超三成。深圳中芯国际、深汕比亚迪汽车及肇庆宁德时代等众多关键产业链项目已成功落地并开始建设。

四、"大企业"培优增效，培育世界一流企业群

广东省规模以上制造业企业、高新技术企业数量均居全国第一，国家级专精特新"小巨人"企业稳居全国前列，越来越多广东企业走向全球市场，9 家制造业企业入选世界 500 强，24 家制造业企业位列中国 500 强。华为、比亚迪、美的、大疆等一批企业跻身全球制造一流行列。

五、"大环境"生态优化，建设营商环境新高地

广东省在全国率先出台保障制造业高质量发展的地方综合性法规《广东省制造业高质量发展促进条例》，推动各类要素向先进制造业集聚。"放管服"改革走在全国前列，数字政府、要素市场化、营商环境等改革持续深化。

第二节　安徽：构建"八大体系"
加快发展新质生产力

安徽锚定打造"三地一区"①战略定位，构建"八大体系"加快推进新型工业。2023 年，安徽省制造业高质量发展指数全国排名第五位，实现了从传统农业大省到制造大省、从能源原材料基地到新兴产业集聚地

---

① "三地一区"指科技创新策源地、新兴产业聚集地、改革开放新高地和经济社会发展全面绿色转型区。

的历史性跨越。2024 年前 8 个月，安徽省规模以上工业增加值同比增长
8.4%、全国排名第五位。

一、"政策+机制+清单"多层次构建工作推进体系

2024 年 1 月，安徽召开全省新型工业化推进大会、出台实施方案，
明确了时间表、路线图、任务书，力争到 2027 年全部工业增加值突破
2 万亿元，制造业增加值占地区生产总值比重稳中有升。成立制造强省建
设领导小组，建立完善闭环落实、监测调度、常态化服务 3 项工作机制、
23 项监测调度指标体系，形成了省市协同、上下联动的工作体系。制定
实施年度工作要点，省政府每月定期召开工业重点工作推进会，实施清单
化、项目化、闭环式管理，推动各项任务落实落细。

二、"平台+攻关+应用"多渠道构建协同创新体系

强化企业科技创新主体地位，大力推进科技创新和产业创新深度融
合，加快构建产业科技创新体系，创建智能语音等国家制造业创新中心
3 个、并列全国首位，全省制造业企业创新活跃度全国排名第三位。积极
推进首发经济，制定出台追求卓越品质打造工业精品矩阵行动方案，"三
首"产品[1]创造直接经济效益 700 亿元。

三、"链条+集群+生态"多维度构建先进集群体系

聚焦打造"4433"万千亿级产业体系[2]，深入实施制造业重点产业链
高质量发展行动，推动"产业链→价值链→创新链→企业链→产品链→
要素链"六链有效衔接、协同发力，提升重点产业链整体竞争力。大力
实施先进制造业集群培育行动，培育首批省级先进制造业集群 10 个，累
计创建国家级中小企业特色产业集群 11 个、并列全国第一。坚持"一集

---

[1] "三首"产品指首台（套）、首批次、首版次。
[2] 安徽加快培育发展 4 个万亿级、4 个五千亿级、3 个三千亿级及 3 个千亿级的"4433"
万千亿产业。

群、一专班、一方案、一政策、一促进组织"，创新集群培育和治理模式，打造链群深度融合生态圈，加快培育新质生产力。

四、"智改+数转+网联"多能级构建数智赋能体系

广西壮族自治区政府召开数字化转型推动制造业高质量发展大会，制定出台制造业数字化转型实施方案和专项支持政策，组建运行省数字化专班，"点线面"同步发力，八成以上规模以上工业企业开启数字化转型、五成以上实现数字化改造，安徽荣获全国首批数字化转型贯标试点省。开展"人工智能+"行动，分行业、分层级构建工业互联网平台赋能体系，加快大模型在工业领域应用，累计打造全球"灯塔工厂"5家、全国排名第三位。

五、"育新+升规+培优"多梯度构建企业培育体系

大力实施民营经济上台阶行动，截至2023年底，安徽省经营主体突破700万户、数量全国排名第九位，民营企业222.2万家、占全省企业总数的92.8%。建立健全优质中小企业梯度培育体系，大力推进"小升规"，全省规模以上工业企业达23298家、全国排名第六位。大力实施专精特新中小企业培育工程，截至2023年底，累计创建国家专精特新"小巨人"企业599家、全国排名第八位。培育营收超百亿元工业企业59家、超千亿元企业4家，铜陵有色、奇瑞汽车跻身世界500强。

六、"减污+降碳+扩绿"多举措构建绿色制造体系

制定实施工业领域碳达峰方案和推动制造业绿色化发展的实施意见，大力实施工业能效提升计划，持续推进节能环保"四新"推广应用，实现高耗能行业重点领域工业节能监察全覆盖。在全国率先开展省级绿色工厂培育，创建国家级绿色工厂240家、全国排名第六位，685家绿色工厂创造出1/4以上的规模以上工业产值。大力发展循环经济，全省80%的国家级园区和75%的省级园区完成循环化改造。

七、"载体+活动+合作"多模式构建开放合作体系

坚持高水平"走出去"和高质量"引进来"相结合，打造世界制造业大会等新型引资平台，精心开展"徽动全球""投资安徽行"等活动，2024年1~8月，全省在建50亿元以上制造业重点项目77个，其中百亿级项目16个，带动工业投资、制造业投资分别增长15.7%、13.9%，分别高于全国3.6个、4.8个百分点。持续深化长三角合作，2024年上半年，沪苏浙在皖投资在建亿元以上项目2901个，实际到位资金4402.7亿元、同比增长20.6%，占省外投资项目的64.8%。

八、"服务+要素+纾困"多方位构建为企服务体系

树牢"以企为本"服务理念，坚持服务和管理并重、发展和帮扶并举，创新开展"益企赋能"十大行动①，依托益企服务云平台发布线上服务产品2200余项，开展服务对接近3000场次。大力实施"百场万企"产需和要素对接活动463场次，惠及企业1.04万家、促成签约金额1354.6亿元。深入实施助企解难行动，建立健全省、市、县三级分级分类包保企业工作机制，自2024年以来，走访企业1.92万户、解决"急难愁盼"问题3617个。

第三节　山东：以加速数实融合推动
发展新质生产力

近年来，山东加快建设数字强省，推动制造大省向"智造"大省转变。2023年全省数字经济总量达4.3万亿元、占GDP比重超过47%，信

---

① "益企赋能"十大行动具体为：政策入企赋能、减负降本赋能、清理拖欠赋能、助企解难赋能、金融惠企赋能、人才培育赋能、管理提升赋能、产需对接赋能、数实融合赋能、线上服务赋能。

息技术产业营收突破 2 万亿元。加速推进数实融合,深入开展制造业数字化转型提标行动,2023 年规模以上工业企业数字化转型覆盖率达 87.3%①。产业数字化指数居全国前列,拥有 46 个国家级工业互联网平台、35 家国家级智能工厂,累计建设重点行业"产业大脑"64 个,培育数据驱动型"晨星工厂"4220 家②。

一、早谋划,不断完善政策保障体系

召开全省数字经济高质量发展工作会议,部署推进产业数字化转型各项工作。2023 年 12 月发布了《中共山东省委 山东省人民政府 关于加快数字经济高质量发展的意见》③,提出数字产业化"十大工程"④ 和产业数字化"八大行动"⑤,加快在工业、农业、服务业领域的数字化提质。2024 年 2 月山东省工业和信息化厅印发了《全省规上工业企业数字化转型工作方案(2024—2026 年)》,提出持续优化工业企业数字化转型"七步走"工作体系⑥。另外,还研究制订了《关于促进实体经济和数字经济深度融合加快培育发展新质生产力的实施方案》,以数实融合加快培育新质生产力(张铭君等,2024)。

---

① 付玉婷. 2023 年山东数字经济发展十大亮点发布 [N/OL]. 大众日报,2024-02-29, http://fgw. shandong. gov. cn/art/2024/2/29/art_92527_629852. html.

② 山东:"实数融合"的双翼助力强省建设加速起飞 [EB/OL]. 新华网,2024-10-25, http://www. sd. xinhuanet. com/20241025/7ad79b172e934b049b2fb173948964dd/c. html.

③ 中共山东省委 山东省人民政府 关于加快数字经济高质量发展的意见 [EB/OL]. 山东省发展和改革委员会官网,http://fgw. shandong. gov. cn/art/2024/1/9/art_92527_624529. html.

④ 数字产业化"十大工程"指集成电路"强芯"工程、先进计算"固链"工程、数字终端"扩量"工程、高端软件"铸魂"工程、能源电子"聚能"工程、新型电子材料"融链"工程、云服务大数据"融通"工程、空天信息"跃升"工程、人工智能"赋智"工程、虚拟现实"提质"工程。

⑤ 产业数字化"八大行动"指制造业数字化提标行动、能源数字化绿色转型行动、农业数字化突破行动、智慧海洋培育行动、信息科技服务业数字化提速行动、数字金融惠企行动、智慧交通示范行动、文化数字化赋能行动。

⑥ "七步走"工作体系,即"一套指标体系、一个待转企业库、一个服务商资源池、一套转型指南"4 张清单和"辅导诊断、应用推广、年度评估"3 个机制。

二、强支撑，加快工业互联网平台建设

山东抢抓国家级工业互联网示范区建设契机，加速推动工业互联网高质量发展，促进两化融合发展。根据工信部2024年双跨（即跨行业、跨领域）工业互联网平台动态评价结果，山东卡奥斯COSMOPlat工业互联网平台（第一名）、浪潮云洲工业互联网有限公司（第四名）获得"A级"评价；青岛檬豆网络科技有限公司的柠檬豆工业互联网平台（第29名）、国网山东省电力公司的火石工业互联网平台（第35名）、山东胜软科技股份有限公司的云帆工业互联网平台（第39名）、橙色云互联网设计有限公司的橙色云工业产品协同研发平台（第43名）获得B级评价①。山东省共有6家平台入选，占总数的12%。另有国家级特色专业型平台40家，累计培育省级重点平台279个，形成"6+40+279"多层次平台体系。

加快公共服务平台建设。2024年5月，济南建成首个国家中小企业数字化转型促进中心。通过"数字化"问诊，帮助中小企业对标对表，并提供精准匹配、方案推荐、政策咨询、金融保障、人才培训等服务。

三、促保障，加强技术资金人力支持

在数字技术创新方面。持续加强基础研究、技术攻关、成果转化的创新发展生态。持续推进产业基础再造和重大技术装备攻关两大工程，年均实施省级企业技术创新项目3000项以上。累计培育首台（套）、首批次、首版次"三首"新产品3500余项。扎实推动"揭榜挂帅"核心技术攻关行动，发布揭榜项目超600项、金额近30亿元，项目揭榜率达57%。高速磁浮列车、大型冲压机床、高热效率柴油机等一批重大技术填补国内空白。成功创建全国工业互联网发展示范区，建成全国首个功能类中小企业

---

① 付玉婷. 山东6家入选！2024年"双跨"工业互联网平台名单出炉［N/OL］. 大众日报，2024-11-03，https：//baijiahao. baidu. com/s? id = 1815586251070148485&wfr = spider&for = pc.

数字化转型促进中心。建成济南、青岛两个国家级互联网骨干直联点，青岛国际通信业务出入口局正式启动建设。

强化资金支持。统筹设立省级科技创新发展资金，并以10%的速度逐年递增。实施集成电路"强芯"、高端软件"铸魂"等数字产业化"十大工程"，组建总投资超2800亿元的160个数字产业重点项目库和20亿元的数智经济产业基金，加大力度做强数字经济核心产业。

强化政策体系保障。印发实施先进制造业强省行动计划、数字经济高质量发展意见等一系列指导性文件，部署实施工业经济高质量发展十大行动，创新推出工业开门红、要素资源保障10条等一大批高含金量政策措施，为技改项目配置专项用地指标4300多亩，2024年又抢抓大规模设备更新机遇，整合省级财力近20亿元，真金白银推动全省工业经济量质齐升、速效并进。

加速人才队伍建设。依托省级以上重点人才工程，狠抓人才培育。坚持一手抓招引、一手抓培育，推动建立更加完善的人才引育体系和机制。扎实推进泰山产业领军人才工程，累计遴选领军人才461人，核心团队成员超2100人。

第四节　山西：以加快制造业振兴培育新质生产力

作为国家资源型经济转型综改试验区和能源革命综合改革试点省，努力摆脱对煤炭的"两个过多依赖"①、推动制造业振兴升级是山西培育发展新质生产力的重要着力点。

---

① "两个过多依赖"指经济发展过多依赖煤炭产业、过多倚重煤炭价格。

一、加快建设体现山西特色优势的现代化产业体系

聚焦重点领域，坚持优势产业、新兴产业、未来产业"三业并举"。山西省加快构建"344"产业体系①。以加快传统优势产业振兴破题，完善大规模设备更新政策落实机制，以国家标准提升引领全省传统产业优化升级，支持企业以数智技术、绿色技术改造提升传统产业。完善新能源和清洁能源、能源装备产业、现代煤化工产业促进机制，加快构建新型能源体系。以加快新兴产业上规模破题，完善推动信息技术应用创新产业、新材料、高端装备、新能源汽车等战略性产业发展政策和治理体系，推进战略性新兴产业融合集群生态化发展，引导新兴产业健康有序发展。以未来产业精准选择突破，加强新领域新赛道制度供给，建立未来智能、未来能源、未来材料等未来产业财政投入逐年递增机制，开展未来产业相关改革和政策先行先试。完善规划、政策、项目谋划对接机制，完善承接产业转移机制，建设重要能源资源、原材料和基础装备基地。

二、用好三大平台抓手培育壮大先进制造业集群

产业链、专业镇、开发区三大平台，是山西促进产业转型升级破题的彩毫巨笔②。完善"链长制"，推广"政府+链主+园区"招商模式，建立重点产业链能级跃升机制。健全提升产业链供应链韧性和安全水平制度，全面推动重点产业链延链补链强链。建立健全专业镇认定、生产要素配置等管理机制，探索开展相关改革授权试点，加快发展"专业镇+现代物流+通关贸易便利化"模式，办好专业镇投资贸易博览会，建立专业镇动态调整机制，着力打造一批特色产业名镇。加快培育国家级集群，遴选推荐在省内有优势并具有全国竞争力的集群参加国家先进制造业集群竞赛，

---

① "344"产业体系，即改造提升能源、材料、化工三大优势产业；发展壮大高端装备制造、现代消费品、电子信息、废弃资源综合利用等四大新兴产业；前瞻布局高速飞车、绿色氢能、量子信息、前沿材料等四大未来产业。

② 山西加快建设特色优势现代化产业体系［EB/OL］. 央广网，https：//www.cnr.cn/sx/yw/20240709/t20240709_526784689.shtml.

促进省内集群发展提档升级。

三、大力促进数字经济和实体经济深度融合

筑牢实体经济和数字经济深度融合根基，组建制造业振兴升级专项基金，建立保持制造业合理比重投入机制。加快制造业数字化转型，健全数字化转型促进机制，加大制造业智改数转网联力度，支持重点产业链"链主"企业构建工业互联网平台生态。推动人工智能赋能新型工业化，构建先进算力与人工智能融合发展促进机制，加快推进智能制造。大力发展新一代信息技术产业，协同推进产业数字化和数字产业化，适度超前部署信息基础设施，推进传统基础设施数字化改造，加快推动算力基础设施提质升级，完善全面融入全国一体化算力网支持政策。聚焦半导体、光伏、信息技术融合等领域，更大力度补短板、锻长板、树新板，做大做强数字经济核心产业。

四、加快推进专精特新中小企业发展壮大

健全逐级递进的梯度培育机制，实施"有进有出"的动态管理。积极推进中小企业数字化转型，加快推动太原、长治城市试点工作，大力发展"小快轻准"数字化产品和解决方案，提炼一批聚焦细分行业规范高效、有利于复制推广的中小企业数字化转型典型模式，打造一批可复制易推广的数字化转型"小灯塔"企业。强化服务支持，构建优质高效的中小企业服务体系。引导社会服务机构提升对专精特新中小企业的服务能力和质量，探索建立专精特新服务专员、服务志愿者制度，不断提升培育实效。

第五节 贵州：大抓工业、大兴工业、大干工业

贵州把新型工业化作为高质量发展的首要任务，大抓工业、大兴工

业、大干工业，以新型工业化加快推进中国式现代化贵州实践。

一、大抓工业，明确主攻工业的战略举措

贵州省委十三届五次全会立足贵州在中国式现代化新征程中的"三者"定位①、"五期"方位②，对进一步全面深化改革进行系统部署，作出大抓产业、主攻工业，加快建设"六大产业基地"③，构建具有贵州特色的现代化产业体系的战略部署，明确新型工业化在全省高质量发展和中国式现代化贵州实践大局中的作用地位。

根据贵州工业发展阶段性特征和发展战略考量，重塑新型工业化目标体系、工作体系。明确中长期的奋斗目标。围绕建设"六大产业基地"，提出"3533"重点产业集群奋斗目标④，为下一步发展确定了新的锚点。强化抓工业的方法路径。明确高端化、智能化、绿色化"三化"推进方向和狠抓重点产业、重点企业、重点开发区、重点科技创新平台"四个工作重点"，按照集群发展思路，提出"六个抓手"思路⑤，不断优化新型工业化的发展思路和工作抓手。

二、大兴工业，以改革为牵引加快推进新型工业化

认真落实全国新型工业化推进大会决策部署，坚持稳中求进工作总基调，把进一步全面深化改革的部署要求贯穿新型工业化各方面全过程，奋力开创推进新型工业化新局面。

---

① "三者"定位指中国式现代化的后发追赶者、西部欠发达地区推进中国式现代化的典型实践者、中国式现代化的创新探索者。

② "五期"方位包括工业化处于由中期向后期转型推进期、信息化处于动能释放期、城镇化处于快速发展中期、农业现代化处于转型发展加速期、旅游产业化处于优势转化提升期。

③ "六大产业基地"指资源精深加工基地、新能源动力电池及材料研发生产基地、面向全国的算力保障基地、白酒生产基地、新型综合能源基地、先进装备制造基地。

④ "3533"重点产业集群奋斗目标，即到2027年，打造形成资源精深加工、新能源电池材料、现代能源等3个5000亿元级产业集群，以及酱香白酒、大数据电子信息、先进装备制造3个3000亿元级产业集群。

⑤ "六个抓手"思路，即抓主导产业、抓龙头企业、抓产业链条、抓园区建设、抓要素保障、抓生态环保。

一是健全加快推进新型工业化的体制机制。省级主抓落实国发〔2022〕2号文件赋予贵州建设"六大产业基地"的战略任务，逐一编制规划、优化布局，打造国家战略腹地。2024年上半年贵州规模以上工业增加值增长8.3%，稳中向好态势持续巩固增强，工业对经济增长的贡献率超过40%，成为贵州省经济发展的"第一动力"。

二是大力推进开发区改革发展。认真落实中央关于深化开发区管理体制改革的决策部署，制定实施深化开发区管理制度改革"30条"，将除综合保税区以外的各类开发区归口到工信系统统一管理，优化开发区财政管理、干部配备、考核评价等机制。评选认定45个"重点开发区"，推动开发区能级量级加快提升。

三是坚持在开放的旗帜下抓工业。积极主动服务和融入国家战略，深化粤黔东西部协作，成功举办2024中国产业转移发展对接活动（贵州），促成一批示范性、引领性、标志性项目签约，落地启动项目176个、涉及投资金额超2000亿元。推动产业与外贸联动互促，全力推进贵州工业"走出去"，贵州白酒、轮胎、钢绳、辣椒等产品畅销海外，遵义正安被誉为"中国吉他制造之乡"，产品出口美国、巴西等40多个国家和地区。在开放战略的有力带动下，2021年来贵州省工业投资持续保持高速增长，占全省固定资产投资比重进一步提升到32%左右。

四是加快工业绿色低碳发展。完善绿色制造单位创建和服务体系，加快工业节能降碳先进技术研发与推广应用，推进钢铁、水泥等重点行业绿色低碳改造。大力提升资源综合利用水平，围绕磷石膏、赤泥等大宗工业固体废弃物，加快构建废弃物循环利用系统。贵州磷石膏综合利用率为91.83%，处于全国领先水平。

三、大干工业，因地制宜发展新质生产力

一是加快建设"六大产业基地"。把"六大产业基地"作为推进新型工业化和发展新质生产力的重点任务，锚定"3533"目标，加快推动重点产业集群高质量发展。在建设全国重要的资源精深加工基地方面，明确

资源精深加工产业"1+3+5"发展格局，制定磷矿、铝土矿、锰矿等20余个矿种精细开发、精深加工政策举措，推动煤化工与磷化工、氟化工等产业共生耦合发展，铝加工、锰加工等向产业链中高端延伸。

二是强力实施"富矿精开"战略。贵州矿产资源富集，49种矿产资源储量居全国前十位，其中锰矿和重晶石矿全国第一、磷矿全国第二、铝土矿全国第三，是"江南煤海"，镍、稀土、钛、锂等储量也十分丰富，为工业发展提供了重要支撑。贵州立足矿产资源优势，大力推进"富矿精开"，明确精确探矿、精准配矿、精细开矿、精深用矿的原则和路径，完善战略性矿产资源探产供储销统筹和衔接体系，建强矿产资源"集中开采+集中供应"平台，健全建链强链补链延链机制，促进煤、磷、铝、锰、氟等精细开采、精深加工，加快将资源优势转化为发展优势。

三是大力推进产业创新和科技创新深度融合。深入实施"向科技要产能"专项行动，全链条推进重点产业技术攻关、科研成果产业化应用。着力提升企业自主创新能力，大力推进规模以上工业企业研发活动扶持计划，引导企业面向市场抓产品开发、围绕产品抓技术创新，无水氟化氢提取技术世界首创，钢绳集团成为钢丝绳制造国际标准的制定者，中伟新材料、航宇科技、安达科技等创新型领军企业相继上市。

第六节　海南：发挥"三度一色"优势培育新质生产力

海南充分发挥"三度一色"优势①，努力"向海图强、向天图强、向种图强、向绿图强、向数图强"，以高端化、智能化、绿色化、集群化为主攻方向，大力推进新型工业化，加快推动海南自由贸易港高质量发展，奋力谱写中国式现代化海南篇章。

---

① "三度一色"优势，即海南气候温度、海洋深度、地理纬度和绿色低碳。

一、加强科技创新引领，培育壮大战略性新兴产业

一是聚焦重点领域科技创新攻关。强化企业科技创新主体作用，围绕新型工业化推进需求，制定并发布鼓励企业研发的重点领域指导目录。指导石化新材料、浆纸、风电装备等龙头企业联合科研院所，实施产业关键技术攻关，积极申报国家重大科技专项。二是支持建设高水平产业科技创新平台。积极争取国家制造业创新中心、中试平台等。三是健全科技成果转化产业赋能机制。结合南繁产业、深海产业、航天产业、数字经济、石化新材料、现代生物医药等重点产业积极承接国家战略科技力量布局。"陆海空"领域创新形成海南模式，南海立体观测网、海洋大数据中心等深海科技创新公共平台加快建设，以商业航天发射场建设为牵引，火箭研制保障基地、卫星总装总测共享厂房建设加速，以数字经济、石化新材料、生物医药为重点的高新技术产业集群初见规模。

二、加快产业结构优化，促进新型工业化产业升级

加强战略性布局谋划，聚焦主责主业推动产业转型升级，确定高端化、智能化、绿色化、集群化的主攻方向，加快构建现代化产业体系。一是保持制造业比重稳定。加快培育石化新材料、生物医药、数字经济三个千亿级制造业产业集群。开展制造业高质量发展攻坚，2023 年海南省制造业高质量发展指数为 63.7，较上年提升 1.3。2024 年 1~8 月，海南省规模以上制造业增加值同比增长 12.1%，制造业比重基本保持稳定。二是开展产业补链强链攻坚。建立以省领导牵头的产业链"链长制"招商机制，以及以市县为主体的招商引资"赛马"机制，围绕石化新材料、生物医药、数字经济、现代种业、海洋产业和航天产业六大重点产业链，加强技术链、人才链、金融链、产业链对接融合，推动新旧动能接续转换。三是加强项目谋划和储备。坚持"项目为王"，扩大有效投资，高质量打造全省项目"谋划一批、开工一批、建设一批、竣工一批"滚动发展格局。统筹海南省工信系统资源，举办全省高新技术产业投资（招

商）大会等30多场招商推介活动，依托世界新能源汽车大会等平台加强国际交流合作，积极推进湘琼、深琼、琼粤合作，盯引重大项目、推动落地建设，2023年共签约150个项目，总投资618亿元。四是打造先进制造业集群。聚焦市场竞争力强、有发展前景的特色重点产业，专项制订个性化服务方案，帮助企业增强新型工业化自主可控能力、创新引领能力、产业链控制力，不断抢占行业领域技术新高点和发展新赛道，打造具有生态主导力和产业链控制力的洋浦石化新材料、海口药谷生物医药、老城科技新城农副食品加工业、文昌约亭食品加工、东方石化新材料、定安塔岭热带食品加工和老城科技新城油气勘探生产服务产业七个特色重点产业集群。五是推动园区功能提升。建立海南省省级产业园区发展建设联席会议制度，明确13个自贸港重点园区，其中洋浦经济开发区、海口国家高新技术产业园区、东方临港产业园区等7个制造业重点园区。2024年上半年，13个自贸港重点园区实现营业收入同比增长10.4%，其中园区制造业实现营业收入增长17.6%。开展湘琼、粤琼合作，积极打造制造业园区"飞地"示范区。推动湘琼先进制造业共建产业园建设，三一、中联、湘科三个首批项目顺利开工建设，桃花江、南岳生物医药等十余个项目签约启动；积极打造广东海南先进制造业合作产业园，10个项目已落地，22个项目已签约。

三、优化提升服务水平，吸引新型工业化项目落地

一是以"店小二"作风服务企业。经常性开展涉企服务活动、"我陪群众走流程"活动，解决企业货物通关、原料运输、资金申报等一批问题诉求。不断优化政务服务和12345热线服务，深化实施政务服务"零跑动"事项达36项，可办率和使用率均为100%。扎实开展规模以上企业高质量发展大调研大服务专项行动，赴18个市县靠前服务"遍访"企业。二是推动中小企业发展环境优化。组织海南省各市县和中小企业服务机构开展服务活动，深入企业帮助企业纾困解难。开展"乱收费、乱摊派、强制服务"等行为专项整治。支持发展供应链融资、绿色信贷、小

微首贷等领域融资，截至 2024 年上半年，海南省小微企业贷款余额较年初增长 7.13%。三是强化企业梯度培育。完善"小升规"重点培育企业库，2024 年上半年新增培育"小升规"企业 666 家。加大优质中小企业梯度培育力度，国家级专精特新"小巨人"企业共 12 家，专精特新中小企业总数达 412 家，创新型中小企业总数达 783 家。培育认定 13 家省级中小企业特色产业集群。获批 3 个国家中小企业特色产业集群。四是加速惠企政策直达快享。通过"海易兑"视频号开展惠企政策线上直播，解读加工增值、减税降费、人才、财政奖补等惠企政策。建设运营"信用+政策兑现"应用场景"海易兑"系统，发布惠企政策超 2000 项，获评全国高质量发展营商环境特色评选优秀案例、智慧中国年高质量发展营商环境效能评价和特色评选"数字赋能高效奖"等多个奖项。开展海南自贸港加工增值内销免关税政策应用攻坚行动，申报试点企业数量增长 218%，享惠企业数量增长 53%，内销货值增长 29.6%。

四、倡导绿色低碳理念，擦亮新型工业化鲜明底色

绿色是海南的底色。按照国家"三区一中心"的发展定位，建设国家生态文明试验区和清洁能源岛。一是建立绿色制造体系。出台《绿色工厂评价技术规范》《海南省绿色工厂评价管理办法（暂行）》等地方标准和规范性文件，指导企业创建绿色制造示范。开展工业园区绿色低碳发展路径研究。截至 2023 年底，海南省创建 17 家国家级绿色工厂和 1 个国家级绿色化工园区。二是大力发展新能源汽车。世界新能源汽车大会连续 6 年在海南成功召开，发布智能网联汽车"车路云一体化"应用试点方案，推动新能源汽车高质量发展。2023 年汽车制造业产值同比增长 62%，工业增加值同比增长 66.1%。三是打造新能源装备制造产业集群。出台风电装备产业发展规划，布局建设海上风电"一园两基地"①，按照"风

---

① "一园"指西部海上风电产业园，"两基地"指儋州洋浦海上风电装备制造基地、东方海上风电装备制造基地。

电+风机+应用"的发展思路，依托海上风场开发，先后引入东方明阳、申能上海电气、大唐东方电气、远景能源等风电整机龙头企业，全球首台7兆瓦级抗台风漂浮式风机和首台"海南造"10兆瓦海上风电机组、企业自主研制的长143米的海上超大型叶片成功下线。

第七节　黑龙江："三锚定"新型工业化培育新质生产力

黑龙江聚焦有质量的规模、有效益的速度、有未来的产业，树牢质量第一、以质取胜理念，加快转方式、调结构、提质量、增效益，加快推进黑龙江工业经济高质量发展可持续振兴，加快形成新质生产力。

一、锚定新型工业化，高质量推进构建现代化产业体系

一是坚持高质量定位推进传统产业升级。抢抓"两重""两新"① 机遇，大力开展"千企技改"专项行动，从"有投入就有补助""水平高就有奖励"两个维度制定支持政策，推动设备更新、工艺升级、数字赋能、管理创新，让传统产业焕发新优势、迈向中高端。2024年黑龙江省储备"千企技改"项目769个，在库项目计划总投资1046.8亿元。104个项目进入国家技术改造专项再贷款项目白名单。哈尔滨市入选第一批国家新型技术改造试点城市，获得中央支持资金3亿元。

二是坚持高质量定位壮大战略性新兴产业。启动实施战略性新兴产业倍增计划，计划到2028年实现营收倍增。航发东安迈上百亿级台阶；哈工大空间环境地面模拟装置通过验收投运；哈飞AC332直升机完成整机

---

① "两重"指推进国家重大战略实施和重点领域安全能力建设，"两新"则指推动新一轮大规模设备更新和消费品以旧换新。

静力试验，Y12 大型货运固定翼无人机系统完成有人／无人详细设计。

三是坚持高质量定位加快孵化培育未来产业。实施未来产业孵化加速计划，推动未来产业孵化加速发展。博实自动化、哈工大等单位的 8 个项目入围工信部未来产业创新任务"揭榜挂帅"项目，数量列东北三省一区之首。

二、锚定新型工业化，高质量推进创新驱动赋能产业振兴

一是强化企业创新主体地位。坚持政策赋能，开展创新驱动专项行动。2024 年，认定首台套装备、首批次材料和首版次软件 55 项。组织遴选省级质量标杆 33 个，其中 6 个获批全国质量标杆。二是构建产学研用协同创新体系。支持企业、高校院所、投融资机构联合创建制造业创新中心，为产业链上下游企业提供公共技术服务。三是推进重点领域关键技术攻关。聚焦战略性新兴产业和未来产业，实施产业基础再造和重大技术装备攻关工程，提升制造业创新能力。

三、锚定新型工业化，高质量推进制造业"五化"转型

高质量推进制造业数字化网络化智能化绿色化服务化转型。

一是实施制造业数字化转型专项行动。出台推动制造业和中小企业数字化网络化智能化发展 20 条政策措施，在全省各市（地）开展系列专题活动，加快制造业和中小企业智改数转网联、上云用数赋智，累计培育省级数字化车间 335 个。

二是开展智能制造示范行动。对照国家智能制造标准体系，拓展智能制造应用场景，发展高档数控机床等智能工业母机、协作机器人、智能检测装备等通用智能制造装备，开发面向重点行业、集成复合工艺包的专用智能制造装备，推动智能装备在工厂规模化应用。中航发哈尔滨东安成为国家智能制造示范工厂揭榜单位，国家智能制造优秀场景达 20 个，培育建设省级智能工厂 19 家。

三是推进绿色化改造。贯彻落实习近平生态文明思想，推动实施工业

绿色化发展行动计划，制定绿色制造和服务体系培育管理实施细则，出台绿色制造、绿色设计奖励政策，开展绿色服务进企业系列活动，累计创建省级、国家级绿色工厂276家。2024年以来新认定发布第三批省级绿色工厂70家，向工信部和生态环境部推荐1个"无废园区"和5个"无废企业"典型案例。

第八节　内蒙古：因地制宜构建
发展新质生产力新体系

内蒙古系统谋划、统筹推进，依托地区能源资源优势和制造业产业基础，加快完善体现内蒙古特色优势的新型工业化推进机制，培育发展新质生产力，地区产业规模不断壮大，发展质量不断提升，在推进新型工业化的道路上迈出坚实步伐。

一、强化顶层设计，完善政策支撑体系

完善政策支撑体系是推进新型工业化和发展新质生产力的有效支撑，也是方向指引。内蒙古高度重视政策制定的科学性、持续性和实效性，持续完善产业发展政策措施，政策指导引领作用不断增强。强化顶层设计，明确产业发展目标。制定实施内蒙古新型工业化"1+7"政策体系①，并不断健全政策体系落实保障机制，推动工业和信息化部支持内蒙古新型工业化47项政策措施落实落地。加强行业指导，畅通产业发展路径。制定出台稀土、焦化、铁合金、稀土永磁电机替代、锂产业等政策举措，推动

―――――――――

①　内蒙古新型工业化"1+7"政策体系："1"指总体实施方案，即《内蒙古自治区关于加快推进新型工业化的实施意见（2023—2030年）》，"7"指七大专项配套方案，即先进制造业集群培育行动、工业园区提档升级工程、重点产业链强链补链计划、制造业数字化转型行动、绿色制造体系构建方案、关键技术创新突破计划、中小企业梯度培育工程。

实施数字化转型、技术创新、绿色发展、制造业集群培育等一系列政策。优化奖补政策，激发产业发展动力。推动落实工业领域高质量发展政策清单，调整重点产业专项资金支持方向，加大对技术创新及产业化应用、高水平园区创建、数字化转型试点等领域资金支持力度。

二、产业协同发展，构建现代产业体系

构建现代产业体系是推进新型工业化和发展新质生产力的内在要求，也是核心要义。内蒙古在推进新型工业化进程中紧紧扭住高质量发展这个"牛鼻子"，推动工业总量做大做强，促进传统、新兴、未来、战略资源等产业协同发展。

持续扩大工业经济总量，稳住工业基本盘。坚持优化存量和扩大增量并举，重点培育产业集群和延伸产业链，千方百计增加有效投资，协调企业生产和项目建设要素保障，推动能源产业和制造业形成"双轮驱动"，以工业总量的发展有力支撑新型工业化。2024年上半年，内蒙古工业增加值接近5000亿元，占地区生产总值比重达41%，对内蒙古地区生产总值增长贡献率达50%以上，全年工业增加值有望迈进万亿级大关。

巩固提升传统产业，焕发产业新活力。制订出台内蒙古工业领域设备更新实施方案，组织开展8场工业领域设备更新政策宣贯和诊断活动，建立工业领域设备更新和技术改造项目库，已有项目1116个，总投资969亿元。加快推动钢铁、焦化、铁合金、电解铝等行业重点企业整合重组和产业链一体化项目建设，高标准、高水平承接引进先进高载能产业。

培育壮大新兴产业，发展产业新动能。持续完善常态化精准招商和重大项目推进协调机制，加快建设稀土永磁电机产业园，引进国内稀土永磁电机头部企业落户内蒙古；支持新能源装备全产业链发展，打造新能源装备全产业链制造基地，产业发展速度不断加快。2024年1~8月，内蒙古装备制造业增加值增长43.5%，高技术制造业增长32.4%。

前瞻谋划未来产业，扩展发展新空间。2024年11月，内蒙古工信厅会同教育厅、科技厅等八部门制定了《内蒙古自治区未来产业创新发展实施方案》，提出构建"9+5+3"未来产业发展格局①，即优先发展 9 大优势型未来产业，加快培育 5 大潜力型未来产业，超前布局 3 大前瞻型未来产业的梯次培育体系②。出台内蒙古低空经济高质量发展实施方案，推动开发应用场景、发展低空制造产业，加快产业集聚。

三、提升保障能力，健全行业治理体系

健全行业治理体系是推进新型工业化和发展新质生产力的制度保障，也是重要路径。近年来，内蒙古坚持走优化调整产业布局的道路，走特色化、差异化、集聚化发展的道路，行业发展治理水平不断提高。

提升产业链供应链韧性和企业质量。高标准建设承接产业转移，发挥绿电优势，打造全国最大的现代煤化工、铁合金、电解铝等绿色高载能产业集聚区。强化重点产业链发展，打造氟化工、有色金属、稀土永磁电机、新能源装备、生物医药等优势特色产业链。巩固提升呼和浩特乳制品国家级先进制造业集群发展水平。推动企业发展质量提升，4 家企业入围 2023 年中国制造业 500 强，9 家企业入围 2023 中国民营企业制造业 500 强。

增强优势产业产品供应和战略资源供应保障能力。持续发展优势产业，稳定提升产能利用水平，保障区内外上下游产业发展需要。推进战略性矿产资源产业化，推动资源精深加工和转化。内蒙古的单晶硅、煤制气、负极材料、氢氟酸、乳制品等 19 种主要工业产品产能规模位居全国第一，电解铝、煤制烯烃、多晶硅等 6 种产品位居全国第二。

推动科技创新与产业创新融合发展。培育创新主体，构建促进"专精特新"中小企业发展壮大机制，自治区级创新型中小企业和"专精特新"中小企业累计分别达 1137 家、460 家，自治区级中小企业特色产业

① "9+5+3"未来产业发展格局，即优先发展碳基新材料、化工新材料、稀土新材料、氢能、新一代半导体材料、新型储能、算力网络、低空经济、合成生物等九大优势型产业，加快培育生物质绿色能源、增材制造、智能机器人、人工智能、航天产业等五大潜力型产业，超前布局超导材料、元宇宙、先进核能等三大前瞻型产业。

② 内蒙古印发《实施方案》推动未来产业创新发展［EB/OL］. 中国政府网，https：//www.gov.cn/lianbo/difang/202411/content_6989101. htm.

集群累计达 36 个。提升技术创新能力，加大技术成果产业化、技术创新产品等资金奖补力度，实施产业基础再造和重大技术攻关，累计培育"首台套"装备产品 151 种、"首批次"新材料产品 347 种。

加快推进绿色低碳发展，推动工业用能低碳转型。制定出台全国首个零碳产业园区建设规范地方标准，鄂尔多斯蒙苏、包头达茂 2 个零碳园区和霍林河、棋盘井、包头铝业园区、乌斯太 4 个低碳园区建设取得积极进展。加快落后产能退出、实施节能节水改造和绿色低碳先进技术、装备和产品研发与推广应用，自"十四五"规划以来，累计实施节能节水改造项目 578 个，节能量 1200 万吨标准煤，节水量 4100 万吨，累计推广节能节水及资源综合利用装备产品 481 种，其中，高效永磁电机、磁悬浮轴承控制技术和流程工业智能化控制技术入选工业和信息化部 2024 年国家节能降碳技术装备推广目录。

促进实体经济和数字经济深度融合，持续加快信息基础设施建设，内蒙古建设 5G 基站 7.67 万个，工业园区覆盖率达 100%。做好数字化转型服务，召开乳业、稀土等 8 场数字化转型推进会，培育数字化转型标杆企业，遴选引育区内外数字化转型服务商 80 家。加大产业智改数转力度，稳步提升工业领域数字化发展水平。"两化融合"指数（54.7）在全国的位次从 2020 年第 25 位上升到 2024 年的第 20 位。

四、优化营商环境，改善服务保障体系

优化服务保障体系是推进新型工业化和发展新质生产力的重要基础，也是必要手段。内蒙古坚持服务企业和产业发展，加强基础设施建设，服务举措不断优化，营商环境持续改善。

着力构建服务园区企业发展新机制。对高水平工业园区给予基础设施建设专项资金支持，内蒙古创建千亿级园区 4 个，500 亿级以上园区 12 个。强化园区功能定位、考核评价、绩效奖励，积极推行"管委会+公司"模式，提升工业园区综合实力和发展活力。

健全服务工业企业发展机制，常态化落实清理拖欠民营企业中小企业

账款工作机制，保障企业合法权益，近三年已累计清偿化解账款超过115亿元。开展专项资金"惠企直达"行动，增强企业技改投资信心和高质量发展能力，2024年已直达企业资金7.6亿元。

第九节　对广西培育发展新质生产力的借鉴启示

深入贯彻落实习近平经济思想，坚持稳中求进工作总基调，在创新、产业、转型、企业等多层面协同发力，加快培育发展新质生产力。

一、推进优势产业加快发展

坚持产业优先，筑牢发展根基。围绕广西先进制造业集群建设，推动优势产业提质增效、新兴产业发展壮大。坚持提升产业链韧性，集中力量布局建设一批补链项目，加快产业链供应链建设。推进产业基础高级化，加快基础零部件等薄弱环节创新。强化战略性资源安全保障，推动保障性矿产资源精深加工，保障产业链供应链安全。开展"十五五"规划工业和信息化、新型工业化、新质生产力及相关行业专项规划研究，为"十五五"规划编制做好准备。

发挥产业政策引领作用。强化顶层设计，发挥政策引领作用。制定产业发展规划及相关发展专项行动，并成立相应的协调机构，助力产业发展。实现构建产业集群产业链、培育优质骨干企业、促进"两化"融合发展、开展技术创新、抓项目促投资、深化改革开放、提升要素支撑、人才队伍建设等方面的工作目标，达到形成上下协同、部门联动、齐抓共管、运转高效的产业高质量发展新格局。

二、提升产业创新发展能力

坚持创新引领，厚植发展优势。强化企业科技创新主体地位，积极培育建设国家实验室、国家技术创新中心等高能级创新平台和自治区级企业技术中心等研发机构建设，推动产业链上下游、大中小企业协同创新，加快关键核心技术攻关，提升产业技术创新能力。搭建创新平台，培育制造业创新中心等创新平台，新认定一批企业技术中心和制造业创新中心。发挥广西产研院等创新平台作用，实施一批"揭榜挂帅"、重点技术创新项目指导计划。充分利用国内高水平高校智力资源，推动区域间产学研合作取得新进展。

鼓励以企业为主体的自主创新，支持企业建设研发中心，强化创新载体建设。加快建设一批技术开发、知识产权、信息化应用、工业设计、检验检测等公共技术服务平台。组建产业技术创新联盟，建立稳定的新型产学研合作关系。深入实施"千企技改"工程，支持企业针对重点发展的产业集群及产业链上的缺失和后续环节实施技术改造，提升工业企业智能化水平，推动产业做大做强。

提高企业"两化"融合水平，推动"互联网+""大数据+""机器人+""标准化+"等现代数字技术在传统制造业领域的融合应用。大力实施中小企业数字化转型。推进中小企业"触网、上云、用数、赋智"。按照"点—线—面—体"四维协同来推进，推动一批中小企业先行先试，形成引领示范效应，带动中小企业数字化转型发展。

三、加快提升园区发展水平

坚持深化改革，激发创新活力。加快推进园区体制机制改革创新，借鉴海南建立省级产业园区发展建设联席会议制度的做法，推动园区功能提升，激发园区发展活力。推动园区开展管理制度改革，适时对园区进行区域调整和扩展。积极推动国家新型工业化产业示范基地争先晋位，借鉴广东建设一批"万亩千亿"园区载体，山西构建"政府+链主+园区"招商模式，海南积极打造制造业园区"飞地"示范区，推动湘琼先进制造业共建产业园建设等做法，打造高质量产业集群示范基地。

四、实施优质企业梯队培育

建立优质企业梯度培育机制，完善"科技型中小企业—高新技术企业—独角兽企业—上市高新技术企业—科技领军企业"培育体系。培育一批优质的成长型中小企业，推进创新链、产业链、资金链、人才链深度融合。推动中小企业加快"小转企、小升规、规改股、股上市"步伐。支持高成长型企业走"专精特新"道路，培育一批自治区认定的专精特新"小巨人"企业。坚持培优扶强，打造一流企业，培育壮大产业链龙头企业，着力打造龙头企业、链主企业牵头的先进制造业集群和新型工业化示范区。加强专精特新中小企业培育，促进大中小企业协同发展，提升专业化协作和配套能力。持续开展专精特新中小企业倍增培育行动，培育一批创新型、专精特新"小巨人"企业，加快推进中小企业特色产业集群建设。加大"小升规"培育力度，推动一批小企业升规纳统。建立上规入统企业培育库，全面摸排发展潜力好的高成长性中小企业。积极开展金融助企活动，构建中小企业融资良好生态。推动企业改制上市，利用资本市场做优做强。建立领导联系制度，实现"一个企业一名联系领导、一个服务团队、一套扶持政策、一张推进时间表"，重点帮扶市场竞争力强的企业。

五、大力推动数实深度融合

坚持智改数转，强化数字赋能。着力提升产业数字化水平，加快推动工业数字化转型，推进5G、人工智能等数字技术在工业场景应用，开展工业互联网一体化进园区活动。遴选一批数字化转型贯标机构，提升数字化转型标准体系赋能水平。提升算力基础设施，推动建设一批智算中心，打造广西算力互联网，促进新能源与算力协同发展。

六、积极推进绿色低碳转型

坚持绿色发展，擦亮生态底色。加快大规模设备更新和以旧换新政策落实，改造提升传统产业。加快建设绿色能源体系，持续推进绿色制造体系建设，持续评选绿色工厂、园区、供应链等。推进工业领域节能降碳，稳步提高清洁能源比例，提升传统行业绿色发展水平。借鉴内蒙古制定出台全国首个零碳产业园区建设规范地方标准，建设一批广西零碳产业园区。

七、完善产业人才战略布局

把人才的"引聚育留"放在重要位置，以"更加积极、更加开放、更加有效"的思路，实施人才引进政策，全面优化人才创新创业环境，探索建立与国际接轨的高层次人才招聘、薪酬、考核、激励、管理等相关制度；产学研开展深度、长效合作关系，积极培养一批科研团队和学科带头人，释放创新活力；促进高校与企业深度融合，建立产教融合、校企合作的技术技能型人才培养模式；推动职业教育高质量发展，引导制造业企业积极参与职业教育发展，支持职业院校与企业共建产品研发中心、实训基地。积极弘扬工匠精神和企业家精神，打造一批八桂工匠。

八、构筑良好产业发展生态

优化产业发展生态，营造一流营商环境。加快完善现代产权制度，激发企业家精神，激发各类市场主体活力。深化"放管服"改革，提升行政审批效率。构建"一事通办"机制，提高政务服务效率，加快推进"最多跑一次"改革，打造一流政务环境、市场环境、法治环境、开放环境。探索实施"免申即享"政策清单，设立惠企政策"认定清单"，实行"免申即享"，力争营商环境综合水平进入全国前列。进一步完善以贡献为导向的评价机制，创造高质量科研成果、推动科技成果转化；营造鼓励创新、宽容失败的社会氛围，提高对创新者的物质与精神激励。

第六章 广西因地制宜发展新质生产力的路径探索

广西应牢牢抓住新型工业化这个关键任务，坚持政策为大、项目为王、环境为本、创新为要，抓住企业、项目、链条、集群四个发力点，推动工业扩量提质，增强高质量发展的内生动力，推动广西在高质量发展这条最优曲线、最佳路径上行稳致远。

第一节 因地制宜发展新质生产力的五大辩证关系

因地制宜发展新质生产力，需要处理好立与破、取与舍、稳与进、共性与个性、快与慢五大辩证关系，精准掌握科学的方式方法，做到善于把握事物本质、把握发展规律、把握工作关键、把握政策尺度。

一、立与破：先立后破，不能结构断层

"立"在先开路，有基础性、先导性，必须避免"未立先破"或"只破不立"。"破"在后紧跟，打破旧束缚，才能给新动能腾出发展空间。立与破，对立统一，都是促进事物向前发展的动力。注重立与破的系统性

和协同性。千方百计打通束缚新质生产力发展的堵点卡点，形成有利于出创新成果、有利于创新成果产业化的新机制，定能推动经济实现新跃升。

二、取与舍：立足实际，避免"简单退出"

做好取与舍，做到有所为有所不为，才能推动新质生产力加快形成。判断取与舍，需立足实际，摸清家底，避免急功近利。权衡时，应跳出产业和地域局限，善于从大局出发，算好长远账。取与舍不是机械的，"取"来的，也要"升"上去。既谋一域，也谋全局；既关注发展前沿，也要守住民生产业，综合研判、科学取舍，才能以新质生产力更好推动高质量发展。

三、稳与进：稳中求进，提升产业链供应链韧性和安全水平

"稳"是基本盘，也是生命线。大方向要稳，方针政策要稳，战略部署要稳，在守住根基、稳住阵脚的基础上积极进取，才能夯实"新"的根基、积蓄"进"的势能。"进"是方向和动力。面对制约新质生产力发展的瓶颈问题，需坚持问题导向，精准施策，找到推进的突破口和着力点，以巩固稳定的基础，提升稳定的质量。"稳"和"进"的辩证法，统一于谋定后动、奋发进取的行动中。

四、共性与个性：扬长避短，不搞"一种模式"

谋篇布局，关键在因地制宜，不能"捡到筐里都是菜"。既要遵循新质生产力的普遍规律和共同特征，又要充分考虑各地、各产业的实际情况和特殊性，准确把握共性与个性。新赛道很多，选择哪一个赛道，要看各地资源禀赋、产业基础、环境条件等，不能"一哄而上"都搞一种产业，要有"入山问樵、入水问渔"的智慧，也要有"一把钥匙开一把锁"的精准。发展新质生产力，不能千篇一律，陷入"高水平重复"。应扬长避短、同中求异、互补共进，以培育新动能、构筑新优势，从而汇聚成强大的发展合力。共性与个性在一定条件下可以相互转化。要及时将各地成功

的个性化探索，上升为规律性认识，形成指导新质生产力发展的有益经验。

五、快与慢：抢抓机遇，完善现代化产业体系

加快发展新质生产力，必须掌握快与慢的辩证法，既要抢占先机，又要"保持历史耐心"。"快"就要抢抓机遇，看准了就抓紧干，但不能急于求成。要奔着最紧急、最紧迫的问题去，紧盯颠覆性、前沿性技术，抓牢战略性、先导性产业。也要把握好节奏和力度，久久为功、步步为营，一仗接着一仗打。要保持战略定力和耐心，坚持一张蓝图绘到底，滴水穿石，厚积薄发。快慢之道，既是创新之道，更是发展之道。

第二节　广西因地制宜发展新质生产力的政策要点

广西因地制宜发展新质生产力，需要着眼于创新要素、产业基础、区位条件、资源禀赋四大政策要点。

一、着眼于创新要素

大家通常会认为发展新质生产力只能在科技创新集中的地区，尽管发达地区汇聚高端人才、要素资源充沛且科技创新成果累累，然而，这并不意味着欠发达地区就无缘发展机遇。在一些节点性城市和区县以及一些西部的地区，要利用好科研基础、技术人才、科教高校等本地科研条件，培育一批特色"产学研"创新主体；充分发挥自身创新要素禀赋以及成本优势，找准自我定位，布局工艺创新、中试小试、成果转化、技术落地等合适的创新环节；积极承接核心城市科技创新成果转移，推动科技创新和当地产业创新深度融合，加强区域间创新协同，有针对性地做好创新这篇大文章。

着眼于创新要素的案例借鉴：重庆市璧山区，找准定位融入成渝创新发展大格局。近年来，位于重庆市西部的璧山区，充分发挥自身土地空间等要素成本优势，夯实内外交通连接，找准自身"成渝科技创新转化平台"的区域定位，紧抓狠抓成果转化、技术应用等创新环节机遇，积极融入成渝创新发展大格局。自"十四五"规划以来，璧山区持续推动建立符合科技创新发展规律、高效完备的科技成果转化体系，在搭载体、出政策、强平台、造基地、建机制上下功夫，聚焦成渝等核心城市的科技创新对接，全方位加强本地产业创新、技术创新、成果转移等承接协同，不断打造科技成果转化的"高速路"，让成渝两地技术成果走向产业市场的"最后一公里"更通畅，有力地支撑了成渝创新集群的发展。

二、着眼于产业基础

区域发展新质生产力，一个常见的误区是，认为发展新质生产力就是发展战略性新兴产业和未来产业。其实不然，各地需基于自身产业基础，兼顾产业协同，积极推动传统产业转型升级，稳固发展根基，坚持培育壮大新兴领域、构筑发展新引擎，积极探索布局未来产业、厚植产业新优势，要坚持先立而后破、协调统筹推进，形成多层次增长曲线，才能让未来产业、新兴产业与传统产业相得益彰，形成推动高质量发展的合力。

着眼于产业基础的案例借鉴：山东省临沂市形成以钢铁新材料、高端装备制造等为代表的经济发展新支柱。山东省临沂市着力打造"传统产业+新兴产业"双轮驱动，形成八大优势产业，这里面既包括了钢材等传统产业，也包括了高端装备制造等未来新兴产业。临沂市冶金、机械、化工、纺织等传统产业历史悠久，企业基础扎实，已具备一定的规模和行业影响力。

三、着眼于区位条件

新质生产力发展要求下，区域应当高质量构建"区域协同、要素协同、延链协同、产业协同"区域经济布局。立足于区位条件，精准定位自身在城市群中的发展位势，积极融入更大发展格局，支持更大产业空间体系，借势更大发展战略；充分发挥自身比较优势，着眼"科创、招商、人才"等主要方面，促进各类要素合理流动、高效集聚；基于特色产业链条，推进区域内外合作协同，围绕"价值链"加强资源互享、优势互补、风险共担；不断提升产权协作，实现土地、人才、技术、资本等要素共享支撑。

着眼于产业基础的案例借鉴：山东省淄川经开区不断挖掘自身区位特色，积极融入山东半岛城市群战略，谋求更大的新质生产力发展空间。近年来，淄川经开区全面对接齐鲁科创大走廊，支撑淄博"一高地、两引擎"建设，积极融入"一廊两翼多支点"空间体系。依托机械加工、装备制造、整车制造等优势产业，深化与省会经济圈及半岛城市群各区域的产业协作，积极探索"飞地"经济模式，促进人才与科技创新联动，优化要素协作机制，通过价值链、企业链、供需链、空间链、要素链的优化配置和提升，打通上下游间各个环节，打造产业竞争新优势，有力地支撑自身产业现代化体系建设。

四、着眼于资源禀赋

一方水土培育一方产业，用好自身资源禀赋、发挥优势特长，充分依托人工智能、大数据等数智化赋能手段，进一步挖掘资源潜力，精准定位新质生产力产业布局，加速科技与产业融合创新步伐。

着眼于产业基础的案例借鉴：海南地处热带，全年气候温暖湿润，适宜大力发展生物育种等新质生产力。海南省五指山以南区域冬天平均气温在16摄氏度以上，给"南繁育种"提供了"天然温室"，有利于因地制宜创新发展生物育种、种养工艺等领域。挖掘当地育种潜力、扩大育种品类，充分依托温度、湿度、纬度等自然资源禀赋，夯实创新能力建设，打通育种业全产业链。

第三节 广西因地制宜发展新质生产力的战略方向

基于广西当前的产业发展状况，融合产业发展新趋势与自治区的重点规划，精心挑选适合广西本地条件、具有新质生产力发展潜力的产业。

一、基于产业禀赋基础，推动制造业"三化"转型

广西传统产业占规模以上工业增加值近80%，是广西发展的主要家底，是稳增长稳就业的"压舱石"，推动传统优势产业高端化、智能化、绿色化发展。

从资源禀赋来看，广西林业资源丰富，森林面积2.23亿亩、森林覆盖率高达62.5%，全国排第三位；木材产量3600万立方米，连续多年稳居全国第一。广西铝土矿资源优势明显，查明资源量8.07亿吨，远景储量超过10亿吨，全国排名第二位，占全国的25%，是国内氧化铝和电解铝的三大生产基地之一。

从产业影响力来看，在柳工和玉柴机械等龙头企业的引领带动下，机械和装备制造产业已初步建成在全国具有一定影响力的千亿级产业集群，成为新时期推动经济转型发展、实现高质量增长的重要"引擎"。广西重点推进有色金属、机械、汽车、冶金、石化化工、食品等传统产业智能化升级，大力推进糖、铝、冶金、建材等传统产业节能技改，取得明显成效。组织实施绿色制造体系，创建国家级、自治区级绿色园区，国家级、自治区级绿色工厂，分别培育国家级、自治区级绿色产品。因此，广西培育发展新质生产力，应当立足自然资源禀赋和产业基础，持续推动传统产业高端化智能化绿色化发展。

二、基于产业动能培育，谋划布局战略性新兴产业

战略性新兴产业代表新一轮科技革命和产业变革的方向，是广西培育发展新动能、赢得未来竞争新优势的关键领域，是支撑广西经济高质量发展的"生力军"。

自"十四五"规划以来，广西战略性新兴产业发展总体平稳，高技术制造业投资年均增长20%以上。新能源汽车等战略性新兴产业发展初见成效，华为、中兴、惠科等一批高新技术领军企业落户广西，建成玉林（福绵）节能环保生态产业园、城等具有代表性的战略性新兴产业基地，为推动经济高质量发展奠定了坚实的基础。然而，广西作为后发展欠发达地区，工业化、城镇化、信息化进程滞后，产业结构不优，战略性新兴产业发展与东部先进地区差距不断增大，与西部地区及周边省份相比，产业优势不突出。新旧动能转换不畅，战略性新兴产业缺乏具有代表性的拳头产品，知名品牌少，产业核心竞争力不足，人才、创新、技术等战略性新兴产业发展关键要素资源的集聚能力不强。

因此，广西培育发展新质生产力，应当在战略性新兴产业赛道加速布局落子。实施新兴产业倍增行动，培育壮大优质企业，集中推进了南宁比亚迪动力电池、柳州赛克瑞浦、北海皇氏阳光科技10吉瓦时光伏组件、玉林华友钴业、北海新福兴等一大批投资量大、带动能力强的标志性项目，新材料、新能源、新能源汽车、装备制造等产业快速形成生态，动力电池等一批无中生有的产业链快速成长壮大，实现光伏产业从"一粒砂"变为千亿级产业。

三、基于产业长远布局，前瞻谋划发展未来产业

未来产业是开辟新领域、制胜新赛道的重要领域。当前，未来产业代表着产业发展的方向趋势，已成为科技创新高度密集、大国竞相开展战略布局的重点领域。国家层面出台了不少支持未来产业发展的政策。在国家大力推动下，北上广深杭等多地开始积极谋划布局未来产业，已有超半数

省份在政府工作报告提出布局未来产业，并开始部署相关领域。梳理我国各省份政策文件中有关未来产业重点领域的布局发现，我国区域未来产业发展范畴更多定位在战略性新兴产业中的一些前沿细分领域，包括能够赋能传统产业转型升级的前沿科技产业（如新材料、量子、人工智能、氢能、区块链）或是具有先导性、前瞻性的处于孕育期的战略性新兴产业（如生物工程、生命健康产业、智能制造或先进制造、空天产业等）。

近年来，广西高度重视未来产业的发展与布局，并在部分产业领域拥有良好的基础条件和区位优势，多项应用实现提档进位领先全国。例如，在第三代半导体方面，国内首条氮化镓半导体激光器芯片量产生产线在柳州正式投产，实现了该类芯片的进口替代和自主可控。在量子信息方面，在中国—东盟卫星应用产业合作论坛上发布全球首款"北斗量子手机"。在氢能产业方面，在防城港市蝴蝶岛上建成全国首个采用光伏、氢能、储能发电的"光氢储"一体化通信基站，为未来低碳电源基站的全面推广带来了宝贵经验。在深远海产业方面，广西首个海上风电项目在防城港全面启动，标志着广西海上风电实现零的突破。在空天产业方面，广西北斗卫星导航定位基准站网正式启用，定位精度及服务可靠性已达到国内领先水平。在生命健康产业方面，依托防城港国际医学开放试验区打造医药百亿元级特色优势产业。在智慧生产制造方面，广西有五家企业入选了国内"智能制造示范工厂"，有6家企业入选了国内"智能制造优秀场景"。因此，广西培育发展新质生产力必须前瞻布局发展具有产业基础、能突出区位优势的未来产业。

第四节　广西因地制宜发展新质生产力的梯度选择

广西培育发展新质生产力应当按照巩固提升传统优势产业，壮大战略性新兴产业，前瞻布局未来产业的思路，全方位构建"传统优势+新兴产业+未来产业"的产业体系。在传统产业方面，冶金、有色金属、石化化工、机械装备、日用消费品、林业等产业具有良好的自然资源禀赋和产业基础，也为战略性新兴产业发展提供了良好基础，可以作为广西培育发展新质生产力第一梯队。在战略性新兴产业方面，新能源及新能源汽车、新一代信息技术、生物技术、新材料、高端装备制造等产业是广西重点打造的千亿级产业，可以作为广西培育发展新质生产力第二梯队。在未来产业方面，结合广西未来产业发展的基础和条件，第三代半导体、量子信息、氢能产业、向海产业、生命健康产业、智慧生产制造等可以作为广西培育发展新质生产力第三梯队。

一、第一梯队：传统特色优势产业"老树发新芽"

推动传统特色优势产业转型升级、提质增效，既是现代化产业体系建设的核心任务，也是扩大内需、促进经济持续健康发展的关键举措。广西培育发展新质生产力要在冶金、有色金属、石化化工、机械装备、日用消费品、林业产业、食品产业等传统特色优势产业上不断找准突破口，破除制约产业发展掣肘，集聚产业发展要素，推动产业向价值链高端环节延伸，推动一二三产业融合发展，拓展新业态新模式，开辟新赛道新领域，抢抓数字化机遇，坚定不移向高端化智能化绿色化融合化迈进。

冶金产业。依托盛隆冶金、柳钢、北港新材料等龙头企业，加快产业链向不锈钢、汽车板材、家电用钢等先进钢铁材料环节延伸，产量争取由全国第二位向第一位跃进。先进钢铁新材料重点发展特种金属材料、高性能结构材料、高强轻质合金材料。不锈钢重点发展300系、400系不锈钢及装饰、厨卫等制品，开发应用于能源装备、环保设备、汽车制造等领域的产品。建设防城港、柳州、梧州、贺州再生钢铁加工产业基地，构建"防城港—北海—玉林—梧州"不锈钢产业带。力争到2025年，实现先进钢铁新材料、不锈钢产业产值突破4000亿元大关。

有色金属产业，依托平果铝业、南南铝业等龙头企业，加快铝全产链优化升级，延伸发展航空航天用铝、铝箔、汽车铝轮毂、电子 3C 用铝、铜杆、铜箔等产品，加快形成"铝产业铝土矿—氧化铝—电解铝（再生铝）—铝材精深加工—铝制品—赤泥"综合利用的全产业链，打造新型铝产业链和产业集群，争取 2025 年铝产业实现电解铝产量超 300 万吨、全国排名第五位以上，工业总产值超 1500 亿元。借助南国铜业等领军企业的优势，计划在 2025 年实现电解铜年产量突破 150 万吨，跃居全国第二位，并新增铜箔产能 5 万吨。

石化化工产业。发挥广西在西部陆海新通道上独特区位优势，依托钦州华谊、恒逸集团、桐昆控股等龙头企业，发挥中国—东盟产业合作区平台作用，与东盟国家在化工领域建立跨境产业链合作，构建多品种的化工产品体系，在高性能树脂、特种橡胶、专业化学品、功能性材料、下游高端化工新材料等领域进一步发力，打造辐射西南中南、面向东盟国家的绿色石化化工产业集群。延伸现代煤化工、轻烃裂解、盐化工、石油化工下游四大产业链，争取 2025 年新增产值规模超 200 亿元。

机械装备产业。依托柳工、欧维姆、广西建工、美斯达等龙头企业，强化装载机、挖掘机、建筑机械（预应力）等传统优势产品，拓展新型物料处理（资源再生）周边设备、矿山机械等新的拳头产品领域，打造技术领先、具有较强国际竞争力的工程机械全产业链。争取到 2025 年，广西工程机械产业产值突破 1000 亿元。依托玉柴和康明斯等知名品牌，围绕绿色动力技术迭代升级，打造从上游技术研发、零部件制造，到下游应用的发动机全产业链。争取到 2025 年，发动机产业实现产值 600 亿元以上，玉柴集团成为超 500 亿级企业。

日用消费品产业。打造空调、冰箱、洗衣机、智能小家电等完整的智能家电产业链体系，争取 2025 年新增产值规模 200 亿元。电动自行车实施强龙头补链条聚集群发展，进一步提升本地配套率，力争 2025 年本地配套率达 90% 以上，打造我国西南、华南地区电动自行车产业和品牌集聚高地。

木材加工及造纸。加快发展重组木、木塑复合材料、正交胶合木等新型产品，在贵港、梧州等地布局高端家具、智能家居、全屋定制、木结构建筑以及五金布艺配套产业，延伸高端家具家居产业链。依托太阳纸业、理文造纸等龙头企业，重点发展各类文化用纸、环保高档生活用纸、不同规格的高档包装用纸和纸板、高技术含量特种纸，打造涵盖工业用纸、生活用纸、纸浆模塑制品等不同场景用纸的全产业链。到 2025 年，广西林浆纸产业产值达 1000 亿元，新增 200 万吨纸浆产能、150 万吨高端纸和纸制品产能，纸及纸板产量跃居全国前五。

食品产业。发挥广西农林畜牧业优势，持续完善食品产业链条，向上与现代化农业相融合，扩建优质原料基地，保障内需供应，向下与餐饮业、物流服务业相融合，对接终端市场。建立从原料采购、食品加工制造、食品包装、食品装备制造、物流配送和终端销售等方面的全流程食品产业链，实现产供销一体化。满足广大群众对传统的副食产品、对多样性农产品消费需求增加的趋势。支持企业探索发展中央厨房和预制菜模式，提供贯穿净菜加工、冷链配送、仓储售卖等环节的"一站式"解决方案。

二、第二梯队：战略性新兴产业"小苗变大树"

战略性新兴产业是牵引和带动未来经济社会发展的重要动力源，发展战略性新兴产业已成为广西抢占新一轮经济与科技发展制高点的必然选择。广西应加速谋篇布局新一代信息技术产业、生物医药产业等战略性新兴产业。

新一代信息技术产业。依托南宁、北海等地电子信息技术产业基础，发挥浪潮、惠科、瑞声科技等龙头企业引领作用，重点发展人机交互智能设备、高清视频显示、新型智能终端、5G 设备及应用、软件和信息技术服务等产业。加快推进区块链、云计算、大数据、物联网、人工智能、智能传感、机器通信等技术与先进制造业融合发展，加快发展通用软件、网络设备、新型存储等产业。积极发展集成电路封测产业、光通信产业，以应用为牵引发展数字芯片、汽车电子、车载互联网，积极布局集成电路设计和宽禁带半导体产业，2025 年，争取广西新一代信息技术产业产值达到 1800 亿元。

生物医药产业。以广西特色中药民族药、化学药和医疗器械为重点发展方向，以育强龙头、锻造长板、补齐短板、产业集聚为基本路径，以建基地、培育骨干企业、创公共品牌、协调机制为着力点，大力推动生物医药产业基地建设和原料药材基地建设，打造一批区域优势品种和著名品牌，加快培育新动能，提升产业规模，做大做强现有生物医药骨干企业，构建合理的现代生物医药产业体系，推动广西生物医药产业特色化、规模化、集群化发展，形成生物医药产业跨越发展新格局。到 2025 年，力争生物医药产业产值达到 1000 亿元。

新能源及新能源汽车产业。新能源产业，整体引进新能源发电、新能源装备制造和储能技术产业化应用龙头企业，重点打造风电、太阳能光伏、核电、生物质能等上下游产业链，建设立足广西、辐射西南中南、面向东盟的新能源发电产业集群。新能源汽车产业，依托南宁东部新城、中国新能源汽车城（柳东新区），重点支持引进新能源整车企业、"三电系统"等关键零部件优势企业，全面提高新能源汽车产业本地配套率，大力发展燃料电池系统和动力电池、电机桩、加氢站、供氢系统、电控系统、智能驾驶系统等关键产品，前瞻谋划布局发展氢能源汽车产业。到 2025 年，力争新能源和新能源汽车产业产值达到 1400 亿元。

高端装备制造产业。依托柳工、玉柴等工程机械企业，重点发展轨道交通装备、海洋装备、智能制造、航空器装备、风电装备、林产智能装备、智能电网装备、卫星应用产业。重点推进柳州智能电网产业园、南柳桂高端装备制造产业基地以及沿海海工装备制造基地建设，推动广西高端装备制造业规模化、集群化发展，提升广西在全国高端装备制造的知名度和影响力，打造国家级现代化高端装备制造业生产基地。到 2025 年，力争高端装备制造产业产值达到 1200 亿元。

三、第三梯队：前瞻谋划未来产业"种子快开花"

大力培育未来产业，已成为塑造新质生产力的战略选择。广西应谋篇布局未来产业，积极抢占第三代半导体、量子信息、氢能产业等未来产业新赛道。

第三代半导体。依托桂林国家高新区平台，培育引进半导体龙头企业，加大研发和技术攻关支持，鼓励企业重点突破西方国家第三代宽禁带半导体用新型电子材料氮化镓（GaN）、碳化硅（SiC）等关键技术封锁，打造全国特色集成电路产业基地，重点发展新一代硅基半导体材料、化合物半导体材料等。

量子信息。加快布局量子计算、量子通信、神经芯片、DNA 存储等前沿技术，开展先行先试，结合广西量子通信技术的优势，在政务外网领域探索开展政务数据安全传输试验，推动实现试验平台内的政务数据安全传输加密，提升广西政务数据安全治理和保障能力。

氢能产业。学习贵州等省份先进经验，围绕氢能"制提储输用"全生命周期产业环节，建立健全氢源供给体系、储运体系，加快建设加氢基础设施，拓宽氢能应用场景。培育氢能全产业链，提高技术创新能力，搭建产业技术基本公共服务平台，构建集生产、研发、应用、服务于一体的全产业发展体系，探索开展氢能利用及运营模式先行先试。支持南宁、柳州、钦州、防城港、玉林、贵港、百色等城市，大力发展制氢装置、储氢运氢设施、氢燃料电池系统、氢能车船等氢能装备制造产业，加快氢能与新能源装备制造产业、汽车船舶制造产业、冶金产业等融合发展。

深海产业。积极拓展深远海养殖空间，重点发展深水网箱养殖，构建深远海和近岸协同互补的海洋养殖体系，打造北部湾海洋牧场。在北海、钦州、防城港三市布局海上风电产业链，从国内外引进一批大型风电整机制造和叶片、发电机、齿轮箱、控制系统、海底电缆等关键零部件生产企业，支持龙头企业加快打造风电产业园，重点建设北部湾国际海上风电产业园，打造西南地区风电装备核心产业基地。

生命健康产业。推动健康养老、健康医疗、健康旅游、健康医药、健康食品、健康运动、健康和医美抗衰七大产业全面发展，构建以健康养老、健康医疗、健康旅游产业为核心，辐射带动健康医药、健康食品、健康运动产业联动发展的大健康产业体系。立足巴马等地"广西特有、中国稀缺、世界罕见"的长寿资源，运用生物和大数据等高新技术深入研发长寿科技产品，打造以爱生生命为龙头的长寿科技头部经济体，形成长寿科技产业生态集群。加强与东盟国家多领域的健康合作交流，创新、完善和发展有效的广西—东盟合作机制，扩大创新合作圈。

第五节　广西因地制宜发展新质生产力的路径探索

广西应积极探索培育新质生产力的有效路径，旨在通过创新驱动、产业升级和数字化转型，推动产业实现高质量发展。

一、搭建产业平台，实施"对标一流"创新工程

广西在培育新质生产力的过程中，首要任务是构建一个全方位、多层次的产业创新平台体系。通过构建涵盖技术研发、成果转化、人才培养、创业孵化等多个关键环节的产业平台，实现创新资源的有效整合与共享。同时，区内企业应敢于挑战国际顶尖水平，通过引进、消化、吸收再创新的方式，不断突破核心技术瓶颈，提升自主创新能力和产品附加值。政府应进一步加大对创新型企业的扶持力度，不仅要在政策、资金、税收等方面给予全方位支持，还要建立健全创新激励机制，激励企业加大研发投入，充分激发企业的创新潜能。此外，广西还应积极融入全球创新网络，与国际知名研发机构和企业建立合作关系，共同开展前沿技术研究，提升广西在全球创新体系中的地位。

二、突出合作赋能，打造国家级先进制造业集群

广西在推动产业高质量发展时，应注重合作赋能，通过与国内外先进

制造企业建立深度合作关系，实现技术、资金、市场等资源的共享与优化配置。在重点领域，如智能制造、新能源汽车、高端装备制造等，应集中力量培育一批具有国际竞争力的先进制造业集群。这些集群将成为广西经济高质量发展的强大动力，并带动上下游产业链协同发展，构建特色鲜明、优势显著的产业体系。同时，加强与国内外知名企业的合作，共同建设研发中心、生产基地和物流网络，提升产业链的整体竞争力。

三、树品牌强质量，高质量建设国内国际一流企业

品牌既是企业参与市场竞争的重要"武器"，也是提升产品附加值和市场份额的关键。企业应注重品牌建设和质量提升，通过加强技术研发、优化生产流程、提升服务水平等措施，打造具有独特竞争力和市场影响力的品牌产品。品牌建设需深挖文化内涵，传承地方特色，融入文化元素，以增强品牌的辨识度和美誉度。同时，区内企业应积极参与国际国内标准制定，提升广西产品在国际市场的认可度和话语权。此外，政府应加大对品牌建设的支持力度，提供品牌宣传、市场推广、知识产权保护等方面的帮助，助力广西企业走向更广阔的舞台。

四、盯链主抓龙头，提升产业链供应链现代化水平

在全球化背景下，产业链供应链的稳定性和竞争力成为决定地区经济发展的重要因素。广西应重点关注并扶持重点产业链的链主企业和龙头企业，利用政策引导和资源配置，助力其进一步壮大。这些链主企业和龙头企业不仅具有强大的技术实力和市场影响力，还能带动上下游企业协同发展，提升整个产业链的竞争力和现代化水平。为了实现这一目标，广西应加强与国内外知名企业的合作，共同建设产业链供应链协同平台，实现信息共享、资源互补和风险共担。同时，政府应加大对产业链供应链的支持力度，提供融资、物流、人才等方面的服务保障，为广西企业参与全球产业链供应链竞争提供有力支撑。

五、制造跃升智造，数字赋能产业高质量发展

随着数字技术的快速发展，智能制造已成为制造业转型升级的必然趋势。广西应积极推动制造业向智能化、数字化转型，通过引入先进的数字化技术和管理理念，提升生产效率和产品质量。在智能制造方面，广西企业应注重自动化生产线、智能工厂和工业互联网等建设，实现生产过程的智能化和数字化管理。同时，应加强数字基础设施建设，如5G网络、大数据中心、云计算平台等，为产业高质量发展提供坚实的数字支撑。此外，广西还应注重数字人才的培养和引进，为数字赋能产业高质量发展提供有力的人才保障。

第六节 广西因地制宜发展新质
生产力的战略支撑

建议从深化教育科技人才综合改革，推动产业数字化转型，培优育强经营主体，提升企业质量塑品牌，推动产业融合化发展，加快产业体系绿色转型，持续优化营商环境，高质高效建设产业园区，推进产业高水平开放合作等方面提供广西因地制宜发展新质生产力的战略支撑。

一、深化教育科技人才综合改革

加强科教创新和产业创新融合，打造一批卓越工程师学院、市域产教联合体、行业产教共同体和现代产业学院。调整优化学科专业布局，建强一批一流学科、一流专业，鼓励引导高校新设立一批适应产业发展需要的学科专业，加强高技能人才队伍建设，深度推进产教融合。推动建设全国重点实验室、国家级平台分支机构和自治区实验室等一批科技创新平台，实施关键核心技术攻坚行动，以科技创新赋能产业升级。实施科技人才集

聚扎根行动，抓好"带土移植""厚土培植"，做好院士引育、院士工作站建设、院士创新团队引进等工作，顶尖人才、领军人才、青年拔尖人才达 1500 人。推进与粤港澳大湾区、长江经济带、京津冀地区、成渝地区双城经济圈等区域高校、科研院所开展协同科技创新，建立完善科技成果与企业需求对接机制和转化激励机制，推动科技成果高效转移转化。

二、推动产业数字化转型

实施智改数转网联行动，以智能制造为主攻方向，推进人工智能全方位、深层次赋能新型工业化，深化应用广西制造业数字化转型路线图，推动重点产业链"链式"数字化转型，强化中小企业数字化赋能，加强工业互联网场景创新，开展国家数字化转型贯标试点，建设一批智能制造优秀场景、智能工厂、智能制造标杆企业，争创国家智能制造试点示范和国家中小企业数字化转型城市试点。完善数字化转型服务体系，推广应用"桂惠通"平台，完善"壮美广西·金融云"，推进金融、产业、企业、数据集成共享。建设广西林控互联网等交易平台，支持"一键游广西"、公共物流信息、大宗商品交易等共性平台建设。

三、培优育强经营主体

实施好重大项目建设"三个一万亿"工程①，提高产业项目占比，优化重大项目结构，统筹谋划、储备、实施一批重大产业项目。梯度培育壮大领航企业和优质中小企业，引育一批群链牵引力强、竞争能力突出的龙头企业和具有产业链控制力、生态主导力的"链主"企业。鼓励企业积极开拓国际市场，大力发展海外仓、市场采购贸易及跨境电商业务，并助力企业参与各类重点国际展会。深入实施国有企业改革深化提升行动，支持国有企业、民营企业、外资企业优势互补、竞相发展，培育世界一流企

---

① "三个一万亿"工程是指谋划、储备、建设一批总投资规模分别达到一万亿元以上的重大工程项目。

业。培育壮大一批农业、服务业龙头企业。建立优质中小企业梯度培育库，引导"专精特新"中小企业在产业链供应链关键环节补短板、锻长板、填空白。培育一批根植性强、竞争力强的制造业单项冠军企业。持续推动工业企业、建筑业企业、批发零售餐饮企业、服务业企业"上规入统"。

四、提升企业质量塑品牌

实施增品种、提品质、创品牌"三品"行动，推行系统化质量管理，建立全产业链质量标准管理体系，促进设计、材料、工艺、检测、应用等产业链质量联动提升。持续开展自治区主席质量奖评选表彰，引导和激励广西各行各业加强质量管理。加强品牌管理体系建设，引导行业协会、高校、科研机构服务商标品牌发展，打造一批拥有自主知识产权、竞争力强的"桂字号"品牌，推动"老字号"品牌守正创新，争创一批质量标杆、中国质量奖、中国精品等。加大中国品牌日、中国国际服务贸易交易会的宣传推广力度。推动广西新能源汽车、先进装备制造、化工新材料等产业链优势技术转化为国际标准，推动机械、汽车、冶金等产业先进标准转化为国际标准。强化现代物流、平台经济、商务服务、健康养老、家政服务、知识产权等领域标准实施应用。加强质量认证，引导各类生产性服务业企业尤其是中小微企业获得认证。

五、推动产业融合化发展

推动一二三产业深度融合发展。深入推进先进制造业和现代服务业融合发展，争创国家服务型制造示范，总结推广"制造+服务"典型经验，培育壮大工业设计、信息技术服务、人力资源管理、知识产权服务、创意设计等生产性服务业经营主体。促进现代服务业与现代农业深度融合，培育发展种业研发、仓储物流、农机作业及维修、农产品营销、农业金融服务、资源回收利用等农业生产性服务业。深入实施农产品精深加工提升工程，打造数字农业、智慧农场、农业工厂应用场景，争创国家农村产业融合发展示范园。

六、加快产业体系绿色转型

厚植生态环境优势推动绿色发展。优化区域发展空间布局，强化国土空间治理，严格耕地保护，持续推进生态系统治理和修复，持续深入打好蓝天、碧水、净土保卫战。严密防控环境风险，稳妥有序推进碳达峰碳中和工作，推动生产方式绿色化、现代农业绿色发展和林业高质量发展。强化绿色技术创新支撑，大力发展绿色交通，积极发展绿色建筑。完善市场交易机制，探索绿色金融发展机制，健全生态环境保护执法监管长效机制，提升推动绿色发展能力水平。

七、持续优化营商环境

常态化开展实体经济调研服务，加快培育"营商广西·桂在便利"服务品牌，扎实推动"高效办成一件事"。推动便利政策集成创新，试点贸易便利、投资便利、资金流动便利等领域改革，聚焦经营主体需求，深入开展降低企业生产经营要素成本、破除区域壁垒、政务服务提升、"新官不理旧账"专项整治、知识产权创造保护和运用提升等五大攻坚行动。制定产业链"场景应用清单"，打造新技术新产品示范应用场景。

八、高质高效建设产业园区

不断完善园区软硬环境，提升产业园区承载力和竞争力。落实中央和自治区关于沿边临港产业园区和中国—东盟产业合作区建设的部署和要求，提高面向东盟的产业链供应链整合塑造能力，积极承接国内外产业转移。实施广西产业园区建设三年行动方案，用好财政资金，创新投融资模式，撬动社会资本。提高产城融合水平，推进物流、通关、交易等便利化。加速构建生产性服务业集聚高地，促进现代物流、信息服务、科技服务及金融服务等核心服务业的集群式发展。提升建设现代特色农业示范区，高质量创建一批国家农村产业融合发展示范园、现代农业产业园、农业高新技术产业示范区。

九、推进产业高水平开放合作

高水平共建西部陆海新通道，高标准高质量建设平陆运河，提升北部湾国际门户枢纽功能，促进通道与产业融合。加快建设沿边临港产业园区和中国—东盟产业合作区等。加快推进与东部省份产业协作机制，积极承接沿海发达地区产业转移。持续优化对内对外开放"软"环境。加强与东盟、共建"一带一路"国家重点领域合作，加快北部湾经济区和珠江—西江经济带开发开放，打造粤港澳大湾区重要战略腹地，推动与长江经济带、京津冀地区、长三角地区、成渝地区"双城经济圈"协同发展。加快推进要素成本、政务服务、产权保护等经营主体关切的重点领域改革。

第七章 广西因地制宜发展新质生产力的对策建议

深入贯彻落实习近平总书记关于广西工作论述的重要要求，坚持"解放思想、创新求变，向海图强、开放发展"战略指引，进一步全面深化改革，进一步补短板、强弱项，拉长板、锻新板，强化"深"的意识、弘扬"实"的作风、下足"细"的功夫、聚焦"准"的靶点、突出"效"的导向，实干为要、创新为魂，用业绩说话、让人民评价，扎实推动高质量发展，加快构建现代化产业体系，在质的有效提升和量的合理增长上有明显进展，奋力谱写新时代壮美广西建设新局面。

第一节 以科技创新为引领提供持久动力

坚持创新在现代化建设全局中的核心地位，为广西高质量发展提供强有力支撑。科技创新是发展新质生产力的核心要素，没有科技创新，发展新质生产力无异于纸上谈兵，广西加快培育新质生产力务必要继续全面做好产业科技创新"大文章"。

一、加强广西关键核心技术攻关力度

建议由自治区科技厅牵头制定相关政策，明确未来五年或更长时间内

的广西关键核心攻关方向、目标、重点任务及政策措施。继续深化科技"尖锋"行动攻关计划，聚焦新能源汽车、工程机械、动力装备、绿色化工、新能源等领域，以及平陆运河建设重大项目，精选一批兼具战略意义与市场潜力的关键核心技术进行攻关。按照《自治区本级科技计划项目经费优化整合方案》要求，尽最大努力将所有项目经费优先用于安排科技"尖锋"专项。在省级财政预算中设立"关键核心技术攻关专项基金"，用于支持重点攻关项目。鼓励社会资本积极参与，构建多元化资金投入体系。同时，倡导企业通过自筹、政府补助、银行贷款等途径筹集资金，以丰富资金来源。推行企业出题、科研机构解题机制，激励企业依据自身发展需求提出技术挑战，由科研机构或高校负责攻克。通过"联合出资出题、全球挂榜、企业验榜、企业试用"的方式，推动产学研深度融合。

大力支持国家级实验室建设。高度重视国家实验室的顶层设计和统筹布局，制定出台相关规划和政策，优化资源配置，持续推出更多针对国家重点实验室的优惠政策，涵盖资金扶持、税收优惠、土地使用等方面，旨在吸引并留住顶尖科研人才。充分调动政府、高校、科研机构和企业等多方力量，共同参与国家实验室的建设。依托广西大学、广西科学院等本地高校和科研机构，建设一批国家级和省级重点实验室。通过与国内一流科研机构建立合作关系、活性引进国内顶尖人才等措施，扩充实验室的科研团队，提高科研水平和创新能力，不断提升实验室的国际影响力和竞争力。

二、加快建设面向东盟的科技创新合作区

加强区域合作，充分发挥广西作为中国与东盟的重要门户和合作枢纽的重要作用，加快建设面向东盟的科技创新合作区，组织实施一批面向东盟的科技创新合作项目，布局建设一批自治区级科技创新合作基地，围绕地质矿产、电子信息、中医药等领域积极培育创建国家"一带一路"联合实验室，引导支持区内各类创新主体与东盟国家科研单位建立科技合作联系。

打造面向东盟的区域性科技成果转化首选地，组建中国—东盟科创供

应链平台，实现平台"下单"、系统智能"撮合"高等院校、科研机构、创新团队等响应"接单"，促进精准对接、精准协同、精准转化。吸引更多的东盟国家科研机构和人员来广西进行合作研究和技术创新。

三、提升科技成果转化和孵化专业化能力

聚焦破解创新链与产业链融合发展的结构性矛盾、从"实验室"走向"应用场"的关键性痛点，坚持以"用"为导向、以企业为主体、以项目为载体，搭建供需"新桥梁"，建立从"样品"成为"产品"，"书架"走向"货架"的高效顺畅科技成果转化通道。让专业的人做专业的事，开展线下科技成果转化活动，建立供需对接清单机制，组建懂科研、懂验证、懂市场的复合型人才队伍，即"科技工兵"队伍，通过挖掘市场需求、"把脉问诊"技术、赋能成果转化"三步法"打通"最初一公里"，精准对接科技成果和企业技术需求。

推动建设"市场化"成果转化交易平台，实现"科技成果淘宝买"，参照浙江、江苏等省份经验，创办网上技术市场等有效的"市场化"成果转化交易平台，实现广西经济资源面向全国共享，吸引全国科技资源落户广西。

贯彻落实好《广西壮族自治区促进科技成果转化条例》，引导和规范广西科技成果转化平台建设发展，构建更加健全高效的科技成果转化链条，加快推动先进适用技术在广西转化落地。支持企业产品迭代与创新，对在广西区内获得国内首台（套）重大技术装备认定的生产企业，在实现首台（套）销售后按有关规定予以一定奖励。

四、优化重大科技创新组织与管理方式

健全以国家级科技创新平台为核心引领，以自治区重点实验室为主要支撑的科技力量体系，锚定高水平建设面向东盟科技创新合作区的战略目标和"一带一路"重要门户优势，将充分发挥西部陆海新通道牵引带动作用，加快建设中国—东盟/RCEP 国际知识产权总部基地、中国计量科

学研究院东盟计量研究中心、国家级产业技术基本公共服务平台等科技创新服务平台，开展基础研究和关键核心技术攻关。在地中海贫血防治、新能源汽车制造、地球科学等领域择优培育全国重点实验室，争取在内燃机、工程机械等优势特色领域争创国家技术创新中心。建立市场主导的科技项目遴选、经费分配及成果评价机制，完善企业家、专家参与项目评审、政策制定及指南编制的机制，并推行专家实名推荐的非共识项目筛选。推行"揭榜挂帅""赛马制"等新型科技攻关模式，允许科研类事业单位实行比一般事业单位更灵活的管理制度，探索实行企业化管理，推动完善科研机构管理机制，建立常态化的政企科技创新咨询制度。

五、强化与发达地区的科技协同创新

广西要立足自身实际科研能力，在新兴产业、未来产业领域积极加强与发达地区的协同创新，落实好《关于促进广西科创飞地高质量发展的指导意见》。广西要与粤港澳大湾区、长江经济带、京津冀地区、成渝地区双城经济圈等发达地区做好协同科技创新，在北京、上海、粤港澳大湾区国际科技创新中心，以及成都、重庆、武汉、西安等创新资源密集地区重点布局科创飞地，建设开放协同、内外联动的科创飞地合作网络，推动科创飞地信息互通、资源共享，提高科创飞地投入产出效率，探索面向未来产业的前沿技术攻关机制，实行特定重大战略任务直接委托机制，探索多地协同开发、创新科研代工、委托研发等合作模式，打造协同创新共同体，形成"研发在飞地，成果在广西"的区域创新合作新模式。

第二节 扎实推进科技创新与产业创新深度融合

科技创新是实现高质量发展的制胜之道，也是新型工业化的核心支撑。广西要积极推动创新链、产业链、资金链、人才链融合发展，促进技

术、知识、人才、资金等要素集聚互动，形成良性循环，助力新质生产力蓬勃发展。强化企业创新主体地位，加强关键核心技术攻关，构建产学研用高效协同、上下游紧密合作的创新联合体，大力推进原始创新和成果转化应用。深化教育科技人才综合改革，畅通三者良性循环，推动开展综合科学考察研究，以摸清本底、发掘优势，找准科技创新的着力点和突破口，大力引育科技领军人才和创新团队，鼓励企业"走出去"，在发达地区设立研发机构，链接优质科创资源，打造"大湾区研发+广西制造+东盟市场"等产业创新协作体系。加速智能化改造和数字化转型，推动人工智能全面深入赋能新型工业化进程，建设一批智能制造优秀场景，智能工厂、智能制造标杆企业，在汽车、钢铁、石化化工、机械装备等重点行业打造一批工业互联网创新应用场景。

一、突出企业科技创新主体地位

建立企业常态化参与机制，广西推动企业常态化参与自治区科技创新决策，确保企业在科技创新方向和政策制定中的话语权。建立企业科技创新动态监测机制，定期对企业的科技创新活动进行监测，包括研发投入、创新成果、产学研合作等方面，以掌握企业科技创新的最新动态，根据企业发展情况及时调整政策效果。完善"科技型中小企业—高新技术企业—瞪羚企业"的梯次培育体系，培育创新型领军企业，积极打造创新集群。对具有行业领先地位和创新能力的企业给予重点支持，鼓励其通过技术创新和商业模式创新，推动产业升级和转型发展。支持龙头企业与科研院所、高等学校共建联合实验室或新型研发机构，协同开展关键核心技术攻关，支持企业主动牵头或参与国家科技攻关任务。以领军企业为核心，吸引和集聚上下游企业、高校、科研院所等创新资源，形成创新集群，提升整体创新能力。加大对专精特新企业、单项冠军企业、瞪羚企业等创新型企业的培育力度，同时注重科技型企业家的培养。持续优化支持科技型企业家成长的政策环境，涵盖财政补贴、税收优惠、融资便利等多方面，旨在降低创业门槛，提升创业成功率。鼓励高校和职业院校加强科技创业教育，培养具有创新精神和实践能力的创业人才。定期举办创新创业大赛、论坛等活动，为科技型企业家提供展示和交流的平台，促进创新创业氛围的形成。

强化企业主导的产学研深度融合。参照浙江省经验，推广"企业出题、高校解题、政府助题"产学研协同创新机制，支持高校、科研机构与企业共同围绕产业关键共性问题开展攻关。细化政策措施，加强政策宣传与培训。进一步细化支持产学研深度融合的政策措施，明确资金扶持、税收优惠、人才引进等方面的具体条件和操作流程，提高政策的可操作性和透明度。同时，通过举办政策宣讲会、培训班等形式，加强对产学研合作政策的宣传和培训，提高企业和科研机构对政策的知晓率和利用率。搭建中国—东盟产学研数字化平台，用于发布产学研合作需求、成果展示、项目对接等信息，共享面向东盟的学历教育和技术培训项目的资源库、课程、教材和培训包，建立与东盟国家高校间课程互选、学分互认、职业资格互认机制，方便企业、高校和科研机构之间的沟通与交流。定期举办产学研合作对接会，政府或行业协会应定期举办产学研合作对接会，邀请企业、高校和科研机构代表参加，促进面对面的交流与合作。

二、推动"科技—产业—金融"融合发展

优化财政科技经费分配，进一步提高财政科技经费中直接用于科研项目攻关的比例，确保资金精准投放到关键领域和重点项目。针对科技型企业及战略性新兴产业，制定一系列更为详尽的扶持政策，涵盖税收优惠、资金补贴、市场准入等多个方面，旨在切实降低企业运营成本，进一步激发创新活力。深化金融服务创新。积极推广知识产权质押融资模式，大力鼓励金融机构涉足该领域，以此拓宽科技企业的融资渠道，有效减轻对实物抵押的过度依赖。发展科技保险，推出更多针对科技企业的保险产品，如研发中断保险、专利侵权保险等，为企业提供风险保障。着手建立科技金融专营机构体系，鼓励银行、保险等金融机构设立专门的科技金融部门或专营机构，专注于为科技企业提供金融服务，以期提升服务的专业性与

效率。搭建平台促进"科技—产业—金融"深度融合发展，搭建科技金融服务平台，建设集信息展示、项目对接、融资服务等功能于一体的科技金融服务平台，方便科技企业与金融机构之间的信息交流与合作。开展科技金融对接活动，定期举办科技金融对接会、研讨会等活动，邀请科技企业、金融机构、政府部门等各方参与，促进合作与交流。推动投贷联动，鼓励风险投资机构与金融机构合作，通过"股权+债权"的方式为科技企业提供资金支持，实现风险共担、利益共享。

三、构筑"产业+科创"企业雁阵体系

构建新梯队新生态，构筑"产业+科创"企业雁阵体系。畅通头部、腰部、根部企业，构建大中小企业协同发展生态，构建形成"产业+科创"企业雁阵体系。发挥企业创新引领作用，带动并培育一批根植深厚、创新能力强、市场前景好的生态主导型企业。奋力挺起"腰部力量"，梯队培育优质企业。构建涵盖孵化培育、成长扶持、推动壮大等全生命周期的优质企业梯度培育体系，鼓励中小企业专注打造专长，练就独特技能、掌握核心产品、成为配套专家。培育一批深耕细分领域、具有独特专长的创新"尖兵"，在新领域新赛道脱颖而出。实施大中小企业"携手行动"工程，采取定向扶持、内部孵化、技术共享、数据联通、订单保障、设备互联等措施，推动大中小企业跨区域、跨领域协同合作。形成头部企业创新引领、优质企业快速成长、初创企业不断涌现的发展态势。

四、强化支撑产业创新的人才培养供给

聚焦广西"19+6+N"现代化产业体系发展所需，支持建设一批填补广西布点空白的学科专业，新增的相关领域本科专业和硕士、博士学位点；支持相关领域国家级、自治区级一流本科专业建设。支持龙头企业牵头联合上下游企业和有关技工院校、职业院校组建技能人才培养联盟，通过订单班、委托班等定向培养技能人才，给予学校一次性培养补助。

实施高技能人才职业发展激励计划。鼓励企业建立首席技师制度。通

过自治区各类评比达标活动，加大对高技能人才的奖励力度。继续开展"广西工匠"选树宣传活动。完善技能大赛获奖选手奖励措施，加大对世界技能大赛和全国职业技能大赛获奖选手、教练、专家团队、训练基地的奖励。加大对高技能人才的引进力度，特别是中华技能大奖得主、世界技能大赛及全国技能大赛的金牌选手、教练和裁判等顶尖人才，以期全面提升广西高技能人才的综合素质。

深入实施终身职业技能培训制度。实施分类施策，完善职业技能培训体系。开展职业技能提升行动并建立长效机制。以企业在岗职工、高校毕业生、农村转移劳动力、退役军人、就业困难人员为重点对象，实施覆盖广西城乡全体劳动者的职业技能培训。针对就业创业重点群体，实施高技能人才振兴计划等专项培训计划。

提高职业技能培训质量和培训效能。举办广西职业技能大赛，推动自治区各级技能竞赛广泛开展，带动各行业企业、院校深入开展技术技能比武。实施世界技能大赛项目集训基地建设工程，培育优质竞赛项目，强化竞赛基础保障。推广"职业培训券"，创新培训模式，推广"双千结对"岗位技能培训，提高培训的针对性和实效性。加强职业技能培训监管，构建完善的培训机构质量评估体系，动态调整机制，优化并公开培训机构及项目目录，增强培训选择的导向性。

组织开展千名科技人才服务企业行动。以广西工业龙头企业、广西制造业单项冠军示范企业、国家专精特新"小巨人"企业、国家农业产业化重点龙头企业、国家"科改示范工程"企业等为重点，每两年组织高校、科研院所科技人才到企业挂职（聘任），帮助企业解决科技创新难题、促进科技成果转化。科技人才主要来自区内高校院所，同时积极争取区外高水平机构的支持。对到企业挂职（聘任）的科技人才，在职称评审、人才项目和科技项目申报、评先评优等方面，同等条件下予以倾斜支持。

围绕重点产业链制订实施场景创新计划，举办场景驱动的技术转化大赛。建立健全"企业出题、科技答题"机制，持续探索"赛马制"等项目组织方式，推行"里程碑式"项目管理制度。鼓励企业与高校、科研院所共建高水平中试基地和平台，高级职称或博士学位的企业科研人才可纳入高校院所编制，自治区提供专项编制支持。

第三节 加快构建现代化产业体系

广西要正确处理好新质生产力和传统生产力之间的关系，统筹推进两者协同发展，一手抓培育壮大新兴产业和布局建设未来产业，一手抓改造提升传统产业，建设具有完整性、先进性、安全性的现代化产业体系。

一、加速传统产业转型升级

传统产业一直是广西经济的"主动脉"，也是培育新质生产力形成的"主阵地"。广西应清醒地认识到传统产业的发展困境及发展特征，分类处理，拓宽新质生产力发展空间。贯彻落实好工业和信息化部等八部门联合印发的《关于加快传统制造业转型升级的指导意见》，结合《广西实施新一轮工业振兴三年行动方案》《关于加快构建广西现代化产业体系的意见》等文件和广西传统产业实际发展情况，做好以下重点任务：

改造升级传统产业，实现企业高效能发展。集中优势资源打好汽车、机械装备、绿色化工新材料、铝等重点产业关键核心技术攻坚战。引导汽车、钢铁、机械装备等生产企业密切关注并高度重视国内外知名企业及发达国家在高端设备技术方面的最新进展；鼓励制糖产业提高糖料蔗生产全程机械化作业水平和中高端食糖占比，鼓励柳钢、柳工等规模以上整机设备生产企业积极对标国内外先进设备的技术标准及参数，加速推进整机设备生产线的技术升级改造，着力发展高端装备制造业。引导骨干企业与广西大学、桂林电子科技大学等高校及科研机构深化合作，构建涵盖资金、场地、项目等多方面的多元化投入机制，共同推进高端产品的研发与测试工作。鼓励和支持骨干企业与国内外知名企业、高校、科研院所在自治区联合成立设备产品研发中心、研究院等新型研发机构。

做好整合重组工作，提升资源配置效率，实现规模化发展。鼓励企业实施链式整合，做大做强产业集群。引导骨干企业（如柳钢、柳工等）充分发挥"链主"牵引作用，通过链式整合、要素聚合、利益粘合，做大做优糖、钢铁、机械等产业集群；支持骨干企业通过资金、技术、专利、股权和市场对资源利用率低，生产规模小（如纺织行业比较散、小）的生产企业实施产品整合重组，优化资源配置，实现产业规模化生产。支持重点企业凭借资金、技术、市场等优势，整合产品类别少、生产规模小的配件企业，扩大规模，提升效益。鼓励有自主品牌的骨干、重点及规模以上企业，整合无品牌、小品牌及品牌效益差的企业，实现品牌、质量检测、市场推广的统一，逐步发挥品牌引领作用，扩大市场份额。引导企业与国内知名上市企业，特别是粤港澳地区优势企业深化合作，争取成为其重要生产基地。鼓励国内外知名企业与自治区钢铁、糖业、食品、轻工等传统企业整合重组，优化资金、技术、人才配置，再造业务流程，升级技术，实现企业的优化升级。

做好落后产能逐步退出工作，实现绿色低碳高质量发展。依据营收标准、环保标准、安全标准、产品质量标准、社保缴存状态等指标，全面建立企业综合评价管理台账。对存在产销持续低迷且达不到环境保护、安全生产、产品质量等相关法律法规和强制性标准要求的"低散乱"企业，淘汰退出。鼓励轻工纺织产业推动造纸业绿色发展，支持高端绿色家居加快发展智能家居、定制家居等产品。

二、培育新兴产业快速发展

广西自"十二五"规划以来高度重视战略性新兴产业的培育与发展，已经取得了明显的效果，推动战略性新兴产业对工业的支撑逐步增强。从规模和质量来看，广西战略性新兴产业整体水平比较偏弱，对广西整体经济发展的支撑作用还不足、集群化水平还有待提升，同时存在区域同质化严重、高附加值产品不多、有影响力和带动力的龙头企业比较缺乏等问题和短板。建议广西重点做好以下几个方面的任务，推动战略性新兴产业的不断壮大：

发挥比较优势，明确发展重点。要继续做大做强发展新一代信息产业、新能源、新材料产业、绿色环保产业、高端装备制造产业等，加快形成一批新技术、新产品、新业态、新模式。具体而言，新能源汽车领域将加快中高端新能源乘用车的研发与推广，新材料产业则着力发展功能材料、高端碳酸钙等无机非金属材料，新一代信息技术产业则重点推进智能终端、光电子器件等产品的研发与产业化。

以资源禀赋为基础，实现差异化发展。各地应依托自身资源禀赋，推动战略性新兴产业差异化、错位发展，彰显区域和产业特色。在自治区层面要优化战略性新兴产业的总体布局，建立完善战略性新兴产业发展的统筹协调机制，明确每个市战略性新兴产业的发展重点，加强重点区域之间战略性新兴产业的分工与协作，建立跨区域的产学研合作机制。

以产业发展规律为遵循，实现集群化发展。遵循产业集聚发展规律，引导企业联合相关高校、科研机构或其他相关组织形成技术创新合作联盟组织，依托国家级/省级重点实验室、国家级科技创新平台等创新高地，组织形成产学研合作网络，形成战略性新兴产业集群。尤其应重点扶持新一代信息技术、新材料、绿色环保等具备良好发展基础和强大创新能力的战略性新兴产业集群。

以产业和技术交叉为方向，实现融合化发展。融合创新是当今产业变革的一个显著特征，发展战略性新兴产业要与传统产业融合，催生新产业、新业态、新模式。广西传统产业占比高，涵盖钢铁、有色金属等八大领域，为战略性新兴产业技术创新提供了广阔的应用舞台。应加大对广西产业技术研究院等产业技术对接平台的支持力度，加速战略性新兴产业与传统产业的深度融合。要积极发展生产性服务业，促进其与战略性新兴产业的深度融合，共同迈向产业链和价值链的高端。

以开放创新为路径，实现国际化发展。培育壮大战略性新兴产业要走国际化的发展道路，深度融入全球创新体系，在对外开放合作中不断提升创新能力和竞争能力。充分利用广西面向东盟的区位优势，结合粤港澳大湾区、西部陆海新通道及中国（广西）自由贸易试验区、中国—东盟信息港、东盟金融开放门户、防城港国际医学开放试验区等重大国家级开放平台，以南宁、柳州、防城港等为重点建立国际合作产业园区，运用全球资金、人才、技术、市场资源，打造产业应用新场景，推动战略性新兴产业的规模扩张和升级迭代。在战略性新兴产业领域加强与国际规则、国际标准的对接，营造具有全球竞争力、公平合理的开放合作生态。

三、部署未来产业整体规划

未来产业是由前沿技术驱动，当前处于孕育萌发阶段或产业化初期，具有显著战略性、引领性、颠覆性和不确定性的前瞻性新兴产业。广西关于未来产业的布局尚处于规划阶段，基础设施和技术引进尚没有实质性的进展，鉴于广西科技创新能力较发达地区比较薄弱，建议广西在未来产业布局方面主要做好与发达地区尤其是粤港澳地区的协同工作。

政府做好未来产业发展规划。广西要根据科技进步和自身产业发展状况及时优化、调整和完善未来产业发展规划及相关支持政策措施。全面剖析自主创新型龙头企业的现状，评估其支撑未来产业发展的基础条件。主动对接国家战略需求，遴选出符合产业政策导向的战略性新兴产业及未来产业。

加强与发达地区尤其是粤港澳地区的协同创新网络构建。未来产业由于颠覆性和不确定性等特征对技术创新的要求较高，广西要在实际考量自身科技创新能力的基础上，避免"闭门造车"式发展未来产业。要加强与发达地区尤其是粤港澳地区的协同创新网络构建，以此汇聚区域之间的创新发展合力。结合广西的实际情况，着重在未来制造、未来信息、未来材料、未来能源、未来空间、未来健康等未来产业领域，布局建设一批科技成果转化中试基地、未来产业孵化器和先导区，在人工智能、元宇宙、生命科学、深海空天、人形机器人、脑机融合等领域深化和发达地区的合作创新。

第四节　加快催生新产业新模式新动能

择优选择并加快实施一批对广西经济社会有较大影响的应用场景，持续发布场景"机会清单"和"能力清单"，积极开展场景招商工作，聚焦未来健康、深海空天、未来新材料、未来新能源等重点领域和方向。

一、持续加快应用场景创新发展

持续征集发布应用场景清单。持续向自治区各相关部门、各设区市征集场景清单，组织专家论证、遴选，为市场提供更多应用场景创新机会。加强业务培训与指导，面向自治区相关部门、国有企业、商会协会、高校及科研院所，密集开展工作部署会或业务培训会，提升各方对场景创新的认识和参与度。推动试点示范与推广应用，在重点领域选择一批具有示范意义的场景创新项目进行试点，总结经验后逐步推广应用，形成可复制、可推广的模式。参照浙江省经验做法，按照"一地创新、多地复用"路径，以南宁、柳州等城市为创新点，探索生活服务类应用场景创新，并将成功经验在其他城市复制推广。强化政策支持与激励，自治区相关部门应在土地、资金、产能置换、资源要素等方面给予政策支持，同时建立容错纠错机制，鼓励各地市和自治区各相关部门先行先试。注重人才培养与引进，重点加大对元宇宙等前沿领域高层次人才的引进和培养力度，充分发挥广西壮族自治区元宇宙应用场景创新工程研究中心的作用，为场景创新提供有力的人才支撑。

二、推动人工智能赋能千行百业

积极谋划人工智能产业发展的策略和场景，推动建设中国—东盟人工智能创新合作中心，推进人工智能、数字经济等产业同步发展，力争在人工智能领域发展中"弯道超车"、迎头赶上。

打造应用场景。推动人工智能技术与产品在工业领域的深度融合，全面提升制造业全链条、多场景的智能化层级，加速重点装备的智能化升级，以应对高端制造场景中复杂多变的环境和任务需求。赋能重点行业。针对离散型、流程型等行业差异化特点和需求，构建工业知识库和数据集，推动行业大模型部署应用与迭代升级，推动相关产业研究开发人工智能产品。完善支撑体系。适度超前建设工业领域人工智能基础设施，建设人工智能模型开放平台、服务平台、算力中心、工业大数据中心等基础设施；加快引培人工智能企业，发展广西产业特色大模型，推动人工智能关键技术研发和产业化；支持建设人工智能人才队伍，推动院校加强人工智能专业建设。

赋能制造业全流程。借助人工智能知识图谱的强大分析归纳与内容生成能力，构建人机协同研发、自动化编程及知识整合等产品研发新场景，降低创新的门槛；通过高精度、全流程的仿真模型，实现智能虚拟中试和工业缺陷识别的中试验证场景，减少物理试验次数，缩短中试周期，并降低过程成本。凭借大模型的强大感知分析能力，打造涵盖智能控制、精准操作、实时监测预警、预防性维护及智能节能降耗的生产制造新场景，全面提升智能制造的水平。利用人工智能数据分析和自学习能力，打造个性化推荐、智能客服、数字人、商品三维模型、实时咨询和即时回应等营销服务场景，提升服务价值和满意度；利用人工智能推理预测能力，打造订单处理、销量预测、库存预警等运营管理场景，优化企业供应链管理。

赋能重点产业。研究构建工业知识库和数据集，推动行业大模型落地应用与迭代升级。推动钢铁、有色金属、石化化工等流程型行业的大模型与产线数据深度融合，强化在线监测调控、能源管控及工艺改进能力，进而提升工业能效与安全水平。加速智能网联汽车、智能机器人、医疗设备、家电、手机等智能产品及装备与人工智能的融合，增强人机交互体验，推动新型智能消费终端的快速迭代升级。推动人工智能与脑机接口、人形机器人等技术结合，研发面向未来产业的下一代智能终端产品。

建设支撑体系。引进并培育人工智能领域的领军企业，促进产学研用深度融合，加大对算力、数据及应用场景的支持力度。支持高水平开源项目并推动重点制造领域应用，优化布局公共服务平台、重点实验室等创新载体，加强关键共性技术供给。

三、推动低空经济高质量发展

健全协同体系，做好顶层规划。加强低空协同管理。健全"军地民"三方的协同工作机制，共同研究低空管理事项，科学合理地划分低空空域范围，完善空中交通管理措施，构建自治区级低空飞行综合监管服务平台。着眼东盟市场。发挥广西与东盟的区位优势，利用博览会等平台推广低空产品，成立东盟低空经济研究机构，为东盟低空场景提供服务方案。

坚持创新驱动，做实科技支撑。开展核心技术攻关。针对低空飞行器核心零部件如发动机和动力电池研发制造能力不足的问题，广西将依托本地发动机制造企业的技术优势，强化专用燃油发动机的研发制造，并借比亚迪、瑞浦赛克等项目落地广西的机遇，推进低空飞行器动力系统的研发。建立产学研用一体化机制，加强集成验证、运行测试，促进科技成果转移转化。

引入优质项目，培强本土企业。大力引进低空经济产业项目。对国内具有重要影响力的大中型无人机整机企业、关键系统研制重点企业开展"靶向招商"。培育优质无人机企业。重点聚焦电动垂直起降飞行器、工业级无人机及新能源通航领域，支持企业构建从研发设计到总装制造、适航验飞的全方位能力，以培育一批在细分领域深耕、主营业务突出、竞争力强劲、成长性良好的无人机企业。加强龙头企业培育，打通产业生态链。立足广西产业发展基础和空间布局，在南宁、桂林、北海等城市科学选址低空经济产业园区，组建设立实验室、共性技术平台、概念创新中心与工程研究中心等低空经济创新载体，开展前瞻技术攻关和场景示范，孵化更多低空经济示范企业。借助航空制造领军企业、科研机构、行业协会及重点高校的合力，共建广西低空经济创新联盟，构建集技术研发、人才互动、项目协作于一体的开放平台体系，聚焦领军企业，深化产业链各环节协同，稳步构筑低空制造、运维、应用等全方位产业链集群。

布局重点要素，做强产业支撑。完善桂林、河池等机场兼容低空飞行器通航功能，融合通感一体、北斗数据链、5G-A 等新技术，提升机场的数字化、智能化、信息化水平。加强低空人才培育。发挥航空类高校、科研机构在教育、科技、人才等方面的优势，拓展低空产业人才培育途径，建设一批低空特色学院，开展"中—高—本"一体化多层次低空产业人才培养体系，加快推动人才链支撑创新链、产业链的深度融合。加强广西财政、金融、产业等政策支持力度，完善和丰富科技金融服务能力，调动政策性金融、商业投资机构、社会资本等各类金融主体，搭建多元化融资平台，创新融资方式和金融服务模式，设立引导基金培育扶持前沿性科创企业，保障低空经济产业发展资金的多元性。以财政专项资金和政策性金融支持引导社会资金流向，降低企业融资成本和风险。优化金融服务体系，引导金融机构精准推出适配低空经济企业的金融产品，涵盖支付结算、薪酬代发、账户管理等全生命周期服务。

深挖应用潜力，做优服务质量。从试点低空农林入手，创新运行体制，推广低空技术至应急救援、交通管理、环境治理等公共领域的应用，打造可复制、可推广的典型示范应用场景。拓展低空农业应用，结合广西农业的实际需要，积极推动低空农业应用从单一的植保作业拓展到播种、施肥、灌溉和收割等多个环节，形成完整的农业生产体系。加速低空旅游发展，依托广西丰富旅游资源，打造邕江、漓江等观景水系区域的低空文旅走廊，并简化飞行审批流程，实现低空旅游飞行快速审批。开展"低空+城市管理"，利用无人机收集城市地形数据，为城市规划提供实时、高精度的影像资料。在交通关键路段部署低空飞行器进行空中监控，辅助交通管理决策。开展低空物流应用，探索跨区域、城际及海岛等开展无人机物流配送，布局建设无人机物流节点，推动城市中心区域扩大低空末端配送物流，有序开展商业区、高校区、工业园区、居民社区等低空无人机物流配送商业应用。

完善基础设施建设，夯实产业发展基础。研究编制低空起降场地建设指导意见，构建一批无人机起降场地，逐步打造层次分明、功能齐备、多用途兼容的地面设施网络体系。强化无人机地面设施的规划布局，积极对接并融入广西"一站多用"的低空经济地面基础设施网络布局。加强财政资源统筹，组合使用专项债、超长期特别国债、财政补贴等手段，推动遍布城市及乡村的无人机停机坪（地面站）等基础设施建设。布局低空通信、导航、监视、气象以及无人机反制等新型基础设施，提升低空服务保障能力，实现低空航空器"看得见、呼得到、管得住"。

四、推动区块链产业高质量发展

发挥协同合力，提升技术创新水平。充分发挥广西区块链科创园市场主体作用，推动协同攻关，强化数据存储、数据安全等领域关键技术研发，促进区块链与物联网、隐私计算等技术深度融合。建立区块链技术测试和验证平台，构建涵盖区块链技术、产品、服务等方面的测试评估体系，为区块链技术的研发、测试、验证和应用提供"一站式"服务。鼓励区内企业、研究机构和高校积极参与区块链开源社区、行业协会和产业联盟，加强区块链解决方案的成果转化，发展具有自主核心技术开源项目的智力成果，推动相关前沿技术、研究成果和应用经验的共建共享。

推进应用创新，拓展应用广度深度。持续推进区块链应用创新试点工作，推进各行业数据接入"桂链"，结合行业痛点难点，探索和培育区块链在数据确权、业务协作、数据跨境等场景的应用，推动区块链应用特色化、差异化发展。推动现有政务服务和实体经济等领域发展较好的、可复制的应用模式，如桂链"区块链+电子证照"、南宁"区块链+人社"、百色红城链"区块链+数字医疗""区块链+红色文旅"、梧州"互联网+茶叶+区块链溯源"等，面向广西推广应用落地经验，加速实现区块链应用规模化发展。持续举办产业峰会、产业沙龙、创新大赛等活动，加强各地区之间交流，推动政产学研用协同创新，探索区块链技术在不同行业领域的应用场景，打造一批创新标杆案例。

第五节　全力推动产业园区高质量发展

产业园区是推进新型工业化的主阵地。必须加快转型升级步伐，以适应国内外经济环境变化，从而更好地发挥产业园区作为承接产业转移、提升产业区域竞争力、支撑经济高质量发展的重要作用。要以沿边临港产业园区、中国—东盟产业合作区及其协同区等产业园区为主阵地，以培育发展特色优势产业作为主攻方向，加快承接产业转移，积极培育发展新质生产力，全面推进产业园区高质量发展，助力构建现代化产业体系①。

一、不断完善园区管理体制机制

加强对园区体制机制创新的全面指引与实践统筹，按照"设施一流、管理一流、服务一流、政策一流"的目标要求进行体制改革，结合广西沿边临港园区实际进行"市场化运营"机制创新，强化党建工作与园区运营管理工作的有机融合，强化园区运营管理主体的"一岗双责"，优化整合、盘活赋能产业园区资产，确保党的方针政策能快速、有效传导到园区、企业，打造具有沿边临港园区特色的"党建引领+园区体制机制创新"，共同服务在园企业的高效模式。

不断完善并全面执行沿边临港园区体制改革的权责清单。进一步深化沿边临港园区体制机制改革，增强园区功能优势，实现"园区的事园区办"，提升园区政务服务能力水平，按照"产业为要、一园一策"原则，以服务园区主导产业为核心，结合园区承接能力，因园施策。一方面，要坚持落实权责清单内容，园区产业发展涉及的企业登记注册类、项目报批类、工程建设类、资质资格类、要素资源类、市场准营类事项均列入赋权

---

① 广西社会科学院. 广西经济社会发展报告 2025［M］. 南宁：广西人民出版社，2025.

范围。法律、行政法规、地方性法规中未禁止、国家部委规章未限制的行政职权均应充分赋权，切实把园区管理发展迫切需要且能有效承接的事项赋足赋到位，给予沿边临港园区最大支持。另一方面，要夯实工作任务，避免"放得下，接不住"的"假放权"情况出现。一是坚持一单管理。按照市、县（市、城区）两级同步赋权要求，发布一张权责清单，列明赋权事项，明确事项承接要求和主管部门。各园区管委会根据赋权事项清单制订具体承接方案，公布办事指南，规范权力运行。结合园区承接事项实际，参照"一枚印章管审批"模式，统筹事项管理和审批服务，启动使用"园区行政审批服务专用章"办理，对外发生法律效力，承担责任。二是坚持一站办理。各沿边临港园区要提前做好承接事项准备工作，建立"一站式"服务大厅，将赋权事项统一纳入园区政务服务中心规范运作，加强赋权事项办理工作人员力量，全面实施"一门受理""一网通办""一窗办结"。

二、因地制宜推动园区产业发展

依托园区周边产业基础延伸产业链条。瞄准园区主导产业，加快各级各类产业园区主导产业与上下游相关产业和配套产业的融合与集聚发展步伐，开展产业链缺失环节分析，实施精准补链强链。深入识别产业链中的薄弱环节及缺失部分，组织专家团队对广西重点产业进行全面梳理，绘制详尽的产业链图谱，并针对关键节点制定精准的招商引资与培育计划。

因地制宜打造特色鲜明的细分产业。充分发挥各地资源禀赋和比较优势，引进并整合名优产业，强力推动其发展，以带动相关产业的协同发展，打造一批基础好、特色明显的产业园区，将其打造成在全国具有影响力的特色产业基地。聚焦新兴细分产业的发展，鼓励各地依据自身条件，深化专业化，力求做精做优，选择新兴细分领域重点发展，打造一批专业化特色产业园区，形成特色产业集群，如探索建设广西—东盟农产品加工产业园、北部湾游艇产业园、北海蓝色生物经济示范区等。

以新质生产力引领园区产业转型。聚焦科技赋能服务实体经济发展，以优化创新环境、培育壮大新动能为核心，着力建设高水平创新平台，打好产业关键核心技术攻坚战，加快培育发展新质生产力。全面落实创新激励政策，持续优化企业科技创新的政策支持体系。强化科技成果转化，支持企业、高校、科研院所建立产业技术联盟或共建研发机构，重点围绕市场需求和企业需求，加强产业关键技术攻关，实现科技成果快速突破并转化应用，推动传统产业高端化、智能化、绿色化，推动全产业链优化升级。完善园区科技创新服务体系，聚焦实验室经济，积极组织企业申报建设市级及以上工程技术研究中心、重点实验室、众创空间等，并引导科技创新平台和研发机构深化服务，助力科创工作。

三、强化园区建设数字技术支撑

创新构建广西"虚拟园区"，强化数字化支撑。加速开发运营服务技术平台，优先选用低成本、高灵活、易推广的小程序，通过"小步快跑"策略，快速实现园区运营的信息化、数字化、共享化。通过技术平台进一步推动"审批权下放"、园区综合服务中心建设，有效扩大园区企业办事"一趟都不用跑""最多跑一次""最多报一次"的业务覆盖面，有效吸引外部企业入园发展，有效增强园区运营服务效能。

完善广西跨境产业合作观测调度体系，确保跨境产业合作机制落地。将广西跨境跨区域产业合作目标、动态、重点产业链供应链情况逐步统筹纳入广西产业园区数字化平台"一张图""线上综合服务平台+线下综合园区平台"2个平台相结合，深度融入国家战略和参与中国—东盟产业合作区，通过"区域联动共建+产业要素集聚"全方位整合跨境电商产业链供应链创新要素，引导创新资源向产业链上下游集聚，助力产业链供应链各环节实现价值增值，并联通跨境贸易的信息共享、金融服务、智能物流、电商诚信、统计监测、风险防控问题体系，形成"主体互动、产业协同、资源共享、创新协同、市场开放、价值共创"的跨境电商产业生态，产业链、供应链、创新链"三个轮子一起转"，持续释放跨境电商高质量发展新活力。

四、推动园区运营市场机制指引

尽快研究出台沿边临港园区运营机制创新指引。推进广西沿边临港园区市场化运营的基本功能建设和运营机制创新。结合广西沿边临港园区所处的发展阶段，组织运营效益优秀的广西产业园区、经验丰富的园区运营团队、园区研究专家团队共同研究出台广西产业园区运营指引。建议当前的园区运营体系至少包括 7 个基本功能，如政策传导、招商引资、投融资、重大重点项目服务、园区日常交流活动、人才与人力资源服务、园区公共资源共享。根据园区的主导产业特色，涉及高新技术产业的可以增加"产业大脑"数据分析服务、涉及对外贸易合作的可以增加"外贸进出口一条龙"服务、涉及医药和化工产业的可以增加"危废集中处理"服务等。

积极探索跨区域园区结对共建模式。探索通过结对共建模式，推动大园区和小园区、发达园区和欠发达园区之间建设跨园区的资源共享平台，促进资源的高效流动和利用。鼓励开展区内园区结对共建模式，推动产业梯度转移合作，鼓励国家级、自治区级等重点园区与其他中小园区建立结对关系，推动产业梯度转移，重点园区可以输出先进的技术、管理经验，中小园区提供土地和劳动力资源，通过互补合作提升整体发展水平。

第六节　加快推动制造业数字化转型

以工业互联网为抓手，大力推动制造业智改数转网联，分级分类分业施策，普及提升"两手抓"，发挥企业在数字化转型中的主体作用，推动需求侧、供给侧、支撑侧协同发力，聚焦厚基础、优产业、强企业、建生态，加快制造业高端化、智能化、绿色化发展，促进广西新型工业化高质量发展。

一、推动工业互联网规模化应用

（一）加快企业数字化转型

支持大型企业数字化转型全面深化，持续在设备、生产线、工厂等层面进行数字化改造，深化全业务流程优化升级，开展数字化供应链探索，打造数字领航企业。积极推动中小企业数字化转型的普及与提升，大力倡导中小企业"上云用数赋智"，助力其实现智能化升级。推动大中小企业融通发展，持续推动大型企业建平台、中小企业上平台用平台，鼓励大型企业共享解决方案和工具包，促进中小企业应用低成本解决方案。持续推动试点示范项目建设，打造一批内外网改造、企业上云、"5G+工业互联网"、工业互联网平台、标识解析、区块链创新应用等标杆应用场景，发挥试点示范带动作用。

（二）推动"链式"数字化转型

传统产业数字化转型。围绕汽车、机械、钢铁、有色金属、糖业、石化化工等传统优势产业，高质量建设运营综合型工业互联网平台，汇聚大企业、数字化转型服务商、政产学研金各界资源，为产业链上下游企业提供数字化转型解决方案、资金、人才等多层次支持，推动研发设计、生产管理、仓储物流等环节高效协同，共同构建全方位、全链条、全要素的产业集群数字化转型体系。新兴产业数字化转型。着力推进链网融合发展。大力支持重点产业链链主企业联合数字化转型服务商建设工业互联网公共服务平台，探索先试用再收费和大规模集中采购等商业模式，开展协同采购、协同制造、协同配送、产品溯源等应用，推广共性应用场景，带动产业链上下游企业数字化转型。通过数字化改造产业链上下游供应链，构建按需生产的敏捷体系，促使企业实现柔性生产，敏捷应对市场波动，降低库存成本，提升生产效率，为产业链提质、降本、增效提供动力。

糖产业。围绕甘蔗收割运输、蔗汁提取清洁蒸发、煮糖、分蜜、包装等环节，支持生产全过程智能化改造。推动广西糖业大数据云平台、糖产品交易平台等建设运营推广。

机械装备产业。围绕机械装备产业链链主企业，支持整机及核心零部件企业建设数字化、智能化、无人化车间，推动整机企业与上下游关键零部件配套企业产业链供应链协同，加强机械行业工业互联网平台推广，推动"星火·链网"在机械行业加快创新应用。

钢铁产业。加强钢铁行业工业互联网平台应用，推进基于平台的多基地一体化管控应用，推动智能工厂建设，打造生产环节集中操控、设备远程运维、高危高强度重复性岗位"机器换人"、全流程质量管理和预警等场景。

有色金属产业。围绕大型有色金属企业，打造铝、铜、锰等有色金属数字化转型试点示范，打造一批智能矿山、智能冶炼厂、智能加工厂，加强生产、设备、能源、安全、环保数据感知采集，打造一批重点工艺工序典型应用场景，加强铝产业工业互联网平台应用，推动打造有色金属行业工业互联网平台。

汽车、新能源汽车产业。以整车企业为核心，推广基于工业互联网的协同研发、供应链金融、区块链智能合约、汽车后市场服务等模式，推动汽车行业工业互联网平台运营推广，推动汽车行业标识解析二级节点建设运营，加强产业链上下游数字化协同，打造智慧供应链。推进新能源汽车和人工智能深度融合，加快车联网车路云一体化协同发展。

石化化工产业。加快石化化工产业规模化应用工业互联网，围绕资源高效利用、生产控制优化、设备可靠运行、安全环保低碳、质量检测管理等打造一批示范场景，提高化工园区智慧管控能力，探索人工智能行业大模型应用赋能应用场景。

食品加工产业。围绕食品行业领军企业，强化食品工业互联网平台的建设与运营，加速食品产业工业互联网标识解析二级节点的布局，深入挖掘特色米粉、精制茶、休闲食品等中小企业共性需求，推动生产管理、食品质控、原料追溯等数字化场景的应用。

高端绿色家居产业。深化林产工业互联网平台应用，提速高端板材等企业的数字化转型进程，实现客户下单至产品交付的全链条数字化管理，助力高端绿色家居企业构建全屋定制、绿色认证、按需配料等数字化应用场景。

轻工纺织产业。支持纺织服装企业推动设计研发、面辅料管理、裁剪加工、包装、物流等环节数字化改造，实现从下单到采购、仓储、生产和配送全流程数字化生产与管理，挖掘茧丝绸等传统纺织产业数字化应用场景；推动家用电器、日用陶瓷、工艺美术品、造纸等产业在研发设计、生产制造、经营管理等环节应用工业互联网，通过数字化技术实现节能降耗减排。

新一代信息技术产业。加快建设电子信息行业工业互联网平台，加强区内外电子信息产业供应链、数据链、创新链协同发展。加快生产全过程智能化升级，推广自动生成代码、设计图和代码互相转换、仿真测试、工艺设计、可快速重构的柔性生产、高自动化的精密制造、产品性能测试分析等应用场景，正如制造业生产线智能化改造的成功案例所示，智能化技术在提高生产效率、降低成本、改善产品质量和生产环境方面发挥着重要作用。

新能源及储能产业。加快新能源领域数字化、智能化和绿色化发展，推动光伏、风电、制氢、新能源电池及材料、能源电子、储能装备等产业数字化转型，推广数字化能源管控体系，以数字化智能化技术促进发电、电网、储能、能源消费等环节节能增效。

生物医药产业。围绕创新中药民族药制剂、化学药以及高端免疫诊断试剂产品、诊疗设备、医用耗材等，加快新一代信息技术在新药筛选、监测预警、生产工艺等方面的拓展应用，建立完善药品研发和健康管理平台，探索人工智能大模型在药物智能筛选等场景应用。

新材料产业。推动企业加快危险工艺自动化、安全巡检智能化、高耗能设备节能和超低排放改造，实现数字化监控、设备动态预警和预测维护，探索人工智能在分子结构预测、化学反应过程模拟、实验设计、实验仿真等场景应用。

（三）打造示范园区和城市

建设工业互联网示范园区。聚焦推进重点工业园区"115"工程，"一园一策"推进工业互联网示范园区建设，积极争取"5G+工业互联网"融合应用先导区试点。推动政策、网络、平台、安全、标识、资源及应用一体化融入园区，实施全面数字化改造，构建虚拟园区信息化智能服务平台，强化园区管理效能与服务水平，全力打造智慧园区。提升区域内制造与创新资源的共享协作效率，构建虚实融合、协同发展的产业数字化新生态。

建设数字化转型示范城市。支持南宁市建设"中小企业数字化转型试点城市"，加快"链式"数字化转型，加强产业链合作，实现融通发展，提升产业核心竞争力。总结提炼柳州市"工业互联网示范城市"建设经验，形成可复制、可推广的模式，因地制宜、循序渐进予以示范推广。鼓励各市结合自身产业特点，吸收先进经验，探索建设数字化转型示范城市。

工业互联网示范园区。全面加速推进千亿级园区建设工业互联网示范项目，各市应选取至少一个条件成熟的工业园区，着力打造一批具有示范意义的工业互联网应用场景。推进园区数字基础设施建设，按国家标准规划预留通信管道、通信局房、基站站址等通信基础设施，完善园区安全体系，加强园区公共安全、企业安全、边界安全。按照调研诊断、制定规划、启动建设、监测验收评估、推广示范的实施流程，推动各市各园区相互借鉴、取得实效。

二、完善数字化转型服务体系

（一）培育数字化转型服务商

汇聚区内外优质、高效的数字化转型服务商、咨询服务机构及研究机构，精准对接供需双方需求。培育垂直行业和专业领域数字化转型服务商，鼓励大型制造业企业与数字化转型服务商协同合作，深化工业机理模型与数据积累，共同开发核心工艺包和数据集。鼓励数字化转型服务商探索融资租赁等灵活服务方式，切实减轻中小企业融资压力与风险，依据转型项目经济效益实施利润共享，构建稳定长效的服务体系。

（二）加快发展工业软件

面向重点行业重点领域，发展行业专用工业软件，形成体系化服务能力，加快生产调度、运营维护、经营管理等软件应用部署；聚焦中小企业需求，提供"小快轻准"的软件产品和解决方案；加快工业领域信息技术应用创新产业发展；加快建设特色化示范性软件学院，加强工业软件关键技术联合攻关，研发推广计算机辅助设计、仿真、验证等工具软件。

（三）加强技术攻关创新应用

推动开发创新产品。推进专业工业软硬件开发，推动工控操作系统、主动标识载体、人工智能自动生成、数字孪生等技术产品开发。完善产业创新生态。支持制造业企业、数字化转型服务商、电信运营商、高等院校、科研院所等主体加强协作研发，推动工业互联网相关的科研基础设施、大型科学仪器及数据资源全面开放共享，并持续优化和完善开源体系。加速创新成果转化。提高创新成果评价水平，培育工业互联网领域专业评价机构，分类分级开展市场化评价；强化创新成果的推广应用力度，通过政策支持降低应用成本，加速市场前景广阔、应用效果显著的技术和产品的推广普及。

（四）开展数字化转型贯标行动

面向全国征集优秀诊断服务机构，积极做好供需对接，实施数字化转型成熟度评估、"两化"融合管理体系认证、智能制造成熟度评价等各类贯标行动，为制造业企业提供包括评估、诊断、改造、咨询在内的全方位数字化转型解决方案。

数字化转型服务商。扶持本地数字化转型服务商发展壮大，并重点在汽车、机械、钢铁等行业培育具有垂直行业和专业领域特色的数字化转型服务商。健全自治区制造业数字化转型产业生态供给资源池评价机制，每年动态管理资源池入池企业，建立有效激励机制。推动服务商数字化转型业务收入不断增长。

工业软件。推动软件企业和工业企业深度合作，助力打造新型研发生产方式和服务管理模式。针对汽车、机械、钢铁等重点产业，提升相关应用软件的核心技术水平和产品附加值。促进工业软件企业发展，大力推动信创产业发展，落实软件企业税收优惠政策。加大优秀基础共性、行业通用及个性化专用工业软件的推广力度。推动工业元宇宙创新应用，挖掘一批"工业元宇宙+"产线、工厂、园区、工业旅游等应用场景。推动建设自治区特色化示范性软件学院，支持建设国家特色化示范性软件学院。

数字化转型评估。宣传推广数据管理能力成熟度评估模型（DCMM）国家标准，鼓励制造业企业积极参与 DCMM 贯标。开展国家数字化转型贯标试点工作，推动一批企业参与贯标试点工作，培育本土贯标咨询服务机构。按照国家数字化转型成熟度贯标标准，全面推动规模以上工业企业数字化评估诊断，并鼓励产业链上下游企业积极参与评估。持续推动"两化"融合管理体系贯标工作，推动"两化"融合水平和关键指标持续提升。

三、强化新型数字基础设施支撑水平

（一）持续优化网络基础能力

持续提升高质量外网覆盖和服务水平，推动云网协同、算网一体、固移融合等技术，优化网络接入服务模式。加快推动企业内外网升级改造，支持企业按需利用 5G、工业光网、时间敏感网络、区块链等技术升级网络基础，利用边缘计算、工业大模型等构建工业算力基础，基于工业互联网平台构建工业互联网操作系统，推动网络化的新型工业控制技术应用部署，构建网、算、控深度融合的新型工业内网基础设施。加强数字通道建设，推进中国—东盟信息港建设，建设面向东盟的算力枢纽和通信网络枢纽。推动"5G+工业互联网"应用，加快 5G 应用向工业园区、生产现场下沉。

（二）发挥工业互联网平台核心功能

推动大企业建平台。支持综合型、特色型和专业型工业互联网平台建设，引导综合型平台加强关键共性技术支撑能力，提升开放运营水平，聚

合生态合作伙伴；鼓励特色型平台聚焦细分行业，沉淀工业知识经验，强化垂直行业深层次服务能力；支持专业型平台加快人工智能、数字孪生、区块链等先进技术与产业融合创新，加快新技术应用推广。促进中小企业上平台用平台。围绕中小企业痛点难点问题，聚焦特色米粉、精制茶、轻工纺织、精品碳酸钙等中小企业集聚产业，推广工艺优化、设备管理、经营管理、供应链金融等中小企业典型应用场景，开发易部署、低成本产品，促进中小企业广泛应用工业互联网平台。强化平台服务质量，构建多样化应用体系，如"平台+产品""平台+模式""平台+行业/区域"及"平台+园区"，推动数字化转型服务商不断提升服务水平。

（三）落实标识"贯通"行动

制订广西工业互联网标识解析体系"贯通"行动计划，围绕工业互联网标识解析体系、"星火·链网"体系等，提升服务联通水平，持续推进企业、园区、行业、地区等节点建设应用，持续加强跨区域、跨行业对接融合，在生产制造、工业资源利用、消费品工业、绿色低碳、安全生产、生产物流等重点领域和汽车、机械、冶金等重点产业链，开展标识一体化贯通应用实践。加强标识服务管理能力，落实《工业互联网标识管理办法》，压实标识服务机构主体责任，提升服务质量。

（四）推动工业大数据释放价值

推动数据共享，支持优势产业上下游企业开放数据，引导和规范公共数据资源开放流动，营造可信的工业数据流通环境。深化数据应用，推动数据驱动的制造新模式新业态发展，指导企业充分利用各业务环节数据，积累丰富工业数据资源，构建大数据基础性和通用性产品体系。加强数据治理，实施工业数据分类分级管理，探索数据要素市场化交易路径，充分发挥工业互联网数据的核心价值。释放数据基础设施潜能，持续推进其建设与运营，提升数据中心和算力中心的应用效能。吸引数据服务商在广西设立服务及运营中心，积极拓展大数据服务市场领域。引导数据中心扩大绿色能源利用比例，推动低功耗芯片等技术产品应用，提升数据中心能效水平。

四、完善工业互联网安全保障体系

（一）加强对重点工业互联网平台的安全检测评估

定期组织工业互联网安全应急演练，不断提升安全防护水平和应急处置能力。

（二）工业互联网网络

围绕重点产业、重点园区、重点企业推动 5G 基站建设，推进企业内外网改造，提升"5G+工业互联网"应用水平。

工业互联网标识。加快工业互联网标识解析体系建设，推动一批二级节点建设运营，重点面向汽车、机械、冶金、特色食品等行业推广标识应用。加速"星火·链网"超级节点（柳州）的运营推广，并加强南宁、柳州等城市的骨干节点建设。同时，推动柳州市在供应链金融、电子合约、数据交易等领域探索"星火·链网"的应用，促进其与工业互联网标识解析体系的深度融合。

工业大数据。促进广西工业互联网平台的数据快速汇聚，完善工业数据共享机制，探索行政与行业数据的适度互通共享。同时，引导重点产业数据的分类分级管理，并鼓励探索数字资产确权及数据要素市场化交易的新模式。

工业互联网安全。完善工业互联网安全工作机制，持续推进广西工业互联网安全态势感知平台的运营，加强工控安全抽查与数据评估。同时，深入宣传贯彻工业互联网安全相关政策标准，推动全区范围内实施企业网络安全分类分级管理，并督促企业落实网络安全主体责任。

第七节　持续推动工业绿色低碳转型

深入践行习近平生态文明思想，锚定碳达峰碳中和目标愿景，坚持系统观念，统筹协调工业发展与减排任务，平衡整体与局部、短期与中长期的关系，深化供给侧结构性改革，坚定不移地推进工业强桂战略，坚持创新驱动、开放合作、绿色发展，以"降强度、控总量"为关键，以实施重点行业碳达峰行动为抓手，加快制造业绿色低碳转型和高质量发展，推进资源能源高效利用，着力构建绿色制造体系，推动数字化智能化绿色化融合，强化绿色低碳产品供给，构建以高效、循环、低碳为特征的现代绿色工业体系，确保广西如期实现碳达峰。

一、稳妥推进工业领域碳减排

深入实施工业领域碳达峰行动，全面推行绿色制造，构建资源节约、环境友好的绿色生产体系，用生态"含绿量"提升发展"含金量"。加速重大低碳技术工艺的创新突破与改造升级，积极推动数字技术赋能工业绿色低碳转型，以技术工艺革新、生产流程再造促进行业碳达峰。稳妥推进工业领域碳减排，推进煤电、钢铁、有色金属、建材、石化化工等重点行业节能降碳改造升级，加快节能降碳技术推广应用，持续降低工业能耗强度。优化产业结构，加快退出落后产能，大力发展战略性新兴产业，加快传统产业绿色低碳改造。推动制糖、有色金属、机械、汽车、钢铁、建材、石化化工等传统产业加快产业结构、产品结构优化调整。

推动绿色低碳技术重大突破，围绕钢铁、建材等重点行业，推动化石能源清洁高效利用、先进制氢储氢用氢等低碳技术。加快布局"减碳去碳"基础零部件、基础工艺、关键基础材料技术研究。推动构建以企业为主体，产学研协作、上下游协同的低碳零碳负碳技术创新体系。

加大绿色低碳技术推广力度，遴选一批水平先进、经济性好、推广潜力大、市场亟需的工艺技术装备，定期编制发布区内先进低碳工艺、技术、装备目录，组织推介对接活动，引导企业加强工业低碳新技术、新工艺、新设备、新材料推广应用。构建先进的低碳技术推广新机制，积极探索建立涵盖技术创新、技术引进、知识产权保护、成果转化等关键环节的低碳技术推广公共服务平台，以加速专利的转化和技术交易进程。开展一批低碳技术改造示范，聚焦钢铁、建材、纺织等重点行业，实施生产工艺深度脱碳、原燃料替代、工业流程再造、电气化改造等绿色低碳技术示范工程。探索开展二氧化碳捕集、封存、利用试点工程。

二、完善绿色制造和服务体系

构建绿色制造和服务体系，加快建设绿色工厂、绿色园区，积极培育"超级能效"示范工厂、"零碳"示范工厂，加快打造绿色低碳供应链，大力推进能源管理体系、绿色建材产品、低碳产品等认证。促进工业能源消费低碳化，推动化石能源清洁高效利用，提升可再生能源占比，强化电力需求侧管理，提高工业电气化水平，加速清洁能源替代进程，推动工业行业煤改电、煤改气工作。深入实施绿色制造工程，大力推行绿色设计，构建绿色低碳产品、绿色工厂、绿色园区、绿色供应链"四位一体"的绿色低碳制造体系。

三、大力发展绿色低碳产业和循环经济

大力发展绿色低碳产业和循环经济，推广新能源汽车、绿色建材等消费，完善新能源汽车动力电池回收利用体系，构建资源综合利用、节能环保装备、节能环保服务等产业链。加快构建覆盖全面、运转高效、规范有序的废弃物循环利用体系，促进废旧风机叶片、光伏组件、动力电池、快递包装等废弃物循环利用。

强化再生资源循环利用体系，推动再生资源精深加工产业链延伸，构建废钢铁回收、加工、配送一体化产业链，并着力培育再生铜、再生铝、再生铅锌、再生塑料及新能源新材料的深加工产业链。以梧州、玉林国家"城市矿产"示范基地为重点，积极推动再生资源产业集聚发展。培育再生资源回收利用龙头企业，推动废钢铁、废旧车用电池、废有色金属、废塑料、废橡胶、废纸、报废机动车和废弃电器电子产品等重点再生资源的规范化、规模化、循环化、高值化利用。优化废旧物资回收网络布局，依托"互联网+"构建智能化废旧物资回收利用平台，引导废旧物资回收企业融合互联网、物联网技术，实现线上线下回收网络的深度融合。

第八节 大力提高生产要素的配置效率

加快培育新质生产力的发展，关键之一是要处理好新质生产力诸要素之间的关系，促进新质生产力诸要素实现高效协同匹配。结合前文对广西生产要素保障方面的问题分析发现，广西面临存量土地使用效率低下、增量用地供给不足、财政资金紧张及高学历人才短缺等问题，这些因素制约了生产要素的自由流动和高效配置，进而影响了广西产业的高质量发展和创新活力的释放。

一、强化土地要素保障

当前，柳州、桂林、防城港、玉林等城市均存在产业用地空间受限问题，作为工业经济发展的重要载体，土地要素保障必不可少。建议广西借鉴深圳、厦门等先进城市土地改革的经验做法，突出增强土地管理灵活性，重点推进盘活闲置用地、农村宅基地、产业用地市场化等改革。继续做好南宁、柳州、北海、防城港4个设区市混合产业用地供给试点工作，探索通过多用途混合利用、工业用地功能兼容等模式开展产业用地混合供给。

二、强化资本要素保障

广西财政资金紧张，且在吸引外来资本投入上，缺乏新的增长点。

一是斟酌使用财政直接补贴政策。广西对重点企业的支持多数还是采用直接补贴的方式，这种方式一方面对当前财政压力本就较大的广西进一步提升了资金无法兑现的压力，另一方面这个过程很容易引诱部分企业套利、对财政资金过度依赖的不利影响，且无法发挥奖补资金真正的效用。建议广西更为斟酌地使用财政直接补贴政策，转向实施更为科学的减税或免税方式支持研发企业的发展。

二是借鉴上海、深圳、厦门的经验做法。完善多层次资本市场，加强广西与全国性资本市场合作联动。支持符合条件的境外金融机构在广西依法合规发起设立银行、证券、保险、基金、期货等金融机构。探索对广西省内发行的、符合条件的基础设施领域不动产投资信托基金产品，可以非公开协议方式开展资产交易。

三是完善在新兴产业、未来产业的投入增长机制。党的二十届三中全会明确提出要"建立未来产业投入增长机制"。广西需结合未来产业、新兴产业的发展特性、市场规模及技术标准，根据本地实际，借鉴发达地区经验，预先规划并建立覆盖未来产业全生命周期的投入增长机制。针对新一代信息技术、新材料、高端装备、人工智能、元宇宙、生命科学、深海空天等关键领域，优化政府引导基金的投入方式，构建贯穿科创企业全生命周期的基金链条，并为不同功能的引导基金制定差异化的考核与监督机制。具体有：明确部分政府引导基金重点支持研究开发阶段项目，对投资于种子期、初创期的政府引导基金，放松申请条件，提高风险容忍度，放宽考核机制，以政府引导为主、市场化运作为辅的运作方式；建立政府引导基金信息平台，加大信息公开程度，定期公布政府引导基金信息，简化政府引导基金的申请流程，加快资金投放。

三、强化人才要素保障

新质生产力的培育离不开高技能人才、复合型人才、高精尖人才的加入，但广西由于经济基础较为薄弱、高校数量不足，研发条件受限、支持经费吸引力度不大等原因，难以吸引高技能人才，或引进高技能人才处于"单打独斗"状态，不能充分实现自己的价值，留不住高技能人才。对标新质生产力对人才的要求以及广西人才短板，下一步广西要在以下几点做好重要工作：

一是推动教育领域高质量发展，实现教育、科技、人才融合贯通。支持有条件的高等学校（广西大学、桂林电子科技大学）提升基础学科水平，建强一批一流学科、一流专业，培育前沿科学中心，试点引进发达地区一流高等学校开展技术类基础研究，新设立一批适应产业发展需要的学科专业。

二是实施更加积极、更加开放、更加高效灵活的人才政策。广西要落实好《中国（广西）自由贸易试验区促进产业人才发展的若干政策》，继续开展"留桂就业计划"，鼓励先进制造业、金融、物流等领域重点企业在境内外设立人才工作站，支持各片区内科研机构、重点企业建立"候鸟型"人才工作站。允许具有境外职业资格的金融、建筑、规划、设计等领域专业人才，在符合我国相关法律法规前提下，按照相关规定在自治区提供服务，其境外从业经历可视同为境内从业经历。

三是优化人才管理与评价体系。充分保证现有人才价值的完全体现，实施科技人才集聚扎根行动，探索在南宁设立每月博士"茶歇会"，吸引自治区内外博士来桂沟通交流。充分尊重科研、技术、管理人才，探索充分体现技术、知识、管理、数据等要素价值的实现形式。探索适应新技术、新业态、新产业、新模式发展需要的特殊工时管理制度。完善干部考核评价机制，建立健全日常考核、分类考核、近距离考核的知事识人体系。健全适用于不同产业的高技能人才认定标准。探索建立符合科研人员岗位特点的考核评价和激励机制，创新科研事业单位编制管理，深化薪酬制度改革。

四、强化数据要素保障

适应新质生产力发展要求，推动产业组织和产业形态变革调整，要积极发挥数据要素的"融合剂"作用，推动现有业态和数字业态跨界融合，衍生叠加出新环节、新链条、新的活动形态，加快发展智能制造、数字贸易、智慧物流、智慧农业等新业态，促进精准供给和优质供给，更好地满足和创造新需求。

在数据要素流通方面，广西数据交易所要汇聚高质量的数据资源，主动积极对接广西工业互联网平台、广西星火链数字科技有限公司等本地企业及蚂蚁集团、中国联通等掌握高质量数据资源的龙头企业、央国企；与阿里云计算有限公司、中国（温州）数安港等行业龙头、数据要素产业园签订战略合作协议，吸引其在广西数据交易所设立分机构；围绕重点应用场景打造数据专区，建设汽车数据专区、钢铁数据专区等特色专区。

在数据交易所搭建方面，广西仅北部湾大数据交易中心1家，且自2020年成立近4年来年均交易额不足1亿元，市场占有率不高。建议广西借鉴深圳、海南数据交易所运营管理相关经验。由自治区党委、政府引入央国企增资入股，以建设数据要素跨域、跨境流通的全国性数据交易平台为目标，从合规保障、流通支撑、供需衔接、生态发展四个方面打造覆盖数据交易全链条的服务能力，构建辐射粤港澳、面向全国、东盟的数据要素市场。

筑牢数字基础设施等关键底座及制度体系。高质量建设人工智能计算中心和5G网络、数据中心等新型基础设施，贯彻落实好《广西数据交易管理暂行办法》《广西壮族自治区大数据发展条例》等制度性文件。创新设立动态合规体系并联合监管机构共同推动合规制度建设。

第九节　健全完善人才培养和引进机制

深入实施新时代人才强桂战略，坚持人才引领发展的战略定位，为壮美广西培育发展新质生产力提供源源不竭的人才支持和智力支撑[①]。

一、深入实施新时代人才强桂战略

积极发挥政府人才"指挥棒"作用，加强政策指导引领，抓好政策

---

① 习近平. 高举中国特色社会主义伟大旗帜 为全面建设社会主义现代化国家而团结奋斗——在中国共产党第二十次全国代表大会上的报告（2022年10月16日）[N]. 人民日报，2022-10-26（001）.

落实见效，把敢扛事、愿做事、能干事的优秀科技人才用起来。各级党委、政府要看到当前全国各地对人才求贤若渴，"人才争夺战"愈演愈烈，清醒认识到广西人才发展事业存在的较大差距和面临的竞争态势，进一步增强危机感和紧迫感，把人才工作纳入"一把手工程"，各级党政主要领导抓人才工作，做到"一把手"抓"第一资源"，为人才发展提供根本保证和强大动力。

深化人才体制机制改革。积极发挥教育科技人才综合改革专项小组作用。坚持教育科技人才一体化发展，实现科教创新与产业创新融合。教育孕育未来，科技彰显实力，人才引领发展。积极推动科教产教融合发展，为高质量发展提供有力支撑。科教兴国，人才兴邦。教育、科技、人才只有协同配合、系统集成，加强体制机制创新，激发要素活力，整合优势资源，才能形成有机整体，提升发展效能。聚焦产业发展需要，以加快推进建设全国重点实验室、自治区重点实验室、新型研发机构、创新联合体等高水平创新平台为载体，优化开放创新生态，加大引才育才力度，提升科技创新体系整体效能。要坚持"带土移植""厚土培植"，积极引进和培养科技人才，推深做实职务科技成果赋权、科研经费"包干制"、科技人才评价等改革，进一步激发创新主体和人才活力。

完善科技人才投入机制。坚持市场导向，建立政府、单位、社会与个人多元投入的智力开发机制，重点发挥财政资金的杠杆作用，加快建立自治区科创人才母基金，加大财政投入股比，扩大企业引智项目融资渠道和规模。优化人才财政资金投入结构，重点激励研发机构、创新平台、创新型企业等加大人才引进与培训开发投入强度。放大财政资金的"杠杆效应"，设立财政性创新"种子基金"，围绕"数字经济、智能制造、新一代信息技术、新能源汽车"等新兴产业，面向全球招引创新团队、创新人才。鼓励驻境外、区外机构加挂智力引进的牌子，增加驻境外智力引进布点，健全境外招才纳智工作网络。支持驻外企业、社会团体设立柔性引智工作点，强化人才引进经费保障。

二、不断完善人才评价和激励机制

建议适当提高人才奖励标准，规范、完善各类优秀人才专项奖，重奖为广西经济和社会发展作出重大贡献的人才。提高人才智力补偿。完善科技项目经费管理办法和科技计划管理办法，加大人员性支出在项目经费中的比例。

建立人才管理与退出机制，激发人才的积极性。科技人才政策应实行长期追踪的人才评价方式并完善退出机制。通过定期的成果考核，对人才的表现进行审核和评价，然后以考核的结果为依据作出相应的决策，如降级、减少补贴甚至退出计划。

与其他人才政策错位，发挥系统效应。在人才政策体系中，加强内部的联系、协调，从宏观、微观维度对人才的发展进行引导，发挥政策的整体效益。与"引进高层次创新创业团队"和"巨人计划"形成联动，组建高层次专业技术人才、管理人才队伍，聚焦科研、经济等领域发展，做出突出性贡献。明确细化培养单位各项配套措施等责任，加强对培养单位责任落实情况的监督和考核，强化考核结果应用，完善考核奖惩机制。进一步加强资源一体化配置。通过单列指标支持等方式，推动"青年八桂学者"向重点实验室、企业技术中心等重大创新平台和重点企业倾斜。对引进的非全职人才，不把教育、工作背景简单等同于科研水平，重点考察其对广西人才团队建设、学科建设、推动产业发展等方面的业绩和贡献。

对高素质、高学历、有情怀的优秀人才，要"高看一等，厚爱一层"，择优"给位子、压担子"。应大胆使用，让敢担当、善作为的青年科技人才有舞台、受褒奖。要抓好学习培训工作，在抓好经常性常规性培训的同时，多组织到发达地区乃至海外举办各类培训班，开阔眼界、增长见识，培养能力、提升水平，努力推动广西从"人丁兴旺"向"人才兴旺"转变，以高素质人才助推高质量发展。

三、营造留住用好科技人才软环境

提升人才服务平台服务水平。根据重点项目（工程）、科技项目、咨政项目的不同内容与不同目标，有针对性地整合内外团队，通过项目招标、设立项目首席专家或组建项目专家组，提供"突破"性智力支撑。通过重点、重大项目的支撑，形成一支高水平、后备力量强的人才队伍。围绕产业发展平台需求，聚合各方智力资源。依托港口物流平台、保税港区、跨境电商平台，重点引进一批在相关领域具有区域领先水平的平台技术团队、平台人才及高成长性企业入驻平台，或联合组建一批国际科技合作基地，快速打造吸聚、融合支撑平台功能的相关要素。依托西部陆海新通道，重点引进沿线企业、高校、科研院所急需的高层次创新人才，为广西发展提供强劲的人才和智力支撑。

要突出问题导向，解决人才各种实际需求和问题（顾承卫等，2016）。建设数据中心，构建创新人才"云上聚智"平台，促进智库、政府、企业、公众等智力资源的在线配置与无缝整合，实现智力培育、识别、引进、配置、使用、评价的"一站式"服务。建立人才发展战略研究、政策研究、产业研究、风险研究等专题智力数据库，形成互通、共享、开源的智力在线服务平台。围绕广西产业创新发展需求，借力智慧城市建设，联合通道沿线地区研发力量，合力打造引领产业高质量集聚与发展的创新"引擎"。

加强人才国际交流合作。每年选派优秀青年科技人才到东盟和科技发达国家访学研修。建设中国—东盟留学人员创业园，实施留学人员回国创业支持计划。持续举办面向东盟的人力资源交流活动，推进中国—东盟现代工匠学院、中国—东盟技术创新学院建设，支持中国—东盟信息港、中国—东盟地学合作中心、中国—东盟卫星遥感应用中心、中国—东盟/RCEP 国际知识产权总部基地、东盟国家标准化合作交流中心等建设，支持南宁市建设中国—东盟人才城。

强化与科教发达地区人才交流合作。主动对接京津冀、长三角、粤港澳大湾区、成渝等科教发达地区创新资源，推动在区外建立"创新飞地"。在自治区科技计划项目中设立科技合作专项，鼓励科教发达地区科技人才牵头申报承担，所获得的科技成果与知识产权原则上归其所有，依合同约定使用管理，并在广西产业化。围绕把广西打造成为粤港澳大湾区的重要战略腹地，支持重点产业链龙头企业和南宁（深圳）东盟产业合作区、江门（崇左）产业园等产业园区等，建设一批粤桂产业工程师协同创新中心。

借助 RECP 政策红利，围绕"一带一路"共建共享，引聚沿线合作智力资源。重点针对"一带一路"沿线各方利益诉求，加大对外合作平台与合作网络建设，落实双多边合作协议，着眼发挥合作团队在破解通道建设关键难题、低成本运营解决方案、支持高端决策等方面的特殊作用。宽领域、多层次地共建立体渠道，积极利用东盟甚至全球智力要素，为广西高质量发展提供智力支持。支持各行各业人才参与国际学术交流、行业前沿对接等活动，对高校、科研院所中直接从事智力服务与研发创新的人员，出国（境）开展联合攻关、交流访问等。建立南向通道人才跨国跨省维权快速援助机制，切实维护各类智力和用智主体的合法权益。

加强人才国际交流便利与权益保障。一是实施国际合作人才培养专项计划，有针对性地对企业、高校、研究机构等骨干人员开展科技和语言培训。二是探索建立科技特派员制度，依托国际合作项目，遴选一批高素质、专业化的国际科技特派员，开展技术合作、技术转移、技术咨询、技术培训等科技活动，鼓励国际科技特派员在境外开办科技型企业，引进海外专家来桂创新创业。三是探索建设海外"人才飞地"，在新加坡等东盟国家建设人才离岸创新创业基地、离岸孵化基地、研发机构等，就地吸纳和利用海外科技创新人才。

提供优于周边地区的人才待遇。对标外省人才标准，在落户、住房保障、子女入学和医疗优诊服务等方面提供不低于周边省份的待遇保障。在户口方面，在实行"零门槛"入户制度基础上，提供"不见面""一次不用跑""马上办"的智慧快捷通道。在住房保障方面，建立面向人才的专配公租房、共有产权房和发放租房补贴，并按照就近原则进行应保即保。借鉴人才身心最为适宜的人文社区建设标准，并按此标准建设人才智力社区。社区绿色、低碳、生态、宜居、智慧、人文，配套"一四六八"共性服务与个性定制服务①。支持各设区市聚焦重点产业园区发展，建设产业人才集聚区，制定实施配套人才支持政策。实施人才安居工程，支持各地多渠道筹集人才住房，按相应标准为高层次人才提供免租金、可拎包入住的人才公寓；支持高层次人才优先购买限价商品住房、优先参加危旧房改住房改造非还建住房调剂、优先享受本单位未售的公有住房、优先纳入保障性租赁住房保障范围。

在人才聚集的产业功能区，建设优质中小学、优质医院。实施南向通道人才"服务卡"制度，向所有认定的人才发放人才服务卡。持卡人才可在广西任一城市享受"零门槛"快速入户、住房保障、子女就近入学、绿色门诊等优惠。建立南向通道人才健康档案和补充医疗保险，优先为高层次人才配备家庭医生，适当提高诊疗待遇。积极推进企业人才集合年金制度。提供"店小二"式服务和一卡通服务、享受公立医院、休养基地贵宾通道待遇等。

开展更具"西吸力"的宣传推介。搭建具有区域影响力的青年科技人才智力引聚宣传平台。定期举办"海内外聚智汇才"交流活动，定期与东盟国家轮流主办高端论坛，畅通与海外智力密集区的宣传对接渠道。开展区域智力通道大讨论，吸引国内外高水平研讨会、专业论坛在广西落地举办。依托中国—东盟博览会、投资峰会等具有国际影响力的品牌盛会，穿插开展各类创新创业大赛，力争实现"以赛荐才、以赛聚智"。探

---

① "一四六八"共性服务包括一个智慧服务平台、四项直通政务服务、六项专业服务、八项生活服务。一个"智慧服务平台"，构建政府与企业、人才实时联通的"智慧服务平台"，建设人才网上社区、职业论坛，为人才安居、安心、成长提供高效便捷的在线服务；四项直通政务服务涵括社保代办、财税管理、工商代办、政策优惠申报；六项专业服务涵盖从创业指导、产品开发、企业管理、项目融资、生产营销、法律援助的全程服务；八项生活服务包括配套居住、餐食、运动、康体、消费、教育、交通、文娱的生活需求服务。个性定制服务，是针对不同人才不同诉求，提供诸如国际学校学位、医疗国际门诊或外国人就诊"绿色通道"。

索重大荐智聚智项目与宣传活动服务外包，融合市场与政府力量，提升智力引进的有效性与精准性。开展智力宣传合作，引入第三方国际知名智库、国际权威媒体宣介南向通道，大力宣传青年科技人才智力引用重大方针政策，宣传各地各部门智力支撑的新举措新成效，宣传优秀人才与柔性智力"双创"成果和典型事迹。建立健全智力维权援助机制，大力培育推崇创新创业文化，在全社会营造重智、爱智、惜智、护智的浓厚氛围。

第十节　坚持服务为先 持续优化营商环境

营商环境是一个地区经济实力和综合竞争力的集中体现，是支撑产业高质量发展的"沃土"。广西应围绕更快速度、更低成本、更优服务、更全保障、更亲关系"五个更"的目标，坚持问题导向，制定出台一系列服务优势产业发展的政策措施，拿出超常规举措，深入广西汽车制造产业、食品加工产业、化工产业等优势产业的企业主体开展探访、询问需求、化解难题，理顺和解决经营主体及群众办事的一批"堵点""痛点""难点"问题。

一、进一步推进"放管服"改革

政府大力推进"放管服"，简化行政办事程序过程。主动对标对表大湾区地区、长三角地区营商环境，打破旧体制、旧规则、旧秩序，科学制定顶层设计、继续简政放权、创新政府监管，实现规则互通。建立有利于加快优势产业发展的高效服务机制，实行市领导分别牵头负责的"一业一服务体系"，建立重大项目领导协调机制，加强工作统筹协调，重点解决管理权限、资源、资金等条块分割、部门分割问题，为推进产业转型发展提供高效的工作保障机制。推动公共资源配置市场化，破除行政垄断，使公共资源成为产业升级的杠杆。以数字化转型为契机，不断完善"线上+线下"的行政办事程序,"远程+上门"的指导模式,用数字赋能和贴心服务提高行政办事效率和群众满意度。

二、积极培优育强企业市场主体

帮助民营企业解决实际困难,鼓励、支持、引导民营企业发展壮大。企业有实力,经济有发展,广西有希望。广西将坚持"两个毫不动摇",持续全面深化国资国企改革,突出科技创新能力、国家战略要求和企业个体差异,开展针对性个性化考核,引导企业增强核心功能、提升核心竞争力,加强全级次"穿透式"监管,完善中国特色现代企业制度,坚定不移地把国有资本和国有企业做强做优做大。按照"三个集中"要求,推进国有经济布局优化和结构调整,坚决克服过多负债风险、多元经营陷阱、多层级架构漏洞等问题,聚焦主责主业发展实体经济。切实保护民营、外资企业合法权益,保证各种所有制经济依法平等使用生产要素、公平参与市场竞争、同等受到法律保护,实现优势互补、共同发展。积极引育一批龙头企业、链主企业、领军企业,增强领航企业的核心竞争力、产业链控制力、生态主导力,努力在汽车、铝、机械、新材料等重点领域培育一批世界一流企业。健全创新型中小企业、专精特新中小企业、"小巨人"企业、制造业单项冠军的梯度培育体系,推动一批中小企业依靠独门绝技"抢占高地",推动大中小企业融通发展。加强企业家队伍建设,大力弘扬企业家精神,激励和引导企业家做创新发展的探索者、引领者,大力营造尊重企业家、关爱企业家、支持企业家的良好氛围,让更多优秀企业家脱颖而出、发展壮大。

三、组建新质生产力战略咨询委员会

构建与新质生产力"三相"机制。着力破解瓶颈制约,全面构建与新质生产力"三相"(即战略相适应、环境相协调、目标相匹配)体制机制,率先在全国创建由自治区党委、政府主要领导亲自挂帅的新质生产力发展领导机制,全面统筹推进发展新质生产力的重大战略、重大工程,及时研究解决涉及全局性、长远性的重大问题和跨区域、跨部门的重大事项；加强自治区层面战略谋划、统筹协调，凝聚发展合力，组建实体化运作的新质生产力指挥部，专事统筹全要素资源，整合有关资源力量，共同推进新质生产力发展，确保机制体制畅通、资源高效利用。聚焦解决新质生产力关键瓶颈、关键制约、关键问题等，研究出台加快培育新质生产力推动高质量发展意见、因地制宜发展新质生产力"十五五"规划等系列政策文件，做好新质生产力的战略部署，谋划重大战略任务、重大改革举措、重大工程项目。

组建新质生产力战略咨询委员会。多维联动同向发力，聚焦打通创新链产业链资金链人才链"堵点""卡点"，成立广西新质生产力战略咨询委员会，为因地制宜发展新质生产力提供战略性、全局性、前瞻性、专业性决策咨询。按照"1+N"组建方式，围绕有色金属、石化化工等传统产业转型升级，新能源及智能汽车、新一代信息技术等新兴产业培育壮大，生命健康、人工智能等未来产业加速布局，成立由"一组织+两院+三家"（即"行业组织+知名院士、高校院长+企业家、科学家、风险投资家"）组成具有战略洞察力、市场决策力、政策理解力、组织执行力、跨界交往力的战略性咨询委员会，打破现有组织边界，快速集结资源，精准配置要素，促进短链条运作，提高决策效率，实现研发、制造、销售、市场等全产业链一体化发展。

创新服务模式，拓展服务内涵。为了让各类行业人才能在广西"引得进、留得住、用得好"，应加强和完善人才配套优惠措施，如出台人才公寓建设使用管理办法，引入第三方专业运营团队，以智能化管理模式、多场景适用的共享空间推动"住有所居"向"住有宜居"转变。聚焦产业人才需求，推出特色人才服务品牌，不定期开展节日人才联谊和慰问活动，以交流会等形式倾听并解决人才引进、人才培育方面具体问题，持续加强对高层次人才的关注。鼓励企业与科研机构、高校深度合作，加强优势产业高端人才的培育，通过"校企合作"引导企业加快引进实战型高端人才。

四、持续强化媒体宣传引导作用

重视和加强宣传推广,在全社会形成支持新质生产力发展的良好环境和氛围,凝聚起推动支持培育发展新质生产力发展的强大合力。对贡献突出的人才和企业,在行业内给予充分关注和宣传,借助微信公众号、学习强国等互联网平台和媒体宣传企业文化、企业工作和优秀企业人才典型,营造全社会产业发展的浓厚氛围。

参考文献

文献类

[1] 边作为. 数实深度融合、新质生产力与经济高质量增长 [J]. 技术经济与管理研究, 2024 (11): 47-52.

[2] 蔡万焕, 张晓芬. 新质生产力与中国式现代化——基于产业革命视角的分析 [J]. 浙江工商大学学报, 2024 (02): 29-38.

[3] 曹玉娟. 三个发达地区这样深耕新质生产力 [J]. 当代广西, 2024 (12): 28-29.

[4] 常璇. 加快形成农业新质生产力: 理论框架、现实困境与实践进路 [J]. 经济问题, 2024 (07): 20-28.

[5] 陈斌. 聚力发展具有"广西特质"的新质生产力 [J]. 当代广西, 2024 (06): 33.

[6] 陈梦根, 张可. 新质生产力与现代化产业体系建设 [J]. 改革, 2024 (06): 58-69.

[7] 陈实, 尚航标. 因地制宜发展新质生产力的财政政策激励研究 [J]. 福建师范大学学报 (哲学社会科学版), 2024 (06): 66-76.

[8] 陈夙. 布局未来产业新赛道 因地制宜发展新质生产力 [J]. 今日科技, 2024 (03): 32-33.

[9] 陈文钧. 加快发展具有广西特色的新质生产力 [J]. 当代广西,

2024（12）：24-25.

[10] 程恩富，刘美平．新质生产力的学理分析与培育路径［J］．上海经济研究，2024（05）：5-15.

[11] 程启原．加快推进糖业转型升级［J］．当代广西，2024（13）：19.

[12] 党齐飚．为发展新质生产力注入人才"活水"［J］．当代广西，2024（13）：8.

[13] 窦红涛，贾若祥．推动西部大开发形成大保护大开放高质量发展新格局研究［J］．区域经济评论，2024（06）：75-82.

[14] 杜传忠．新质生产力形成发展的强大动力［J］．人民论坛，2023（21）：26-30.

[15] 杜传忠，李钰葳．强化科技创新能力加快形成新质生产力的机理研究［J］．湖南科技大学学报（社会科学版），2024，27（01）：100-109.

[16] 方敏，杨虎涛．政治经济学视域下的新质生产力及其形成发展［J］．经济研究，2024，59（03）：20-28.

[17] 冯华，吴月辉，谷业凯．因地制宜发展新质生产力［N］．人民日报，2024-04-20（001）．

[18] 盖凯程，唐湘．加快发展新质生产力的重要着力点与实践路径［J］．中国财政，2024（10）：15-18.

[19] 高帆．"新质生产力"的提出逻辑、多维内涵及时代意义［J］．政治经济学评论，2023，14（06）：127-145.

[20] 高培勇．深入学习习近平经济思想的方法和路径［J］．经济学动态，2023（12）：3-13.

[21] 高培勇．新质生产力的特点在于"新"，关键在于"质"［J］．国家治理，2024（09）：3-4.

[22] 顾承卫，王敬英，顾玲琍，等．为青年科技人才服务问题探析——以上海市为例［J］．科研管理，2016（S1）：219-224.

[23] 管智超，付敏杰，杨巨声．新质生产力研究进展与进路展望［J］．北京工业大学学报（社会科学版），2024，24（03）：125-138.

[24] 广西构建现代化产业体系加快推进新型工业化大会召开刘宁出席并讲话 [N]. 广西日报, 2024-02-29 (001).

[25] 广西壮族自治区人民政府关于印发广西壮族自治区国民经济和社会发展第十四个五年规划和 2035 年远景目标纲要的通知 [J]. 广西壮族自治区人民政府公报, 2021 (09): 2-88.

[26] 广西壮族自治区政府发展研究中心课题组, 刘政强, 陈清, 丁奇源. 广西以科技创新发展新质生产力的对策建议 [J]. 当代广西, 2024 (20): 16.

[27] 广西壮族自治区政府发展研究中心课题组, 张健, 郭峦. 破解制约因素推动广西未来产业发展 [J]. 当代广西, 2024 (12): 26.

[28] 桂从路. 稳中求进, 提升产业链供应链韧性和安全水平 [N]. 人民日报, 2024-05-22 (005).

[29] 郭朝先, 陈小艳, 彭莉. 新质生产力助推现代化产业体系建设研究 [J]. 西安交通大学学报 (社会科学版), 2024, 44 (04): 1-11.

[30] 郭锦辉. 因地制宜发展新质生产力 加快释放区域高质量发展新动能 [N]. 中国经济时报, 2024-05-10 (001).

[31] 韩文龙, 张国毅. 新质生产力赋能高质量发展的理论逻辑与实践路径 [J]. 政治经济学评论, 2024, 15 (05): 72-94.

[32] 韩文龙, 张瑞生. 新质生产力的发展水平测算与发展趋势分析 [J]. 中国财政, 2024 (10): 18-21.

[33] 韩文龙, 张瑞生, 赵峰. 新质生产力水平测算与中国经济增长新动能 [J]. 数量经济技术经济研究, 2024, 41 (06): 5-25.

[34] 韩喜平, 马丽娟. 新质生产力的政治经济学逻辑 [J]. 当代经济研究, 2024 (02): 20-29.

[35] 贺祖斌. 以新质生产力推动文化产业高质量发展 [J]. 当代广西, 2024 (15): 24.

[36] 洪银兴. 发展新质生产力 建设现代化产业体系 [J]. 当代经济研究, 2024 (02): 7-9.

[37] 洪银兴．新质生产力及其培育和发展［J］．经济学动态，2024（01）：3-11.

[38] 胡莹．新质生产力的内涵、特点及路径探析［J］．新疆师范大学学报（哲学社会科学版），2024，45（05）：36-45+2.

[39] 黄刚，刘建清．发展新质生产力背景下应用型创新人才培养探究［J］．学校党建与思想教育，2024（22）：8-11.

[40] 黄剑红，陈桂芳．北流市政协："三力"助推新质生产力发展［N］．玉林日报，2024-11-04（A02）.

[41] 黄静，付玮烨．"港"于创新"桂"在同行［N］．广西日报，2024-06-18（008）.

[42] 黄柳林，曾彦铭．广西"八桂学者"制度存在问题与对策建议［EB/OL］．广西经济社会技术发展研究所微信公众号，2022-10-11.

[43] 黄奇帆．黄奇帆：新质生产力的三个"新"［J］．科学大观园，2024（08）：20-23.

[44] 黄群慧，盛方富．新质生产力系统：要素特质、结构承载与功能取向［J］．改革，2024（02）：15-24.

[45] 黄之慧．广西财政助力培育发展新质生产力［N］．中国财经报，2024-06-20（007）.

[46] 贾丽民，郭潞蓉．唯物史观视域下"新质生产力"的主体动力源探析［J］．理论探讨，2024（02）：86-94.

[47] 贾若祥，王继源，窦红涛．以新质生产力推动区域高质量发展［J］．改革，2024（03）：38-47.

[48] 姜朝晖，金紫薇．教育赋能新质生产力：理论逻辑与实践路径［J］．重庆高教研究，2024，12（01）：108-117.

[49] 姜奇平．新质生产力：核心要素与逻辑结构［J］．探索与争鸣，2024（01）：132-141+179-180.

[50] 姜长云．新质生产力的内涵要义、发展要求和发展重点［J］．西部论坛，2024，34（02）：9-21.

[51] 蒋永穆，乔张媛. 新质生产力：逻辑、内涵及路径 [J]. 社会科学研究，2024（01）：10-18+211.

[52] 柯欣. 培育新质生产力助力高水平科技自立自强 [J]. 科技创新与品牌，2024（07）：40-41.

[53] 李冰漪. 改造人类生存空间，发展新质生产力——专访柳州柳工叉车有限公司总经理黎汉驰 [J]. 中国储运，2024（08）：31.

[54] 李浩燃. 先立后破，不能结构断层 [N]. 人民日报，2024-05-20（005）.

[55] 李嘉亮. 广西：聚焦科技创新培育新质生产力 [N]. 中国财经报，2024-07-11（007）.

[56] 李世泽. 科技创新引领新质生产力发展 [J]. 当代广西，2024（03）：36.

[57] 李晓华. 深刻把握推进新型工业化的基本规律 [J]. 人民论坛，2024（02）：8-13.

[58] 李晓华. 新质生产力的主要特征与形成机制 [J]. 人民论坛，2023（21）：15-17.

[59] 李永华. 制造业数字化转型的山东经验 [J]. 软件和集成电路，2024（05）：65-66.

[60] 李政，崔慧永. 基于历史唯物主义视域的新质生产力：内涵、形成条件与有效路径 [J]. 重庆大学学报（社会科学版），2024，30（01）：129-144.

[61] 廖乐焕，董燕燕，王珏. 新质生产力、产业结构升级与低碳经济发展 [J]. 统计与决策，2024，40（21）：29-34.

[62] 刘丙利. 高等教育数字化赋能新质生产力的学理阐释、作用机理与实践进路 [J]. 中国电化教育，2024（09）：77-85.

[63] 刘波，李庭华，朱金莉，阳秀琼，高霞，钟振，钟春云，王海波，石钖，覃雪花，陈斯雅，李佳颖. 探路新质生产力 [J]. 当代广西，2024（12）：16-17.

［64］刘昊．广西：打造创新引擎赋能产业发展［N］．科技日报，2024-06-07（007）．

［65］刘丸源，季雷．新质生产力与现代化经济体系研究［J］．政治经济学评论，2024，15（03）：128-144．

［66］刘伟．科学认识与切实发展新质生产力［J］．经济研究，2024，59（03）：4-11．

［67］刘文祥，赵庆寺．习近平关于新质生产力重要论述的深刻内涵、重大意义与实践要求［J］．江西财经大学学报，2024（04）：13-23．

［68］刘雅琦，张丽．进一步全面深化改革背景下新型生产关系构建路径探析［J］．技术经济与管理研究，2024（11）：13-19．

［69］刘震，周云帆．新质生产力与高质量发展：内在逻辑和重要着力点［J］．上海经济研究，2024（09）：5-16．

［70］刘志彪，凌永辉，孙瑞东．新型支柱产业：发展新质生产力的主阵地与政策选择［J］．山东大学学报（哲学社会科学版），2024（06）：117-128．

［71］柳学信，曹成梓，孔晓旭．大国竞争背景下新质生产力形成的理论逻辑与实现路径［J］．重庆大学学报（社会科学版），2024，30（01）：145-155．

［72］卢江，郭子昂，王煜萍．新质生产力发展水平、区域差异与提升路径［J］．重庆大学学报（社会科学版），2024，30（03）：1-17．

［73］鲁元珍．广西：把区位资源优势转化为高质量发展胜势［N］．光明日报，2024-06-13（004）．

［74］陆桂军，董婷梅．基于 SWOT 分析的广西新质生产力发展策略研究［J］．企业科技与发展，2024（09）：1-5．

［75］罗云利，吕国清．基于新质生产力的广西文旅产业融合高质量发展策略研究［J］．中国市场，2024（32）：58-61．

［76］马海涛．因地制宜发展新质生产力的理论逻辑与路径思考［J］．科技中国，2024（04）：23-27．

[77] 孟祥宁. 以新质生产力赋能广西工业振兴 [J]. 当代广西, 2024 (06): 9.

[78] 米加宁, 李大宇, 董昌其. 算力驱动的新质生产力: 本质特征、基础逻辑与国家治理现代化 [J]. 公共管理学报, 2024, 21 (02): 1-14+170.

[79] 明贵栋. 打造国内国际双循环市场经营便利地, 2024 广西新质生产力发展推介会在南宁举行 [J]. 商业文化, 2024 (13): 10-13.

[80] 彭飞. 立足实际, 避免"简单退出" [N]. 人民日报, 2024-05-21 (005).

[81] 彭绪庶. 新质生产力的形成逻辑、发展路径与关键着力点 [J]. 经济纵横, 2024 (03): 23-30.

[82] 蒲清平, 向往. 新质生产力的内涵特征、内在逻辑和实现途径——推进中国式现代化的新动能 [J]. 新疆师范大学学报 (哲学社会科学版), 2024, 45 (01): 77-85.

[83] 戚聿东, 沈天洋. 人工智能赋能新质生产力: 逻辑、模式及路径 [J]. 经济与管理研究, 2024, 45 (07): 3-17.

[84] 齐爽. 制度型开放赋能新质生产力发展的机理与路径 [J]. 区域经济评论, 2024 (06): 23-30.

[85] 齐彦磊, 周洪宇. 拔尖创新人才培养支撑新质生产力发展: 价值、机制与策略 [J]. 中国远程教育, 2024, 44 (07): 15-23+48.

[86] 任保平. 生产力现代化转型形成新质生产力的逻辑 [J]. 经济研究, 2024, 59 (03): 12-19.

[87] 任保平, 王子月. 数字新质生产力推动经济高质量发展的逻辑与路径 [J]. 湘潭大学学报 (哲学社会科学版), 2023, 47 (06): 23-30.

[88] 任优生, 于津平. 人工智能何以催生专精特新小巨人企业新质生产力? [J]. 现代经济探讨, 2024 (11): 102-112.

[89] 深入推进新型工业化加快培育新质生产力南宁市重大工业项目

建设提速快跑 [J]. 广西节能，2024（03）：13-14.

[90] 沈坤荣，金童谣，赵倩. 以新质生产力赋能高质量发展 [J]. 南京社会科学，2024（01）：37-42.

[91] 盛朝迅. 新质生产力的形成条件与培育路径 [J]. 经济纵横，2024（02）：31-40.

[92] 盛玉雷. 抢抓机遇，完善现代化产业体系 [N]. 人民日报，2024-05-24（005）.

[93] 石建勋. 加快培育和发展新质生产力 [J]. 学习月刊，2024（03）：4-5.

[94] 石建勋，徐玲. 加快形成新质生产力的重大战略意义及实现路径研究 [J]. 财经问题研究，2024（01）：3-12.

[95] 宋德勇，陈梁. 发展新质生产力的理论逻辑、关键问题与实践路径 [J]. 经济与管理评论，2024，40（05）：55-68.

[96] 田菊，褚尔康. 论新质生产力对马克思主义生产方式理论的创新与发展 [J]. 技术经济与管理研究，2024（11）：25-29.

[97] 涂永红. 因地制宜发展新质生产力需避免的认知误区 [J]. 人民论坛，2024（06）：34-37.

[98] 王伯睿，朱喆. 新质生产力赋能高质量发展：价值演替、理论辨识及中国路径 [J]. 河南师范大学学报（哲学社会科学版），2024，51（06）：8-14.

[99] 王飞，韩晓媛，陈瑞华. 新质生产力赋能现代化产业体系：内在逻辑与实现路径 [J]. 当代经济管理，2024，46（06）：12-19.

[100] 王柯丹，刘颖，汪寿阳. 数据要素与绿色创新：基于新质生产力视角 [J]. 财经问题研究，2024（09）：18-33.

[101] 王可山，刘华. 农业新质生产力发展与大国粮食安全保障——兼论"靠什么种粮""怎样种粮""谁来种粮" [J]. 改革，2024（06）：70-82.

[102] 王梁华. 数字经济、新质生产力与中国式现代化产业体系建

设［J］．科技进步与对策，2024，41（18）：55-65.

［103］王文泽．以智能制造作为新质生产力支撑引领现代化产业体系建设［J］．当代经济研究，2024（02）：105-115.

［104］王小林，金冉．未来产业：政策扩散与路径选择［J］．社会科学战线，2024（05）：63-75+294.

［105］王一岩，塔卫刚，赵芳芳．新质人才培养：核心理念与实践路径［J］．开放教育研究，2024，30（06）：48-54.

［106］文丰安．中国式现代化进程中的新质生产力：核心动能及培育路径探析［J］．东岳论丛，2024（11）：5-15+191.

［107］习近平．发展新质生产力是推动高质量发展的内在要求和重要着力点［J］．当代广西，2024（11）：4-5.

［108］习近平．高举中国特色社会主义伟大旗帜 为全面建设社会主义现代化国家而团结奋斗——在中国共产党第二十次全国代表大会上的报告（2022年10月16日）［N］．人民日报，2022-10-26（001）.

［109］习近平经济思想研究中心．新质生产力的内涵特征和发展重点［N］．人民日报，2024-03-01（009）.

［110］习近平在参加江苏代表团审议时强调：因地制宜发展新质生产力［N］．人民日报，2024-03-06（001）.

［111］习近平在中共中央政治局第十一次集体学习时强调：加快发展新质生产力 扎实推进高质量发展［N］．人民日报，2024-02-02（001）.

［112］徐华东．树牢"四种思维"因地制宜发展新质生产力［J］．唯实，2024（03）：36-38.

［113］徐强．多向发力因地制宜发展新质生产力［J］．浙江经济，2024（04）：50-51.

［114］徐政，张姣玉．新质生产力促进制造业转型升级：价值旨向、逻辑机理与重要举措［J］．湖南师范大学社会科学学报，2024，53（02）：104-113.

［115］徐政，郑霖豪，程梦瑶．以新质生产力赋能高质量发展

[J]．当代经济研究，2023（11）：51-58.

[116] 许中缘，郑煌杰．数据要素赋能新质生产力：内在机理、现实障碍与法治进路 [J]．上海经济研究，2024（05）：37-52.

[117] 薛薇．人工智能赋能广西新质生产力提速升级 [J]．当代广西，2024（11）：17.

[118] 闫志利，王淑慧．职业教育赋能新质生产力：要素配置与行动逻辑 [J]．中国职业技术教育，2024（07）：3-10.

[119] 杨秀君．习近平关于人工智能重要论述的形成逻辑、核心要义及实践方略 [J]．马克思主义研究，2024（09）：23-31+151.

[120] 杨雁麟．以新质生产力赋能现代化产业体系构建的内在逻辑与实践路径 [J]．北京社会科学，2024（11）：74-86.

[121] 杨泽夏，郭树华．以新质生产力推动沿边区域高质量发展 [J]．云南社会科学，2024（06）：2-11.

[122] 姚树洁，张小倩．新质生产力的时代内涵、战略价值与实现路径 [J]．重庆大学学报（社会科学版），2024，30（01）：112-128.

[123] 尹文嘉，郭祖昌．新质生产力赋能广西高质量发展：理论逻辑、实践困境与提升路径 [J]．南宁职业技术学院学报，2024，32（04）：84-89.

[124] 于凤霞．加快形成新质生产力构筑国家竞争新优势 [J]．新经济导刊，2023（Z1）：20-28.

[125] 余东华，马路萌．新质生产力与新型工业化：理论阐释和互动路径 [J]．天津社会科学，2023（06）：90-102.

[126] 袁辉，韩居伯．人工智能助推新质生产力发展研究 [J]．现代经济探讨，2024（10）：10-19.

[127] 袁维海，周健鹏．数字化转型对企业新质生产力的影响 [J]．华东经济管理，2024，38（12）：9-20.

[128] 翟绪权，夏鑫雨．数字经济加快形成新质生产力的机制构成与实践路径 [J]．福建师范大学学报（哲学社会科学版），2024（01）：

44-55+168-169.

[129] 翟云，潘云龙．数字化转型视角下的新质生产力发展——基于"动力-要素-结构"框架的理论阐释［J］．电子政务，2024（04）：2-16.

[130] 湛泳，李胜楠．新质生产力推进产业链现代化：逻辑、机制与路径［J］．改革，2024（05）：54-63.

[131] 张凡．扬长避短，不搞"一种模式"［N］．人民日报，2024-05-23（005）.

[132] 张辉，唐琦．新质生产力形成的条件、方向及着力点［J］．学习与探索，2024（01）：82-91.

[133] 张林．习近平关于发展新质生产力的几个重要论断［J］．党的文献，2024（03）：25-34.

[134] 张林，蒲清平．新质生产力的内涵特征、理论创新与价值意蕴［J］．重庆大学学报（社会科学版），2023，29（06）：137-148.

[135] 张玲，马璐，谢廷宇．RCEP背景下向海经济赋能新质生产力高质量发展——以广西广东两省为例［J］．西部财会，2024（07）：73-76.

[136] 张铭君，陈泽宇，李柘．新型工业化背景下山东工业互联网发展路径探析［J］．产业创新研究，2024（07）：7-10.

[137] 张申，李正图．中国共产党领导下产业体系百年变迁［J］．上海经济研究，2021（06）：5-17.

[138] 张文武，张为付．加快形成新质生产力：理论逻辑、主体架构与实现路径［J］．南京社会科学，2024（01）：56-64.

[139] 张夏恒，马妍．生成式人工智能技术赋能新质生产力涌现：价值意蕴、运行机理与实践路径［J］．电子政务，2024（04）：17-25.

[140] 张夏恒，肖林．数字化转型赋能新质生产力涌现：逻辑框架、现存问题与优化策略［J］．学术界，2024（01）：73-85.

[141] 张新蕾，毛婷．加快培育广西文旅新质生产力［J］．当代广

西，2024（22）：13.

[142] 张占斌. 以发展新质生产力推进中国式现代化 [J]. 东南学术，2024（04）：1-10+246.

[143] 张震宇，侯冠宇. 新质生产力赋能中国式现代化的历史逻辑、理论逻辑与现实路径 [J]. 当代经济管理，2024，46（06）：20-29.

[144] 张志鑫，郑晓明，钱晨. "四链"融合赋能新质生产力——内在逻辑和实践路径 [J]. 山东大学学报（哲学社会科学版），2024（04）：105-116.

[145] 赵峰，季雷. 新质生产力的科学内涵、构成要素和制度保障机制 [J]. 学习与探索，2024（01）：92-101+175.

[146] 赵秋运，严佳佳. 中国工业现代化、工业高质量发展与新质生产力 [J]. 广西社会科学，2024（03）：1-10.

[147] 赵永新. 加强科技创新培育发展新质生产力的新动能——访科技部党组书记、部长阴和俊 [N]. 人民日报，2024-03-31（002）.

[148] 赵振华. 因地制宜发展新质生产力 [J]. 中国经济周刊，2024（07）：108-109.

[149] 郑世林，黄晴，陈劲祥. 大国博弈下加快发展新质生产力的建议 [J]. 学习与探索，2024（06）：160-167.

[150] 中国共产党广西壮族自治区第十二次代表大会关于中国共产党广西壮族自治区第十一届委员会报告的决议 [J]. 当代广西，2021（23）：27-29.

[151] 周密，郭佳宏，王威华. 新质生产力导向下数字产业赋能现代化产业体系研究——基于补点、建链、固网三位一体的视角 [J]. 管理世界，2024，40（07）：1-26.

[152] 周万献，谢再志. 新质生产力赋能广西崇左市蔗糖产业发展的逻辑、堵点与路径 [J]. 广西糖业，2024，44（04）：239-243.

[153] 周文，白佶. 新质生产力的形成机理、历史演进与理论创新 [J]. 社会科学辑刊，2024（06）：44-55.

［154］周文，何雨晴．新质生产力：中国式现代化的新动能与新路径［J］．财经问题研究，2024（04）：3-15.

［155］周文，李吉良．新质生产力与中国式现代化［J］．社会科学辑刊，2024（02）：114-124.

［156］周文，许凌云．再论新质生产力：认识误区、形成条件与实现路径［J］．改革，2024（03）：26-37.

［157］周文，叶蕾．新质生产力与数字经济［J］．浙江工商大学学报，2024（02）：17-28.

［158］周烨．培育新质生产力助推高水平科技自立自强——第二十六届中国科协年会侧记［J］．中国科技产业，2024（07）：20-21.

［159］朱至炜．新质生产力背景下财政金融支持民族地区特色产业发展研究——以广西支持中医药产业发展为例［J］．区域金融研究，2024（07）：60-66.

著作类

［1］当代中国马克思主义评论（第2辑）［M］．北京：社会科学文献出版社，2018.

［2］邓小平文选（第三卷）［M］．北京：人民出版社，2001.

［3］邓小平文选（全三卷）［M］．北京：人民出版社，1994.

［4］盖凯程，韩文龙．新质生产力［M］．北京：中国社会科学出版社，2024.

［5］共产党宣言［M］．北京：人民出版社，2015.

［6］黄群慧．读懂新质生产力［M］．北京：中信出版社，2024.

［7］林毅夫，等．新质生产力：中国创新发展的着力点与内在逻辑［M］．北京：中信出版社，2024.

［8］马克思恩格斯全集（第三卷）［M］．北京：人民出版社，2002.

［9］马克思恩格斯文集［M］．北京：人民出版社，2009.

［10］马克思恩格斯文集（第7卷）［M］．北京：人民出版社，2009.

[11] 毛泽东文集（第7卷）[M]. 北京：人民出版社，1999.

[12] 习近平经济文选（第一卷）[M]. 北京：中央文献出版社，2025.

[13] 资本论（第一卷）[M]. 北京：人民出版社，2018.

网页类

[1] 习近平：高举中国特色社会主义伟大旗帜 为全面建设社会主义现代化国家而团结奋斗——在中国共产党第二十次全国代表大会上的报告[EB/OL]. 新华社，2022-10-25.

[2] 习近平：切实把思想统一到党的十八届三中全会精神上来[EB/OL]. 新华社，2013-12-31.

[3] 习近平：在纪念马克思诞辰200周年大会上的讲话[EB/OL]. 新华社，2018-05-04.

[4] 习近平：在经济社会领域专家座谈会上的讲话[EB/OL]. 新华社，2020-08-24.

[5] 习近平：在中国科学院第十九次院士大会、中国工程院第十四次院士大会上的讲话[EB/OL]. 新华社，2018-05-28.

[6] 习近平强调，坚持科技是第一生产力人才是第一资源创新是第一动力[EB/OL]. 新华社，2022-10-16.

[7] 习近平在参加江苏代表团审议时强调：因地制宜发展新质生产力[EB/OL]. 新华社，2024-03-05.

[8] 习近平在湖南考察时强调：坚持改革创新求真务实 奋力谱写中国式现代化湖南篇章[EB/OL]. 新华社，2024-03-21.

[9] 习近平在中共中央政治局第三次集体学习时强调 切实加强基础研究 夯实科技自立自强根基[EB/OL]. 新华社，2023-02-22.

[10] 习近平在中共中央政治局第十一次集体学习时强调：加快发展新质生产力 扎实推进高质量发展[EB/OL]. 新华社，2024-02-01.

[11] 习近平主持召开新时代推动东北全面振兴座谈会强调 牢牢把握东北的重要使命 奋力谱写东北全面振兴新篇章[EB/OL]. 新华社，

2023-09-09.

[12] 习近平主持召开中央全面深化改革委员会第二次会议强调：建设更高水平开放型经济新体制 推动能耗双控逐步转向碳排放双控［EB/OL］.新华社，2023-07-11.

后 记

  新质生产力既是生产力发展的重大理论创新，也是推动高质量发展的实践指引。发展新质生产力是推动高质量发展的内在要求和重要着力点。广西因地制宜发展新质生产力，是推动广西生产力迭代升级、加快构建现代化产业体系、实现现代化的必然选择。本书的出版是在广西区域经济实践中的一次重要探索，为区域经济高质量发展提供了坚实的理论支撑和政策导向。

  在本书研究和写作过程中，学习、借鉴、吸取了学术界很多专家、学者的已有研究成果，在此表示衷心感谢！本书主要内容是在广西社会科学院招标课题"广西培育新质生产力战略支撑及对策研究"、新型智库创新团队重点项目"以新质生产力培育赋能广西产业高质量发展研究"的基础上丰富完善成稿的，课题组的老师为本书的写作和出版提供了很多帮助，在此一并表示感谢！

  新质生产力思想深邃、内涵丰富、博大精深，相关问题是一个学理性、战略性和实践性很强的重要问题，也是一个动态的、不断发展的问题，适应新质生产力发展的政策和实践正在深入研究和发展之中，新情况、新现象、新问题不断涌现。本书在编写过程中力求全面理解、准确把握新质生产力的发展规律特征及其对相关政策提出的新要求，努力提出有针对性、时效性和可操作性的政策建议。但限于专业水平和研究深度与广度，本书对新质生产力这一创新性理论的研究还有不足与不妥之处，需要在后续研究工作中继续努力。在此，恳请各位读者、专家学者批评指正。